"Con candor y buen humor, Nooyi ha escrito un libro ~~~~~
que cuenta su vida desde sus primeros años en India, rodeada de
amor y altas expectativas, hasta sus esfuerzos y determinación para
triunfar en el mundo corporativo; todo al tiempo que cuestiona los
sacrificios que tuvo que hacer. Revela justo cómo nuestra sociedad
continúa sacrificando el talento en lugar de cambiar cómo organizamos el trabajo para maximizar el potencial de todos para vivir
vidas completas y productivas. Un libro que tienen que leer todas
las mujeres y hombres trabajadores que trabajan con nosotros, nos
aman y nos apoyan."

—Hillary Rodham Clinton

"Alegre, feliz y visionaria, Nooyi cuenta la historia de una persona común y corriente con una vida extraordinaria, dirigiendo de
manera bella y con confianza desde el frente. Un libro que todos
tenemos que leer."

—Ursula M. Burns, exceo y expresidenta de Xerox,
autora de *Where You Are Is Not Who You Are*

"'ceo' y 'cuidado' no suelen ir juntos, pero para Indra Nooyi siempre ha sido así. En lugar de ofrecer una lista de normas políticas,
nos muestra lo que es posible cuando las empresas se interesan por
las familias y las familias tienen tiempo para cuidarse entre sí."

—Anne-Marie Slaughter, ceo de New America,
autora de *Unfinished Business*

"Tenemos mucho que aprender de la destacada historia de Nooyi y
su sabiduría al empoderar a las niñas y mujeres de las próximas décadas. Ella comparte un mapa para cualquiera que aspire a fusionar
el cambio social con liderar una gran organización."

—Matt Damon, actor, guionista, productor

"La honestidad, integridad y humor de Nooyi brillan en todo momento. Inspirador en verdad."

—MINDY KALING, actriz, escritora, productora, directora

"Una extraordinaria ventana a la vida, carrera y familia de una brillante estratega de negocios. Un excelente aporte a la historia de los negocios estadounidenses."

—BRIAN CORNELL, CEO de Target Corp.

"Una lectura sorprendente, llena de lecciones, optimismo, calidez y corazón sobre una extraordinaria mujer que emergió como un fantástico modelo a seguir para las mujeres."

—SOFÍA VERGARA, actriz

MI VIDA PLENA

TRABAJO, FAMILIA Y NUESTRO FUTURO

INDRA K. NOOYI

Expresidenta y exCEO de PepsiCo

MI VIDA PLENA

TRABAJO, FAMILIA Y NUESTRO FUTURO

conecta

El papel utilizado para la impresión de este libro ha sido fabricado a partir de madera procedente de bosques y plantaciones gestionadas con los más altos estándares ambientales, garantizando una explotación de los recursos sostenible con el medio ambiente y beneficiosa para las personas.

Penguin
Random House
Grupo Editorial

Mi vida plena
Trabajo, familia y nuestro futuro

Título original: *My life in full. Work, family, and our future*

Primera edición: mayo, 2022

D. R. © 2021, Indra K. Nooyi

Esta edición es publicada en acuerdo con Portfolio,
un sello de Penguin Publishing Group, una división de Penguin Random House LLC

D. R. © 2022, derechos de edición mundiales en lengua castellana:
Penguin Random House Grupo Editorial, S. A. de C. V.
Blvd. Miguel de Cervantes Saavedra núm. 301, 1er piso,
colonia Granada, alcaldía Miguel Hidalgo, C. P. 11520,
Ciudad de México

penguinlibros.com

D. R. © 2022, Mariana de la Vega Violante, por la traducción
Fotografías cortesía de la autora: páginas I, II, III, V y VII (todas); página IV (arriba a la izquierda y abajo al centro),
página VI (arriba), página VIII (arriba), página IX (arriba y abajo) y página X (arriba).
Fotografías de Joe Vericker/Photobureau: página VI (abajo), página VIII (abajo), página IX (en medio),
página X (arriba), página XI (abajo), página XII (abajo), página XIV (arriba) y página XV (todas).
En página XI (arriba) fotografía de PepsiCo, Inc., 2017 Annual Report Cover.
En página XI (en medio) fotografía de Andy Ryan.
En página XII (arriba) fotografía cortesía Reckitt Benckiser. En página XII (en medio)
fotografía tomada en el escenario de la conferencia Women in the World 2016 de Tina Brown,
que incluye a Anne-Marie Slaughter, Indra Nooyi y Norah O'Donnell.
En página XIII (arriba) fotografía cortesía Centerview Partners.
En página XIII (abajo) fotografía cortesía de las Grandes Ligas de Beisbol
(las marcas comerciales y los derechos de autor de las Grandes Ligas de Beisbol
se utilizan con el permiso de las Grandes Ligas de Beisbol. Visita MLB.com).
En página XIV (abajo) fotografía cortesía de la Fundación Nelson Mandela. En página XVI fotografía de Jon R. Friedman

ISBN: 978-607-381-432-4

Para mi esposo, Raj,
mis hijas, Preetha y Tara,
mis padres,
mi Thatha

Índice

Introducción

Un jueves brumoso de noviembre de 2009, después de interminables reuniones en la ciudad de Washington con varios ejecutivos de muy alto nivel de Estados Unidos e India, de pronto me encontré entre el presidente de Estados Unidos y el primer ministro de la India.

Barack Obama y Manmohan Singh se habían sumado a la reunión para conocer los avances del grupo, y el presidente Obama comenzó a presentar el equipo estadounidense a su contraparte de la India. Cuando llegó mi turno —Indra Nooyi, CEO de PepsiCo—, el primer ministro Singh exclamó: "¡Ella es de los nuestros!".

Y el presidente, con una enorme sonrisa y sin titubear, respondió: "Ah, ¡también de los nuestros!".

Es un momento que nunca olvidaré: esa gentileza espontánea de parte de los líderes de dos grandes naciones que tanto me han dado. Todavía soy esa niña que creció en una familia muy unida en Madrás, al sur de la India, y mantengo un vínculo profundo con las lecciones y la cultura de mi juventud. También soy la mujer que llegó a Estados Unidos a la edad de veintitrés años a estudiar y trabajar y, de alguna manera, progresar hasta dirigir una compañía icónica, un recorrido que, creo, solo pudo ser posible en ese país. Pertenezco a ambos mundos.

Al mirar atrás, veo que mi vida está llena de este tipo de dualidades: fuerzas que compiten entre sí, que me han empujado y jalado

de un capítulo a otro. Y veo que es igual para todos. Todos busca-
mos el equilibrio, como malabaristas, concediendo unas, concer-
tando en otras, y haciendo nuestro mejor esfuerzo por encontrar
nuestro lugar, avanzar y lidiar con nuestras relaciones y afrontar
nuestras responsabilidades. No es fácil en una sociedad que cambia
con rapidez, pero que sigue apegada a viejos hábitos y reglas de
comportamiento que parecen estar fuera de nuestro control.

Siempre me han definido dos exigencias gemelas: mi familia y
mi trabajo. Me uní a PepsiCo, en 1994, en parte porque las oficinas
de la compañía estaban cerca de casa. Tenía dos hijas, una de diez
y otra de año y medio de edad, y un marido cuya oficina también
estaba cerca. Pensamos que la oferta de trabajo en PepsiCo tenía
sentido porque el tiempo de traslado sería corto. Me permitiría estar
a quince minutos tanto de la escuela de mi hija, como de casa, para
ver a la bebé. Por supuesto, no fue la única razón por la que elegí
PepsiCo, una compañía entusiasta y optimista que disfruté con pasión desde el momento en que puse un pie ahí. También sentía que
PepsiCo era un lugar abierto a los cambios que la época pedía.

Eso era importante. Yo era una mujer migrante de piel oscura
que entraba en un área ejecutiva llena de personas muy distintas
a mí. Mi carrera había comenzado cuando la dinámica entre mujeres y hombres en el ámbito laboral no era la misma que ahora. En
catorce años como consultora y estratega corporativa, nunca había
tenido una jefa. No había tenido mentoras. No me molestaba cuando me excluían de las costumbres del poder masculino; me con-
tentaba con poder estar donde estaba. Sin embargo, para cuando
llegué a PepsiCo, olas de mujeres educadas, ambiciosas, inundaban
la oficina, y el cambio en la atmósfera era palpable. La competencia
entre hombres y mujeres se volvía más ardua y, en las siguientes
décadas, las mujeres modificarían las reglas del juego en formas
que en ese momento me hubieran parecido impensables. Como
líder empresarial, siempre intenté anticiparme y responder a una
cultura cambiante. Como mujer y como madre de dos niñas, quería
hacer todo lo posible por promoverla.

A medida que fue avanzando mi carrera y mis hijas crecieron, me enfrenté a los conflictos típicos de las madres trabajadoras. Durante quince años, tuve un pizarrón blanco en mi oficina en el que solo mis hijas podían escribir o borrar. Con el tiempo, ese pizarrón se convirtió en un caleidoscopio reconfortante de garabatos y mensajes, un recordatorio constante de la gente más importante en mi vida. Cuando me mudé de esa oficina, conservé una réplica en papel de la última anotación: "Hola, ma'. Te quiero mucho, mucho. XOXOXOX", "¡No te des por vencida, no olvides que tienes gente que te quiere!", "Que tengas lindo día", "Hola, ma'. ¡Eres la mejor! ¡Sigue así!", dice la imagen, con personajes de caricaturas y dibujos de soles y nubes, todas con marcadores verde y azul.

Como ejecutiva de alto nivel, me pidieron una y otra vez que hablara sobre los conflictos entre el trabajo y la familia frente a grandes audiencias. Una vez comenté que no estaba segura de que mis hijas me consideraran una buena madre (¿no sienten eso todas las mamás en algún momento?) y una televisora de la India produjo un programa de una hora entera, en horario estelar, sobre mí, sobre lo que Indra Nooyi tenía que decir respecto a las mujeres que trabajan.

Al pasar de los años, conocí a miles de personas a las que les preocupaba tener una buena vida familiar, una carrera profesional y, al mismo tiempo, ser un buen ciudadano. Esto tuvo un gran impacto en mi vida; conocí y absorbí los detalles a un nivel muy profundo, visceral. Reflexioné cómo la familia es una fuente tan poderosa de fortaleza humana y me di cuenta de que formar y atender a una familia es una fuente de estrés para muchas personas.

Al mismo tiempo, formaba parte de un aclamado grupo de ejecutivos de alto nivel en el ámbito global a los que con frecuencia invitan a eventos con los líderes más influyentes del planeta. Me di cuenta de que, en esos eventos, nadie hablaba de las historias dolorosas sobre cómo las personas —en especial las mujeres— luchan por compaginar su vida con el trabajo. Los titanes de la industria, de la política y de la economía hablaban de cómo favorecer el desarrollo mundial a través de las finanzas, la tecnología y las misiones a Marte. La familia —esa desordenada, encantadora, complicada y a la vez atesorada esencia de la forma en que vivimos la mayoría de nosotros— era un tema periférico.

Esta desconexión tiene consecuencias profundas. Nuestra incapacidad para abordar las presiones del trabajo y la familia en los niveles más altos de la toma de decisiones del mundo frena los esfuerzos de cientos de millones de mujeres cada día, no solo por crecer y ser líderes, sino también por compaginar una carrera exitosa con una vida de pareja y una maternidad sanas. En un mercado próspero, todas las mujeres deben contar con la opción de tener un trabajo remunerado fuera de casa y con una infraestructura social y económica que apoye su decisión. Están en juego la independencia y la seguridad económicas de las mujeres, centrales para la igualdad.

En términos más amplios, ignorar el hecho de que el mundo laboral sigue estando sesgado hacia el *empleado ideal* de antaño —un jefe de familia sin otra responsabilidad— nos reduce a todos. A los hombres también. Las compañías pierden porque su productividad, innovación y ganancias sufren cuando tantos empleados sienten que no pueden estar al cien por ciento en el trabajo. Las familias pierden porque gastan mucha energía lidiando con los viejos sistemas, desde un horario escolar corto a la falta de prestaciones laborales por paternidad o para el cuidado de los ancianos, que no encajan con su realidad.

Y, sin duda, la comunidad mundial pierde. Muchos jóvenes, preocupados por la forma en que lidiarán con todo, eligen no tener hijos. Esto no solo puede tener consecuencias económicas funestas en las siguientes décadas, sino que, a nivel muy personal, me parece muy triste. Con todo lo que he logrado, mi más grande alegría ha sido tener hijos, y no me gustaría que nadie se perdiera esta experiencia si así lo deseara.

Considero que debemos resolver el conflicto entre trabajo y familia enfocándonos en la infraestructura que gira en torno a los servicios de *asistencia* con una energía y un ingenio nunca antes vistos. Debemos verlo como un proyecto muy ambicioso, que comienza con asegurarnos de que cada trabajador y trabajadora cuente con acceso a licencias remuneradas, flexibilidad y predictibilidad que les ayude a manejar el vaivén de la vida laboral y familiar, para después pasar con rapidez a la creación de las prestaciones de servicios de guardería y cuidado de ancianos más innovadoras e integrales que las mentes más avanzadas puedan imaginar.

Esta misión requerirá un tipo de liderazgo que no es común. Pienso que el rol fundamental de un líder es buscar la forma de moldear el futuro de las próximas décadas, no solo reaccionar al presente, y de ayudar a otros a aceptar la incomodidad que surge de romper con el *statu quo*. Necesitamos conjuntar la sabiduría de los líderes empresariales, los formuladores de políticas públicas y las mujeres y los hombres que buscan con pasión formas de aligerar la carga del trabajo y la familia. Con una actitud optimista de "sí podemos" y un sentido de deber y responsabilidad, podemos transformar nuestra sociedad.

La transformación no es fácil, pero he aprendido que con coraje y persistencia —y el inevitable *estira y afloja*— todo se puede. Cuando me convertí en CEO de PepsiCo, en el 2006, presenté un plan muy ambicioso para abordar las tensiones existentes en una compañía que todavía estaba muy arraigada en vender bebidas gaseosas y *snacks*. Sabía que teníamos que equilibrar el apoyo a nuestras tan preciadas marcas Pepsi-Cola y Doritos con un esfuerzo a todo motor para hacer y comercializar productos más saludables. Teníamos que seguir llenando los estantes con *snacks* y bebidas convenientes y deliciosas, mientras nos hacíamos responsables del impacto ambiental que dicho crecimiento tendría. Necesitábamos atraer y retener a personas expertas en sus campos, pero asegurarnos de que PepsiCo también era un lugar increíble para trabajar para las doscientas cincuenta mil personas que ahí laboran. Decidí llamar a esta misión Performance with Purpose (Desempeño con propósito) y, durante doce años, sopesé cada decisión contra estos parámetros, haciendo constantes compensaciones para lograr una organización más sustentable y contemporánea.

En los meses previos a mi salida de PepsiCo, en 2018, pensé en cómo podría seguir contribuyendo en los años venideros para las próximas generaciones, sabiendo que soy apenas un eslabón de una cadena de mujeres líderes que pueden ayudar a movernos hacia adelante. Me propuse escribir un libro e insistí en que no fuera una autobiografía. Por el contrario, pensé, dedicaría cada fibra de mi cuerpo, de mi experiencia e intelecto a elaborar un manual para corregir la forma en que compaginamos el trabajo y la vida familiar.

El libro que tienes en tus manos no es ese libro.

Primero, porque pronto descubrí que ya hay suficiente investigación sobre el trabajo y la familia. Desde todos los ángulos posibles, en cada rincón del mundo, mentes brillantes han compilado, analizado, evaluado y debatido todos los argumentos e ideas que promueven el apoyo a la familia —desde la incapacidad por maternidad hasta la educación preescolar a la convivencia multigeneracional—. No necesitaba repetir lo ya dicho.

Y segundo, porque todo lo que tengo que aportar sobre este tema, ahora lo sé, viene de mi propia vida, mi vida plena.

PARTE I
Mi infancia

1

La sala de mujeres en la casa de mi infancia tenía un solo mueble: un columpio enorme de madera con cuatro cadenas largas que se fijaron al techo cuando mi abuelo construyó la casa, en una calle tapizada de hojas en Madrás, India, en 1939.

Ese columpio, con su gentil meneo hacia adelante y hacia atrás, en el calor característico de la parte sur de la India, fue el escenario de miles de historias. Mi madre, sus hermanas y sus primas —que portaban saris simples en color fucsia, azul o amarillo— se mecían en él en las tardes, con una taza de café dulce y cremoso, impulsándose con los pies descalzos. Planeaban comidas, comparaban las notas escolares de sus hijos y escudriñaban horóscopos indios para encontrar a la pareja ideal para sus hijas o sus jóvenes parientes. Hablaban de política, comida, chismes locales, ropa, religión, música y libros. Eran ruidosas, se interrumpían al hablar y cambiaban la conversación todo el tiempo.

Desde mis primeros años, jugué en el columpio con mi hermana mayor, Chandrika, y mi hermano menor, Nandu. Nos mecíamos mientras cantábamos las canciones que habíamos aprendido en el colegio: "The Teddy Bears' Picnic", "The Woodpecker Song", "My Grandfather's Clock" o canciones de los Beatles, de Cliff Richard o los Beach Boys, melodías que habíamos escuchado en la radio, como "Eight Days a Week", "Bachelor Boy" y "Barbara Ann". Dormitábamos a ratos, peleábamos a otros. Leíamos las novelas británicas para niños de Enid Blyton, Richmal Crompton y Frank Richards. Nos dejábamos caer sobre el azulejo rojo y brillante y nos levantábamos de nuevo.

La nuestra era una casa grande y airosa donde docenas de primos y primas se reunían para celebrar festividades y vacaciones. El columpio era una pieza que utilizábamos para elaboradas obras de teatro que escribíamos y actuábamos, basadas en cualquier cosa que llamara nuestra atención. Nuestros padres, abuelos y tíos se reunían para ver las obras, con un trozo de papel periódico en la mano que llevaba escrita la palabra *boleto*. Nuestros parientes se sentían con la libertad de criticar esos espectáculos o de comenzar a hablar a mitad del acto o, de plano, pararse e irse. Mi infancia no era un mundo de "¡Bien hecho!", sino más bien de "Estuvo regular" o "¿Eso es lo mejor que puedes hacer?". Nos acostumbraron a la honestidad, no a la falsa alabanza.

Las críticas no eran importantes en esos días bulliciosos y alegres. Nos sentíamos importantes. Nos movíamos, reíamos y planeábamos el siguiente juego. Jugábamos a las escondidas, trepábamos árboles y recogíamos mangos y guayabas del jardín que rodeaba la casa. Comíamos en el piso sentados con las piernas cruzadas, formando un círculo, en el centro del cual nuestras madres nos servían *sambar sadam* y *thayir sadam* (cocido de lentejas y requesón mezclado con arroz) en *tureens* de cerámica, y nos repartían pepinillos indios en hojas de plátano que usábamos como platos.

Por las tardes, cuando los primos y las primas venían de visita, desmontaban el columpio —quitaban la gran placa de madera brillosa de las cadenas color plata y la guardaban en la bodega trasera durante la noche—. Y ahí dormíamos todos en fila, niños y niñas, sobre un tapete largo y lleno de colores, cada uno con su propia almohada y sábana de algodón. Algunas veces, nos cubrían con un gran mosquitero. Si había luz, dejaban encendido un ventilador que giraba perezoso sobre nuestra cabeza, pretendiendo romper con el calor cuando las noches alcanzaban los 29.5 °C. Rociábamos agua sobre el piso a nuestro alrededor, con la esperanza de que, al evaporarse, enfriara la habitación.

Como muchas casas en la India en esa época, Lakshmi Nilayam, como se le llamaba a la nuestra, también tenía una sala para los hombres: un corredor amplio con grandes ventanas cuadradas que daban directamente al pórtico de la entrada, desde las cuales podía verse con claridad quién entraba y quién salía.

Mi abuelo paterno, un juez jubilado, había utilizado todos sus ahorros para diseñar y construir esta gran residencia de dos pisos, con una terraza y balcones. Sin embargo, pasaba todo su tiempo en la estancia de los hombres, leyendo el periódico, libros y descansando en un sillón reclinable con asiento de tela. Dormía en un diván tallado en madera, tapizado en color azul oscuro.

Recibía con calidez a todas las visitas, quienes casi siempre se presentaban sin avisar. Los hombres se reunían en los dos sofás grandes que había en la habitación y hablaban de temas internacionales, política local o asuntos de actualidad. Tenían puntos de vista enérgicos sobre lo que el Gobierno o las compañías deberían estar haciendo para ayudar a la ciudadanía. Hablaban en tamil o en inglés, muchas veces alternando entre una y otra lengua. Los niños iban y venían: merodeaban, leían o hacían tarea. Nunca vi a una mujer sentarse en esa habitación frente a mi abuelo, a quien llamaba Thatha. Mi madre siempre estaba entrando y saliendo, sirviendo café y bocadillos a las visitas o limpiando.

El diccionario Oxford y el diccionario Cambridge, ambos empastados en piel color vino, reposaban sobre una mesita de madera. En una ocasión, mi Thatha nos pidió a mi hermana y a mí que leyéramos *Nicholas Nickleby*, la novela de casi mil páginas escrita por Charles Dickens. De tanto en tanto, tomaba el libro, señalaba una página y nos preguntaba: "¿Qué significa esta palabra?". Si no lo sabíamos, nos contestaba: "Pero me dijiste que ya habías leído esas páginas". Y entonces tenía que buscar la palabra y escribir dos oraciones para demostrarle que había comprendido su significado.

Adoraba y alababa a mi Thatha, cuyo nombre completo era A. Narayana Sarma. Nació en 1883, en Palghat, en el estado de Kerala, el cual, bajo el dominio británico, fue parte de la presidencia de Madrás. Ya estaba entrado en los setenta cuando yo era apenas una niña; era un hombre enjuto de casi un metro setenta de estatura, que usaba lentes bifocales gruesos, tenía una apariencia suntuosa y era firme y muy amable. Se vestía siempre con un pantalón *dhoti* blanco bien planchado y una camisa de manga corta de colores suaves. Cuando hablaba, los demás guardábamos silencio. Había estudiado Medicina y Derecho y, por décadas, presidió casos tanto civiles como penales. Su matrimonio era un misterio para mí. Mis abuelos tenían ocho hijos, pero cuando conocí a mi abuela, poco antes de que falleciera, parecían no hablarse entre ellos. Vivían en partes distintas de la casa. Él estaba dedicado por entero a sus nietos, a quienes nos compartía libros e ideas cada vez más sofisticados, nos explicaba teoremas de Geometría y nos exigía buenas notas escolares.

Nunca tuve duda de que el líder de la casa —y de la familia— residía en la sala de los hombres.

Sin embargo, el centro de nuestra alegre existencia estaba al final del pasillo, en el espacio abierto con piso de azulejos rojos y columpio gigante de madera de palisandro. Ahí era donde mi madre mantenía el hogar en funcionamiento, con ayuda de Shakuntala, una joven que lavaba los platos en el fregadero exterior y trapeaba el piso.

Mi madre no se estaba quieta un minuto, siempre estaba cocinando, limpiando, gritando órdenes, alimentando a la familia y cantando al son de las melodías que sonaban en la radio. El silencio era escalofriante en la casa cuando ella no estaba. A ninguno de nosotros nos gustaba esa sensación.

Mi padre, un hombre poco usual para la época, también estaba presente, ayudando con las tareas de la casa y el cuidado de los niños. Hizo una maestría en Matemáticas y trabajaba en un banco. Hacía las compras de lo esencial, ayudaba a tender las camas y le encantaba elogiar a mi madre cuando le cocinaba sus platillos favoritos. Muchas veces me permitía acompañarlo. Era un hombre callado, lleno de sabiduría y un pícaro sentido del humor. Me remito con frecuencia al dicho del filósofo griego Epicteto: "Tenemos dos oídos y una boca para poder escuchar el doble de lo que hablamos". Mi padre era un ejemplo viviente de esto. Era adepto a alejarse de las situaciones tensas sin agravarlas.

Cada mes, mi padre le daba su sueldo entero a mi madre, quien administraba los gastos cotidianos. Documentaba todas las transacciones en una "caja registradora" de papel y hacía el balance de las cuentas de forma semanal. Es un sistema de contabilidad que desarrolló de manera intuitiva, y me sigue sorprendiendo que lo haya logrado sin conocimientos formales de finanzas.

En las décadas de 1950 y 1960, Madrás era un lugar enorme y bastante simple para niños como nosotros. Una ciudad de apenas 1.5 millones de personas, un pueblo adormilado, seguro, intelectual y aburrido que despertaba a las cuatro de la madrugada, cuando las oraciones mañaneras y las campanillas de las bicicletas comenzaban a sonar en el aire. Las luces se apagaban a eso de las ocho de la noche, cuando todo —tiendas, restaurantes, lugares de diversión— cerraba. Los jóvenes se iban a casa a estudiar. El día había terminado.

La British East India Company llegó a esta costa en 1639 y, más de trescientos años después, vivíamos entre antiguos templos indios y edificios coloniales al estilo del siglo XIX: oficinas, juzgados, escuelas, iglesias. Las calles anchas bordeadas por árboles estaban repletas de autobuses, motocicletas, *rickshaws*, bicicletas y algunos automóviles (unos cuantos Fiat o Ambassador). El aire era fresco y limpio. De vez en cuando, íbamos a Marina Beach, que se extiende casi diez kilómetros a lo largo de la Bahía de Bengala. Para los adultos, el océano era amenazante e impredecible, y era mejor verlo desde lejos. Solo nos permitían sentarnos sobre la arena o el pasto y no podíamos acercarnos al agua para que no nos fuera a llevar una ola.

Madrás, que fue rebautizada como Chennai en 1996, es la capital del estado de Tamil Nadu, al sur de la India, y su economía está anclada en las industrias textil, automotriz y de procesamiento de alimentos, y —recientemente— de servicios informáticos. Es una ciudad que cuenta con prestigiosas instituciones educativas y universidades. También es la sede de las artes clásicas del sur de la India que conectan a la comunidad: la música carnática antigua y el *bharatanatyam*, una forma de danza-teatro expresiva y rítmica. Cada mes de diciembre, la ciudad se llenaba de visitantes que asistían a un renombrado festival artístico. Escuchábamos los conciertos en la radio y disfrutábamos de las críticas minuciosas de cada una de las presentaciones por parte de los muchos familiares que entraban y salían de nuestra casa cada mes.

Éramos una familia hinduista bráhmana que convivía con otros hinduistas y gente de otras fes: cristianos, jainistas y musulmanes. Vivíamos apegados a las reglas de una familia unida y devota en el seno de una sociedad culturalmente vibrante y multirreligiosa.

Ser bráhmana en la India de mitades del siglo XX significaba que pertenecíamos a una clase que vivía con sencillez y devoción y que daba suma importancia a la educación. Si bien no éramos ricos, la gran casa que poseíamos, aunque poco amueblada, representaba una vida cómoda y de una estabilidad invaluable. Veníamos de una tradición de familias que habitaban hogares multigeneracionales. Poseíamos poca ropa, la moda no era algo que nos atrajera. Ahorrábamos cuanto podíamos. Nunca íbamos a restaurantes ni de vacaciones y siempre rentábamos el piso de arriba para tener un ingreso extra. A pesar de nuestra posición económica modesta, sabíamos que éramos muy afortunados por haber nacido brahmanes. Gozábamos del respeto inmediato de la gente porque nos percibían como doctos.

Mi madre celebraba todos los festivales hindúes con los rituales correspondientes, pero nadie festejaba los cumpleaños. Mis padres nunca nos abrazaban, besaban o decían "te quiero". El amor se daba por sentado. Nunca expresábamos nuestros temores o esperanzas, nuestros sueños o deseos con los mayores. No éramos el tipo de gente que habla de eso. Todo esfuerzo en ese sentido se veía truncado con las palabras "Reza más. Dios te mostrará el camino".

La expresión favorita de mi madre —que muchas veces se la pasaba repitiendo durante el día— era "Matha, Pitha, Guru, Deivam". Ella la traducía como "Reverencia a tu madre, a tu padre y a tu maestro como a Dios".

Nos recordaba siempre que debíamos respeto a esas cuatro figuras. Por ejemplo, no podíamos subir los pies a los muebles frente a los adultos; no podíamos comer mientras estudiábamos, como una muestra de respeto hacia los libros; siempre nos poníamos de pie cuando un maestro entraba en la habitación y nos sentábamos a su seña.

Al mismo tiempo, de niños, en la casa se nos permitía expresar nuestros puntos de vista, elaborar ideas propias y discutirlas, pero con la consigna de aceptar las constantes interrupciones de los adultos, quienes no nos dejaban terminar, muchas veces diciendo: "¿Qué sabes tú de esto? solo escúchame. Vas a estar bien".

En nuestra casa en Madrás siempre había ruido, risas, discusiones y gritos. Era un ambiente estricto y me reprendían con nalgadas —algo muy común en muchas familias en ese entonces— cuando me portaba mal. La vida era estable, y ese ambiente me permitía aprender tanto a controlarme como a decir lo que pensaba. Tuve el coraje de ampliar mi horizonte y demostrar quién era porque se me crio con una estructura que me fue dando la libertad de explorar. Y mi hogar siempre fue mi pilar.

El hogar de mi infancia estuvo definido por un pensamiento progresivo muy particular en lo que respecta a la educación de las mujeres. Era la hija de en medio, de piel oscura, alta y delgada. Me sobraba energía y me encantaba practicar deporte, escalar árboles y correr alrededor de la casa y el jardín, en una sociedad que juzgaba a las niñas por su tono de piel, su belleza, su carácter tranquilo y su sencillez. Alcancé a escuchar una conversación entre algunos de mis parientes que se preguntaban cómo podrían conseguir a alguien que quisiera casarse con esta *marimacha*. Eso todavía me afecta. Pero nunca me negaron la posibilidad, como niña, de aprender más, estudiar o demostrar mis habilidades junto a los chicos más inteligentes de nuestro medio.

En nuestra casa, los niños y las niñas podían ser igual de ambiciosos, pero eso no significaba que estuviéramos sometidos a las mismas reglas. Había sin duda la idea de que había que proteger a las niñas de manera distinta a los niños. Pero en términos intelectuales y de oportunidades, nunca me sentí relegada por ser niña.

Esta educación provenía de niveles superiores: de la interpretación que nuestra familia tenía sobre los antiguos valores de la religión brahmánica, de la misión que a mitades de siglo prevaleció en la India de prosperar como una nación nueva e independiente y de la visión que mi Thatha tenía del mundo. Tuve la suerte de que mi padre, a quien llamaba Appa, comulgara por completo con esa visión. Siempre estaba ahí para llevarnos a las clases y se sentía orgulloso de nuestros logros.

Me dijo que nunca tendría que estirar la mano para pedir dinero que no fuera de mis padres. "Estamos invirtiendo en tu educación para que salgas adelante por ti misma —me dijo—. El resto te corresponde. Sé siempre auténtica."

Mi madre pensaba lo mismo. Es una mujer ruda y determinada, a quien, como a muchas nueras en esa época, siempre culpaban de los conflictos familiares, aunque no tuviera nada que ver. Manejaba esas cuestiones con astucia y mano firme. Habría sido una gran CEO de una empresa, pero no tuvo la oportunidad de ir a la universidad, y canalizaba toda esa frustración en que sus hijas florecieran. No fue fácil para ella. Siempre he sentido que vivió de manera indirecta a través de sus hijas, deseando que gozáramos de la libertad que no tuvo.

Desde el inicio supe que la familia es fundamental para nuestra vida en este planeta. Es tanto mis cimientos como la fuerza que me impulsa. La familia que formé en Estados Unidos con mi esposo Raj y mis dos hijas, Preetha y Tara, es mi mayor logro, mi mayor orgullo. Pertenezco a una familia india de una época particular y me defino por ese linaje, pero sé que todas las familias son distintas. Florecemos, como personas y como colectivo, cuando formamos profundas conexiones con nuestros padres e hijos, y dentro de grupos más grandes, cuando nos sentimos unidos. Para mí, una familia sana es la raíz de una sociedad sana.

Sé que la familia puede ser complicada, que presenta situaciones dolorosas que no tienen solución. Tuve veintinueve primos hermanos, catorce del lado materno, con quienes formé un vínculo muy cercano, y quince del lado paterno, muchos de los cuales vi solo una vez por riñas y rencores que no acabo de entender. Estas situaciones, pienso, son un microcosmos de lo que es la vida y nos enseñan sobre las dificultades que debemos manejar y aceptar.

Nací en octubre de 1955, cuatro años después del casamiento de mis padres y justo trece meses después del nacimiento de mi hermana. Mi madre, Shantha, tenía veintidós años. Mi padre, Krishnamurthy, treinta y tres.

Su matrimonio fue arreglado. Poco después de que mi madre terminara la preparatoria, una pareja, familiares lejanos, se acercaron a sus padres para preguntarles si querían casar a mi madre con su hijo. Él la había visto jugar *tennikoit*, un deporte popular entre las chicas en el que las jugadoras se lanzan unas a otras un anillo de goma sobre una red. Le gustó su vitalidad, dijeron. Consultaron los horóscopos, las familias se reunieron unas cuantas veces y se fijó la alianza. Entre los beneficios para mi madre, la sexta de ocho hijos, era que se uniría a una familia respetada y culta y que gozaría de las comodidades y la seguridad de una casa grande a la que se mudaría después de la boda.

En su primer encuentro, mi madre y mi padre apenas se hablaron. Cuando llegué, se sentían contentos de estar forjando una vida juntos, con el buen ingreso que mi padre ganaba. Él, uno de ocho hermanos, heredaría la casa. Mi abuelo dispuso dejársela a él, su segundo hijo, porque estaba seguro de que mis padres lo cuidarían cuando fuera viejo. Sentía que esta nuera era muy familiar y que se dedicaría a él como se dedicaba a su marido y a sus hijas cuando nacieron.

Cuando tenía seis años, nos asignaron a mi hermana, Chandrika, y a mí tareas domésticas que debíamos realizar todos los días. Las más difíciles comenzaban poco antes del amanecer, cuando, en la mayoría de los días, una de nosotras tenía que levantarse de la cama que compartíamos, al primer sonido de una búfala que gruñía y chillaba frente a la puerta de la entrada. Una mujer de la región llegaba con ese enorme animal gris y lo ordeñaba para obtener la ración del día. Nuestro trabajo consistía en asegurarnos de que no le agregara agua a la leche.

Mi madre, a quien llamo de cariño Amma, usaba la leche de búfala para hacer yogur, mantequilla y el delicioso y aromático café del sur de la India, todo eso que era la base de nuestro régimen vegetariano. Un poco más tarde por la mañana llegaba un vendedor de vegetales frescos: coliflor, espinaca, calabacín, calabaza, papas, cebollas. Una gran variedad a buen precio.

A los siete años, me mandaban a la tienda que se encontraba a unas cuantas calles para dejar la lista de la compra o recoger algo. El dependiente envolvía lentejas o arroz en papel periódico en forma de cono y lo cerraba con cordón de algodón. Los pedidos más grandes los entregaban en la casa, todo envuelto en más conos de periódico. Los granos los guardaban en contenedores de vidrio o aluminio en la cocina, doblaban el periódico, enrollaban el cordón y lo colocaban en la cubierta de la cocina para volverlo a usar. Nada se desperdiciaba.

Recuerdo a Amma siempre ocupada. Cuando llegaba la leche, ya estaba vestida y en la cocina, y pronto ya estaba sirviendo las primeras tazas de café a Thatha y a mi padre. Los niños bebían una taza de Bournvita, una bebida de malta con chocolate. Y luego preparaba el desayuno, por lo general, avena con leche, azúcar y polvo de cardamomo. En los días calurosos, bebíamos *kanji*, arroz cocido remojado toda la noche en agua y luego mezclado con suero de leche.

A las ocho de la mañana, Amma ya estaba en el jardín, trabajando junto con Shanmugam, el jardinero, cuidando de las flores y podando los arbustos. Recogía flores para adornar el salón de oración, un enorme nicho en la cocina donde decía sus oraciones diarias, muchas veces mientras cocinaba. También escuchaba música carnática y canturreaba. Amma siempre portó flores en el cabello, un listón de flores blancas o de colores alrededor de su chongo o coleta oscura. De vez en cuando, los fines de semana, nos ponía flores en las trenzas.

Cuando mi padre y los niños salíamos de casa, regresaba a la cocina y preparaba el almuerzo para Thatha, Chandrika y para mí. La estufa se encendía con queroseno, y el humo podía llegar a ser abrumador. A pesar de esto, mi madre siempre nos cocinaba alimentos frescos que metía en loncheras de acero inoxidable y enviaba calientes al colegio. Shakuntala nos servía el almuerzo mientras nos sentábamos bajo un árbol en el patio de juegos. No dejábamos ni las migajas: si no nos lo terminábamos, tendríamos que comerlo en la cena, lo que evitábamos a toda costa. Amma le servía a Thatha su almuerzo de mediodía sobre un gran plato de plata con pequeños cuencos para las distintas verduras y acompañamientos.

Por las tardes, mi madre tomaba un *rickshaw* para ir a casa de sus padres a dos kilómetros de distancia para saludarlos, hablar de temas de familia y ayudar a su madre en la cocina. Luego, se regresaba a casa a cocinar de nuevo. Día tras día, la comida se preparaba, consumía y recogía íntegra, sin dejar sobras. No teníamos refrigerador.

Chandrika y yo regresábamos de la escuela alrededor de las cuatro treinta de la tarde y nos recibían Thatha y Amma. Teníamos una hora para comer algo y jugar hasta que Appa llegaba a casa, a eso de las cinco y media. Luego, nos sentábamos en el piso, a los pies de Thatha, para hacer la tarea, aunque teníamos nuestros propios escritorios. Thatha revisaba nuestro trabajo con regularidad. Si se nos dificultaba un problema matemático, sacaba hojas de papel donde ya tenía escritos problemas de práctica. Muchos días, también practicábamos caligrafía en cuadernos de escritura, por lo general con la frase en inglés *the quick brown fox jumps over the lazy dog*, porque incluía las veintiséis letras del abecedario. Thatha creía que *una buena caligrafía significa un buen futuro*.

Alrededor de las ocho de la noche, cenábamos juntos, aunque Amma primero nos servía a todos y después comía. Luego, más tareas escolares, domésticas y se apagaban las luces. Con frecuencia, había apagones, la casa se sumía en la oscuridad y encendíamos velas y linternas. Los mosquitos rondaban las habitaciones, escondidos bajo el manto de la noche y nos picaban sin cesar. Desarrollamos la habilidad de matarlos con las manos, como medio de supervivencia. Antes de dormir, teníamos que rezar en voz alta para que mi madre nos escuchara: el Padre Nuestro, que también rezábamos en el colegio, y luego un par de oraciones en sánscrito.

Cuando tenía ocho años, mi madre dio a luz a un niño, Nandu, en un parto que acabó en cesárea complicada. Era el orgullo de todos: perpetuaría el nombre de la familia. Lo adoraba como a nadie. Como era tradición en familias como la nuestra, Amma y el bebé pasaron un par de meses en casa de mis abuelos maternos, y mi padre se encargó de las labores de la casa y de llevarnos a Chandrika y a mí a la escuela. Cuando regresó a casa con Nandu, Amma estaba más ocupada que nunca atendiendo al nuevo bebé además de las labores de siempre, aunque todavía se estaba recuperando de la cirugía. Hasta donde pude darme cuenta, no fallaba en nada. ¿Cómo lo lograba?, nunca sabré.

Chennai, que ahora tiene más de diez millones de habitantes, ha sufrido siempre de escasez de agua. La región depende de la época anual de monzones para llenar lagos y reservas, a cientos de kilómetros de distancia y conectados a la ciudad a través de tuberías que se instalaron en la década de 1890. El agua también se transporta en camiones hacia la ciudad desde las áreas rurales, y los residentes esperan en fila con urnas grandes de plástico para recibir su ración.

El agua siempre estaba racionada en mi casa. La Madras Corporation, la comisión local del agua, abría las válvulas de la ciudad cada mañana, muy temprano. El agua comenzaba a caer, y mis padres llenaban cacerolas y sartenes para usar el agua en la cocina, para beber y limpiar la casa.

Contábamos también con un pozo en el jardín. Tenía una válvula eléctrica que extraía agua salada a un tanque en la terraza del segundo piso desde donde fluía hacia los escusados. Nos bañábamos vertiendo agua tibia sobre el cuerpo con una pequeña taza de metal, y me hacía bolita lo más que podía para poder enjuagarme bien. Nos lavábamos el cabello con un puño de agua mezclada con polvo de *shikakai*, hecho de corteza y hojas de una enredadera común. Antes de eso, nos cepillábamos los dientes usando el dedo índice y polvo de carbón hecho de cáscaras de arroz tatemadas. Luego evolucionamos hacia el polvo dental Colgate. Me dieron un cepillo dental real y pasta cuando tenía alrededor de nueve años. No fui al dentista a que me limpiaran los dientes hasta que tuve veinticuatro años.

La vida era predecible. Nuestro principal trabajo era estudiar y sacar buenas notas. Pero Chandrika y yo también teníamos tareas nocturnas: guardar los platos, moler los granos de café *peaberry* en un molino manual a doble mano para las bebidas tibias de los adultos por la mañana o, la más difícil de todas, batir el suero de leche a mano en la forma antigua y tradicional para separar la mantequilla. Era tedioso y nos dejaba las manos llenas de ampollas.

Entré al colegio de niñas Our Lady's Nursery School en 1958, el comienzo de un periodo de doce años en el plantel ubicado en el convento Holy Angels, una institución solo para niñas a un poco más de un kilómetro de casa. Por un par de años, Chandrika y yo nos íbamos a la escuela cada mañana montadas en la bicicleta o en la motocicleta con mi padre, primero como niñas pequeñas con un overol gris y camisa blanca y, luego, en uniforme verde y blanco con cuello redondo y cinturón a rayas.

Cada mes de mayo, Amma compraba cuarenta y tantos metros de tela, contrataba a un sastre y mandaba confeccionar seis uniformes nuevos para el nuevo ciclo escolar. Puedo todavía escucharla diciéndole al sastre que cosiera todo dos tallas más grandes que nuestra talla para que pudieran rendirnos. También nos confeccionaba un par de vestidos para eventos casuales y *pavadais* (una falda india muy colorida) para uso diario. No estaban bien proporcionados, pero nosotros sentíamos que eran la última moda y los atesorábamos mucho.

Todo estaba doblado a la perfección sobre las repisas del armario en la habitación medio vacía. Para los festivales y las bodas, teníamos *pavadais* de seda muy especiales que mi madre guardaba en su armario y que casi no se usaban. Amma gastaba casi todo el presupuesto destinado a ropa en nosotras y, si sobraba, se compraba algo simple.

Durante el día, Shakuntala lavaba las camisas y los *dhotis* de los hombres, los saris de mi madre y nuestros uniformes, y los ponía a secar. Por la noche, después de hacer la tarea, Chandrika y yo pulíamos los zapatos negros de piel, lavábamos nuestras calcetas a la rodilla y planchábamos los dobleces en la ropa con almidón que hacíamos con harina de arroz mezclada con agua caliente sobre la estufa. Los grumos del almidón dejaban manchas blancas en la ropa, y nos volvimos expertas en mezclarlo bien para mejorar el proceso. Cuando llovía, planchábamos con ahínco para no tener que usar ropa húmeda en la mañana. Si se iba la luz, que sucedía con frecuencia, portábamos uniformes un tanto húmedos al colegio. Pero no éramos las únicas. Estoy segura de que muchas otras niñas pasaban por el mismo aprieto.

Teníamos pocos juguetes. Mi hermana y yo atesorábamos nuestras únicas muñecas y las incluíamos en nuestras tantas conversaciones. También jugábamos a la casita con ollas y sartenes miniatura y al doctor con equipo médico rústico que elaboramos con alambre y papel.

Desde el inicio, a Chandrika y a mí nos encantaba la escuela. Era un lugar que nos permitía entrar en un mundo fuera de nuestra estructura familiar rígida, y nuestro entusiasmo era bien recibido y hasta aplaudido por los adultos. Ese acuerdo tácito nos liberaba. Nos gustaba tanto que, algunos veranos, incluso cuando los primos venían a jugar, poníamos un calendario en la pared de nuestra recámara para contar los días que faltaban para empezar la escuela.

En casa, todas nuestras actividades estaban bien vigiladas. Si queríamos ir a ver una película, mis padres insistían en verla antes, pero parecía que nunca tenían tiempo, así que casi nunca íbamos. Podíamos ir a la biblioteca local, una estructura de una sola habitación a unas cuantas calles, con préstamos ilimitados por una tarifa muy baja, pero los libros tenían que regresarse al día siguiente (¡y así fue como aprendí a leer rápido!). Amma escuchaba la radio todo el tiempo, pero, como el resto de la gente en la India, no teníamos televisión. El internet, claro está, no existía. Siempre teníamos visitas, pero, fuera de la casa de mis abuelos maternos, nunca íbamos a visitar a nadie. Alguien siempre tenía que quedarse en casa para cuidar de mi abuelo.

En la escuela, siempre había algo nuevo que probar. Entre las clases, literalmente corría de una actividad a otra por los pasillos exteriores largos y sombríos. El colegio Holy Angels, fundado por misioneros franciscanos en 1897, ya contaba con seis edificios, un auditorio, un jardín, un patio, una cancha de *netball* y una cancha de tenis un tanto desgastada. Muchas veces me quedaba después de clases a jugar pelota o como voluntaria para ayudar a los profesores.

Pronto, me uní a las Bulbuls, la categoría junior del programa nacional de las niñas exploradoras. Portaba un uniforme distinto: un vestido azul pálido con una mascada naranja a rayas que amarraba al cuello con una argolla, y después de un par de años, fui muy feliz de *ascender* a guía. Me afanaba para ganar medallas por bordar, hacer nudos, primeros auxilios, prender fuego, hacer señales con banderas y una docena de habilidades más que enseñaban los exploradores. En secundaria, incluso fui a un encuentro nacional. Aprendí tanto de esas lecciones: a trabajar en equipo (cómo dar y cómo recibir) y cómo la gente tiene distintos roles de liderazgo en distintos momentos; sobre la confianza, con el ejemplo de montar una tienda de campaña, literalmente. Recuerdo cómo todos debían sostener las cuerdas con la tensión exacta para que los postes quedaran rectos y se pudiera levantar la tienda, de lo contrario, todo se venía abajo. Todos tenían que hacer su parte o no funcionaba.

Aprendimos música en la escuela, y nuestra profesora, la Srita. Lazarus, tenía el don de hacer que cualquiera se enamorara de muchas de las canciones escolares del Reino Unido. Chandrika y yo tomábamos lecciones de música y danza clásicas indias en casa varios días a la semana, que también eran necesidades absolutas para niñas como nosotras. Se consideraban requisitos para encontrar un buen marido. Incluso entonces, Chandrika tenía talento para cantar y era una estudiante dedicada. Yo siempre soñaba con salir a jugar.

El nivel académico de Holy Angels era difícil. Nos sentábamos en salones con treinta niñas en filas muy estrechas de escritorios de madera. Las clases comenzaban a las ocho y media de la mañana con la asamblea diaria y terminaban a las cinco de la tarde. La enseñanza era enérgica y rigurosa en las materias de Inglés, Historia, Matemáticas, Ciencias, Geografía y habilidades esenciales para chicas, como Bordado y Arte. Teníamos un periodo de exámenes cada tanto que nos hacía sentir presionadas.

Las profesoras, entre las que había monjas que venían desde Irlanda a la India para dedicar su vida a Dios y a la educación, eran cálidas y formidables. También eran ineludibles: vestían hábitos con griñón alrededor de la barbilla, y la madre superiora, la hermana Nessan, y la encargada de la guardería, la hermana Benedictine, siempre se paseaban por los pasillos. También nos visitaban regularmente en casa para tomar una taza de café y platicar con mi abuelo o mis padres.

El día que llegaba la boleta de calificaciones, el último de cada mes, Thatha movía su silla al pórtico para recibirla en mano en cuanto llegáramos. Si no estábamos entre los tres primeros lugares, de preferencia el primero, no quedaba contento. Para él, nuestra educación era un asunto personal. Algunas veces, cuestionaba las notas de las profesoras, pero pocas veces a nuestro favor.

Amma, muy comprometida con nuestra educación, añadía sus propios exámenes. Nos preguntaba sobre conocimientos generales con un libro de texto de las Siete Maravillas del Mundo, los grandes ríos, las banderas de los países. Chandrika y yo nos sentábamos en el piso de la cocina mientras mi madre comía su almuerzo después de los hombres y los niños y pasaba diez minutos dándonos discursos sobre temas como: "Si fueras primera ministra de la India, ¿qué harías?" y elegía la mejor respuesta. El premio era un cuadrito de chocolate Cadbury que cortaba de un gran bloque que conservaba bajo llave y, cuando yo ganaba, lamía mi trocito por una media hora. Esos cuadritos de chocolate me gustaban más que cualquier otro chocolate de los que hay hoy en día.

Estaba en el equipo de debates del colegio y me inscribía a todas las competencias locales que podía. Elegí Elocución como materia optativa, un curso enfocado en dar discursos, recitar poemas y hablar en público. Tenía talento natural para el debate y no me daba vergüenza pararme en un escenario.

En segundo de secundaria, cuando tenía casi doce años, tuvimos que elegir entre Humanidades o Ciencias, el siguiente paso en el currículo creado por la Universidad de Cambridge. Así iniciaron años de estudio más intenso en Física, Química y Biología, todo al mismo tiempo. Esto significaba que mi abuelo, mucho más preparado en Inglés, Matemáticas, Historia y los clásicos, se metía menos de lo que él hubiera querido en mi trabajo. Tenía que hacerlo sola.

En particular, me gustaba la Biología. Diseccionábamos cucarachas, ranas y lombrices en la escuela y teníamos que llevar nuestros propios especímenes. Me la pasaba buscando cucarachas grandes y las guardaba en un frasco de vidrio con cloroformo para que estuvieran frescas para la disección al día siguiente. Abundaban las lombrices, pero era difícil encontrar ranas, salvo en época de monzón. Toda la familia me ayudaba en la búsqueda. Por fortuna, el colegio acabó contratando a un proveedor de especímenes para que suministrara ranas, y descansamos de esa labor.

Ese mismo año, la Srita. Jobard, mi tutora, me seleccionó para unirme al equipo que iba a Nueva Delhi para participar en la primera conferencia de la United Schools Organization of India, un evento de cuatro días para establecer relaciones entre los estudiantes del país. Era una oportunidad que generaba una gran emoción tanto en la escuela como en casa. Era la alumna más joven de entre las seleccionadas y me emocionó mucho ver a mi familia tan emocionada por el viaje, tanto que no dudaron en pagarlo de inmediato.

Así, la Srita. Jobard, una mujer de poca estatura, de unos cuarenta y tres años con ojos intensos, y cinco niñas de Holy Angels, vestidas en nuestros uniformes, nos subimos al tren de vapor que salía de la enorme estación central de trenes, un edificio de ladrillo rojo. Llevábamos pequeñas maletas y viajamos 2 170 kilómetros hacia el norte durante dos días. Dormimos dos noches en una cabaña diminuta con tres literas empotradas a las paredes.

Delhi, la capital de la India, no se parecía a nada que hubiera visto antes. Me cautivaron los edificios majestuosos rodeados de jardines y pasto; los monumentos; las avenidas anchas llenas de autos;

la gente en las calles portando turbantes, y las señales en la calle en hindi, la lengua predominante en el norte de la India, que no entendía. Nuestro grupo se unió a adolescentes de más de treinta escuelas en un salón de conferencias en Vigyan Bhavan para competencias de debate, presentaciones culturales y charlas sobre paz y política. Presentamos un baile irlandés sobre "el bien y el mal" que, según recuerdo, confundió a los jueces. Aun así, nos dieron un premio. Comimos en un salón enorme, desordenado, y dormimos en los dormitorios.

Mi confianza se afianzó al formar parte de este enorme grupo, y se me abrieron los ojos a una variedad de culturas presentes en mi país.

En casa, cuando entré a la adolescencia, nuestro mundo estaba cambiando. Ahora, mi padre daba clases en la escuela bancaria y, durante casi tres años, se dedicó a viajar. Estaba en casa dos o tres días al mes, y lo extrañaba muchísimo. Él y yo teníamos un lazo especial, y me gustaba pensar que yo era su favorita. Me contaba cosas de su trabajo y siempre me hacía sentir muy especial.

En esa época, mi madre compró un nuevo *almirah* Godrej, un armario grande de metal de la marca Godrej and Boyce, famosos fabricantes de cerraduras de la India, para almacenar nuestros ajuares. Cada vez que lograba ahorrar algo del presupuesto familiar, compraba dos artículos iguales y los guardaba para Chandrika y para mí. Llenó ese armario con ollas y sartenes de acero inoxidable, bandejas, platos y tazas de plata, y unas cuantas piezas de joyería de oro. Hacía trueques, algunas veces llevaba sus viejos saris bordados con hilo de oro a un proveedor que se los intercambiaba por piezas de cocina nuevas. Nuestra casa tenía tres armarios Godrej, uno para la ropa de mi madre, otro para los objetos de valor de la familia y otro para esos objetos que nos servirían en el matrimonio.

Yo no prestaba demasiada atención a esto, pero sé que Chandrika, la mayor, una niña hermosa con el cabello rizado y una gran sonrisa, se sentía presionada. Sin duda me favorecía ser la segunda hija en este caso. No tenía toda la atención de los demás sobre mí.

Un día del verano de 1968, un autobús atropelló a mi adorado padre que iba en su Vespa. Quedó atrapado debajo de las llantas y el autobús lo arrastró toda la calle. Tengo el recuerdo muy claro de cuando Amma abrió la puerta cuando vino la policía a avisarnos del accidente. No teníamos teléfono.

Mi madre y yo tomamos un *rickshaw* y corrimos al hospital.

Cuando llegamos, mi padre estaba recostado sobre la cama, ensangrentado, casi inconsciente. Con una mano, se sostenía la nariz rota. Los huesos de las piernas le salían por los tobillos. Tenía cortadas y rasguños por todo el cuerpo. Nos miró y susurró que todo estaría bien. En ese momento, se desmayó.

Después de seis horas de cirugía y semanas en la clínica, comenzó su recuperación en casa. Mi madre era su terapista física, le ayudaba a recuperar la fuerza. Las cuentas comenzaron a acumularse —en ese entonces, no había seguro médico público en India— y mis padres gastaron casi todos sus ahorros. Después de varios meses, regresó a trabajar y la vida siguió, casi como antes. Quedó cubierto de cicatrices que le dejó ese tremendo accidente.

Ahora me doy cuenta de que, si mi padre no se hubiera recuperado, nuestra vida hubiera sido muy distinta, difícil. La pensión de Thatha era pequeña y mi madre, con tres hijos, no tenía manera de ganar dinero. Ninguno de mis tíos hubiera podido alojarnos y mantenernos. Sin un sistema de apoyo gubernamental, mi madre hubiera tenido que arrendar más cuartos de la casa grande, pero hubiera sido víctima de los grandes prejuicios tan arraigados en contra de las mujeres de su generación, que casi nunca se dedicaban a los negocios. Nuestra educación, tal como había sido hasta ese momento, con probabilidad habría terminado.

La familia, así como es muy poderosa, también puede ser muy frágil. Toda familia corre el riesgo de entrar en crisis inesperadas.

Y sin una red de seguridad adecuada por parte del Gobierno o de empresas privadas, los sucesos como el accidente de mi padre pueden cambiar la vida de las personas con efectos que duran décadas, incluso generaciones.

Quizá lo más importante es que este suceso hizo que esa insistencia de mi padre de que yo, como mujer, tuviera siempre una manera de salir adelante sola, se hiciera más real.

En el último año de secundaria, una niña nueva, Mary Bernard, se cambió a Holy Angels, y nos hicimos grandes amigas. Mary era hija de un oficial del ejército, y era muy divertida, aventurera. Sin embargo, lo más destacable era que tenía una guitarra acústica nueva, brillante, y tomaba clases.

Yo tenía muchas ganas de aprender a tocar la guitarra también, pero Amma no me iba a comprar una. Era inflexible en eso, y de seguro le aterraba. Una buena niña bráhmana del sur de la India no toca la guitarra ni canta canciones de *rock and roll* en inglés, insistía. No era apropiado; debía enfocarme en la música y los instrumentos clásicos del sur de la India, decía.

Sin embargo, eso no iba a detenerme. En un golpe de suerte, Mary y yo encontramos una vieja guitarra en un clóset en la escuela. Se la llevamos a la hermana Nessan, quien para nuestra sorpresa acordó mandarla arreglar para que yo pudiera usarla. A diferencia de la actitud de mi madre, creo que la monja era de ideas más modernas, no era ajena a los Beatles y seguramente se sentía emocionada con la idea de incluir un nuevo género musical en Holy Angels.

Entonces, con dos amigas más, Jyothi y Hema, Mary y yo formamos una banda para el espectáculo de variedad del colegio. Las monjas nos anunciaron como las LogRhythms, en alusión a las tablas matemáticas y los algoritmos que estábamos estudiando, y nos volvimos inseparables. Practicamos las cinco canciones que Mary se sabía: "House of the Rising Sun", "Bésame mucho", "Ob-La-Di, Ob-La-Da", "Greensleeves" y "Delilah". Éramos muy nerdas. Pero una vez que subimos al escenario en esa primera presentación, vestidas con pantalón blanco y camisas psicodélicas, la escuela tuvo que añadir dos fechas más para que todo el público pudiera vernos. La hermana Nessan y la hermana Benedictine se sentaron en primera fila, con una sonrisa enorme en la boca. Mi padre se mostró más entusiasmado que nunca. Vivía con nosotros de nuevo en Madrás y, aunque nunca nos vio tocar, tenía la costumbre de cantar nuestras canciones mientras caminaba.

Las LogRhythms duraron tres años. Por un tiempo, fuimos el único grupo de chicas en Madrás, y nos presentamos en festivales escolares y conciertos musicales por toda la ciudad. Siempre comenzábamos con nuestras cinco canciones principales, pero poco a poco fuimos añadiendo más al repertorio: éxitos instrumentales de los Ventures, como "Bulldog" y "Torquay" y del pop como "These Boots Are Made for Walkin'" de Nancy Sinatra y "Yummy Yummy Yummy" de Ohio Express.

Nuestro mayor fanático y seguidor era mi hermano, Nandu. Venía a todos los conciertos y nos ayudaba con el equipo. Mis tíos conservadores, quienes pensé que criticarían con dureza mis aspiraciones musicales contraculturales, me presumían con sus amigos. Era común escucharlos tararear "Yummy Yummy Yummy" al caminar por la casa. En cada reunión familiar, me pedían que tocara unas cuantas canciones en la guitarra.

Al cabo de un año, Jyothi y Hema, que tocaban los bongos y la guitarra, se salieron del grupo. Admitimos a un par de chicos, los hermanos Stephanos, para ayudar con la batería y los coros. Nos hicimos muy amigos de la familia Stephanos y esa amistad perduró incluso después de que la banda se disolvió.

Me gradué de Holy Angels en diciembre de 1970, cuando tenía apenas quince años. No hubo ceremonia de graduación. Nada de fanfarrias. De hecho, mis padres nunca habían visitado la escuela en todos los años que estudié ahí. Las profesoras y las monjas tenían toda la responsabilidad y la autoridad sobre las alumnas. Mis prolíficas actividades extracurriculares habían consumido gran parte de mi tiempo, y me gradué con notas bastante decentes, pero no fui de las más sobresalientes.

También, como era habitual con los graduados de preparatoria en esa época, Thatha y mis padres no se involucraron en mi búsqueda de universidad ni en el proceso de admisión. Tenía la seguridad de que ellos pagarían mi educación universitaria y más, pero la elección de la institución de estudios superiores, el proceso largo de admisiones y si me admitían o rechazaban, todo eso corría por mi cuenta.

Chandrika, que siempre sacó muy buenas notas, se había mudado el año anterior para estudiar comercio en el Madras Christian College (MCC), en un suburbio llamado Tambaram, a unos treinta kilómetros de casa. El MCC era una de las pocas instituciones mixtas en Madrás y era considerada una de las mejores del sur de la India. Tenía una mezcla fascinante entre excelencia académica y ambiente *hippie*. Tenía un gran entorno musical. Muchos consideraban que tenía una vibra tipo Haight-Ashbury (en San Francisco), en menor escala.

Decidí que MCC era la mejor opción para mí también, y me alegró mucho saber que me habían admitido. Me uní al grupo de Química, que incluía Física y Matemáticas.

La química me fascinaba, me encantaba lograr que un compuesto se transformara en otro, un color en otro, crear cristales de todos tamaños y formas, observar los precipitados y aprender la información más básica sobre cómo funciona nuestro universo. Había unos treinta chicos y ocho chicas en la clase, y me enfoqué casi por completo en las tareas escolares para ir al día. Vestía sari todos los días, como se esperaba de las chicas en aquella época, lo cual me hacía la vida un poco más difícil, tanto durante los noventa minutos que duraba el trayecto hacia el colegio como en las largas jornadas en el laboratorio, donde en ocasiones las sustancias químicas nos salpicaban la ropa. Pasé mucho tiempo zurciendo mi sari por las mañanas para cubrir los agujeros de las quemaduras de la semana anterior.

Las clases de Matemáticas Avanzadas me costaban mucho trabajo. La mayoría de mis compañeros de clase habían cursado once años de escuela y luego un año de cursos preuniversitarios. Puesto que presenté los exámenes Cambridge, me salté el curso preuniversitario y entré directo a la universidad. Me iba bien en casi todas las materias, salvo en Matemáticas, donde iba bastante atrasada. Esa fue la única vez que mis padres intervinieron para ayudarme. Después de escucharme llorar por la Geometría Analítica, las ecuaciones diferenciales, las transformadas de Laplace y los problemas de las series de Fourier, contrataron a un profesor para que me diera clases en casa unos días a la semana. Era una enorme concesión por parte de mi madre, quien seguía lidiando con el estigma de que yo hiciera cosas un poco fuera de lo común. Pensaba que tomar clases privadas podría interpretarse como que algo andaba mal conmigo y, por extensión, con ellos. Esta regularización resultó determinante, sin ella, mi vida habría sido muy diferente. No estoy segura de que hubiera aprobado el año.

También me uní al equipo de debate del MCC, que era considerado de los mejores de la ciudad, y ganamos muchos concursos intercolegiales y estatales. Participar en debates me daba la libertad de estudiar temas más allá de la ciencia: asuntos internacionales, política, temas sociales. Me consumía mucho tiempo, pero la diversidad del material y el calibre de mis compañeros de debate me hacían mejorar. Al mirar atrás, puedo decir que esa actividad me ayudó a ganar confianza y a perfeccionar mi habilidad de persuadir a otros a que aceptaran mi punto de vista, y también a dar argumentos en contra de la perspectiva opuesta con ingenio. Fue sin duda de gran utilidad.

Es sabido que la India es un país loco por el críquet y los comentaristas de este deporte en la radio hacían que se detuviera la vida.

Mis tíos eran tan fanáticos que coordinaban sus vacaciones con los torneos de cinco días y hablaban sin cansancio de los juegos y los jugadores. También llegué a amar ese deporte y lo jugaba en el jardín con mi hermano y sus amigos.

Asistía a algunos de los torneos varoniles de críquet del MCC y, un día, por capricho, les dije a mis amigas que deberíamos formar un equipo femenil de críquet. Para mi gran sorpresa, la idea prosperó. La universidad nos dejó usar el equipo de los varones, y unos cuantos jugadores aceptaron entrenarnos, éramos ya un grupo de quince chicas. Practicábamos batear, lanzar y alinear tres veces por semana; estudiábamos las reglas; nos lastimábamos; nos volvíamos a levantar. Resultó que muchos colegios de mujeres en Madrás comenzaban a formar equipos de críquet, así que organizamos el primer torneo femenil de la ciudad. Éramos solo cuatro equipos, pero eso era mejor que nada.

Mi padre me prestó una camisa blanca y un pantalón que logré ajustarme con un cinturón y pinzas. Nandu se encargó de todo mi equipo, una vez más. No se me ha olvidado la maravillosa sensación de caminar hacia el campo de juego en esa competencia contra el equipo del Stella Maris College, como bateadora principal, vestida en ropa blanca de críquet, frente a una audiencia de al menos cincuenta personas —familia, amigos y extraños— que aplaudían entusiasmadas.

Chandrika y yo teníamos horarios distintos en el MCC, y casi no interactuábamos. Ella formaba parte del grupo de chicos y chicas populares del Departamento de Humanidades. Lo último que quería era ser vista con los nerdos de Ciencias, aun cuando su hermana era parte de ese grupo. Le iba muy bien en la universidad y, al graduarse, decidió presentar el examen para ingresar a uno de los mejores programas de maestría en negocios, una decisión que representaba un desafío para cualquiera, más para una mujer. La decisión me impactó mucho.

A inicios de la década de 1970, en India había cuatro escuelas de administración a nivel posgrado, pero únicamente dos eran Indian Institutes of Management (IIM). El mejor era el IIM de Ahmedabad, que estaba afiliado a la Harvard Business School. Decenas de miles de estudiantes se peleaban por uno de los ciento cincuenta lugares disponibles y trataban de pasar un examen de admisión en extremo difícil y un proceso agotador de entrevistas. Uno de mis tíos dijo alguna vez que intentar entrar al IIM de Ahmedabad era como ganarse el Premio Nobel y le dijo a Chandrika que no se decepcionara cuando la rechazaran (no *si* la rechazaban). Chandrika, que siempre tenía una actitud relajada y confiada, no dejó que el comentario la perturbara. Llevó su proceso de admisión como si fuera cualquier cosa.

Cuando nos llegó la noticia de que la habían aceptado —era una de un puñado de mujeres que obtenían un lugar porque la escuela tenía poco espacio en los dormitorios para las chicas— todos en la familia estábamos asombrados. Chandrika estaba trazando un nuevo camino. Thatha fue a pagar el depósito de inmediato.

Luego vino la tragedia. Mi madre puso un alto. Dijo que Chandrika no asistiría a la escuela de negocios en Ahmedabad, lejos de Madrás, al menos que se fuera casada.

"Las jóvenes solteras no estudian lejos de casa, y menos en una universidad mixta", dijo mi madre. Y estaba en lo cierto. Era sin duda la norma en esa época. Sin embargo, mi abuelo ignoró su opinión y advirtió que usaría el dinero de su pensión para pagar los estudios de mi hermana.

Mi madre estaba furiosa y dijo en voz baja: "Si la mandas a esa escuela, ayunaré hasta que me muera".

Chandrika estaba aterrada y los comentarios de mi abuelo y de mi padre no ayudaron: "No se preocupen, si ella decide hacer eso, de todos modos, nos encargaremos de ustedes".

A los pocos días, por fortuna, Amma recapacitó. Dejó de ayunar y todos hicimos como si nada hubiera pasado. Ocupó su tiempo ayudando a Chandrika a alistarse para el viaje.

Este episodio es un emblema de la presión que las madres en la India sufrían en esa época: por un lado, con el pie en el freno para lograr que sus hijas estuvieran bien protegidas y con buenas costumbres y, por el otro, con el pie en el acelerador para ayudar a sus hijas a ganarse el respeto, la independencia y el poder. El sentido social de Amma se inclinaba de forma natural hacia el freno; los sueños que tenía para sus hijas, en cambio, presionaban el acelerador.

Unas semanas después, mi padre viajó con Chandrika en tren a Bombay y luego a Ahmedabad. Me sentí muy triste al verla partir, pero al mismo tiempo me daba gusto. Nandu y yo tendríamos más espacio en la habitación. Me quedaría con su escritorio, que tenía un cajón con llave. Todos mis secretos quedarían a salvo de los ojos curiosos de mi hermano.

Al terminar mis tres años en el MCC, mi camino de nuevo había quedado marcado por el de mi hermana, que iba delante de mí. Decidí intentar ingresar a la maestría en el IIM de Calcuta, en la costa este, un programa de negocios intenso orientado al análisis de datos financieros. Chandrika, y con toda razón, no quería que la siguiera a Ahmedabad.

"Has estado todo este tiempo junto a mí, en Holy Angels y en el MMC —me dijo—. Necesito un descanso, ¡ni se te ocurra hacer examen en el IIM de Ahmedabad!". Le respondí sin estar muy convencida que me interesaba más un programa enfocado en las matemáticas. "Ahmedabad es demasiado fácil, voy a hacer examen en el IIM de Calcuta", dije con valor. La verdad es que no tenía opción.

Después de un extenuante proceso de admisión que incluía un examen de ingreso similar al GMAT estadounidense (Graduate Management Admission Test), discusiones en grupo con otros candidatos y entrevistas individuales, me seleccionaron (para mi alivio). Si no lo hubiera logrado, habría sido la hermana *fracasada*, pensé.

Esta vez, nadie se opuso a que una de nosotras asistiera a una escuela de negocios ni se hicieron más comparaciones con ganar un Premio Nobel. De hecho, todo pasó casi desapercibido. Mi padre me llevó de Madrás a Calcuta en el tren Howrah Mail, un viaje de mil seiscientos kilómetros.

Estaba súper entusiasmada y un poco asustada por lo que el futuro me depararía.

2

En agosto de 1974, llegué a Calcuta, una ciudad dos veces más grande que Madrás en aquel entonces y entre los lugares con mayor densidad de población en el mundo. Calcuta, ahora Kolkata, es un centro político, la primera ciudad designada como capital por los británicos en India. Mi padre y yo, con dos pequeñas maletas y un bolso viejo, tomamos un taxi desvencijado desde la estación de tren hacia el campus. La ciudad estaba congestionada. Los autobuses y los coches zumbaban en las calles abarrotadas. Por primera vez, escuché el bengalí, la lengua local. Todos y todo me parecía ruidoso.

El IIM de Calcuta —a diferencia del IIM de Ahmedabad, diseñado por el maestro arquitecto Louis Kahn— estaba integrado por unos cuantos edificios no muy altos en la calle Barrackpore Trunk, una antigua ruta de comercio que ahora era una avenida de cuatro carriles muy transitada. Los salones estaban en edificios simplones y grises, tenían paredes con la pintura toda pelada, muebles raspados y ventiladores chirriantes en el techo. La biblioteca se encontraba en una mansión desgastada del siglo XIX en un lugar conocido como Emerald Bower. Todo el lugar se inundaba hasta los tobillos en la temporada de monzones. Sin duda, un lugar poco atractivo.

Yo era una de seis mujeres de la clase once, o el "grupo", del programa de maestría en negocios. Nuestro pequeño grupo vivía junto con las seis mujeres del grupo diez, en el dormitorio con habitaciones muy simples, con pocos muebles, que compartían un solo baño al final del pasillo. Comíamos en un gran comedor, junto con los doscientos hombres del programa, en un horario estricto de tres comidas al día sin refrigerios intermedios. De vez en cuando, los estudiantes se daban una escapada a pequeños restaurantes locales para tomar café o postres.

El ambiente gris y la comida insípida de la escuela en Calcuta, aunque distintos de nuestro hogar en Madrás, no me molestaban. Estaba en el IIM de Calcuta, una institución educativa muy famosa en la India, y eso era suficiente. Lo único que extrañaba era a mi Thatha, que tenía noventa y un años y estaba cada vez más frágil. Llamaba por teléfono a casa solo para hablar con él.

Pero por fin me había salido de casa, y no tenía tiempo que perder. Tenía el certificado del programa de tres años en Química del MCC y había refinado la idea de que podía hacer lo que quisiera, mientras me esforzara. También sentía que no podía fallar y avergonzar a mi familia. Tendría que trabajar duro, pero encontraría la forma.

Tenía apenas dieciocho años, y muchos de mis compañeros ya empezaban sus veinte. Varios de ellos eran ingenieros provenientes de famosos institutos de tecnología de la India (IIT) y habían concluido programas de cinco años. Sus antecedentes sociales no eran tan distintos de los míos: muchachos de clase media, la mayoría de ciudades grandes, que hablaban inglés a la perfección y a quienes se les había inculcado desde pequeños la excelencia académica. Todos habíamos asistido a universidades élite y casi nadie tenía experiencia laboral. Los chicos me parecían joviales y eruditos, vestían pantalón de mezclilla y camiseta, andaban todo el tiempo juntos tocando guitarra o hablando de política. Escuchaban la música de Pink Floyd, Led Zeppelin o Deep Purple, jugaban cartas, bebían y fumaban mucha marihuana, que era fácil de conseguir.

El IIM de Calcuta era muy ambicioso. El Gobierno de la India lo fundó en 1961 con la ayuda del Massachusetts Institute of Technology (MIT) y estaba inclinado hacia las materias de Matemáticas y Estadística de alto nivel. Me había criado en una India de tendencias socialistas, pero el país promovía que las nuevas generaciones se formaran en escuelas de este tipo para transitar hacia la democracia y el capitalismo.

El centro del programa en el IIM de Calcuta era una clásica MBA (Maestría en Negocios y Administración): un programa de dos años que incluía materias obligatorias en el primer año y optativas en el segundo. Estudiábamos Finanzas, Mercadotecnia, Operaciones, Estrategia, Economía, Dinámica de Grupos —todas repletas de cálculo matemático—. Aprendíamos gestión de la cadena productiva, modelos de planeación de la producción, reestructuración de planes de producción para centros de distribución múltiples, y preparábamos el sistema de enrutamiento de flotas complejas de camiones. El cuerpo docente de la facultad era renombrado en su campo y también eran extraordinarios profesores. Formaban muy buenas relaciones con los alumnos.

Una de las materias obligatorias era Cableado del Tablero de Computadora. Nunca había usado una computadora, y Calcuta tenía solo dos servidores del Sistema/360, el sistema icónico de IBM de esa época que ayudaba a globalizar la informática. Nos daban una hoja de papel de 90 x 90 centímetros, con puntos y cuadrícula y teníamos que resolver un problema, creando primero un diagrama de flujo, luego escribiendo un programa en Fortran y traduciéndolo en un diagrama de cableado para un tablero de computadora. Para los ingenieros eléctricos, era un juego de niños. Para mí, era agotador. Llevaban nuestras soluciones al otro lado de la ciudad al Sistema/360 del Indian Statistical Institute. Si el diagrama era correcto, nos respondían; si no, no juntábamos los créditos para la materia. No tengo idea de por qué esa materia estaba incluida en el plan, no parecía tener utilidad.

Aunque batallaba en algunas materias, estaba bien preparada en otras. Había crecido en medio de conversaciones intensas y había aprendido a argumentar cuestiones filosóficas ante una audiencia. Con frecuencia, Thatha me pedía que le leyera el periódico porque sus ojos estaban cansados. Pensaba que le estaba ayudando, pero él ya había leído los artículos y quería asegurarse de que yo aprendiera sobre temas de actualidad.

Durante mi adolescencia en Madrás, cuando estaba en la preparatoria, también me invitaron a tres conferencias estudiantiles importantes patrocinadas por el Gobierno indio o por grupos internacionales de desarrollo. No sé cómo logré que me eligieran, pero sospecho que me recomendó R. K. Barathan, el director de una compañía de sustancias químicas que fungió como juez en los debates estudiantiles en Madrás. Varias veces me llevó aparte para darme consejos sobre cómo mejorar mi desempeño, así que supongo que vio algo en mí. No encuentro otra conexión que me hubiera dado el honor de estar en esos grupos. En marzo de 1971, fui una de los dos estudiantes de la India que participaron en el Asian Youth Seminar on National Youth Policy en Nueva Delhi. El programa incluía clases y charlas sobre el futuro en materia de salud, educación, integración de Asia y participación de los jóvenes, con delegados de Indonesia, Malasia, Japón, Sri Lanka y otros países.

El último día, fuimos al glorioso y majestuoso Rashtrapati Bhavan, la residencia oficial del jefe de Estado de la India, a tomar té con el presidente, V. V. Giri. Todavía guardo la invitación, grabada en oro con el emblema del Estado de India y mi nombre, la señorita Indra Krishnamurthy, escrito en la parte de arriba.

Ese mismo día, más tarde, me seleccionaron para asistir al Leslie Sawhny Programme of Training for Democracy celebrado en un cuartel militar ubicado en una exuberante zona rural en Deolali. Eso significó tomar más clases y charlas sobre la historia de la India, la Constitución india, las elecciones libres y soberanas y los medios de comunicación. Los expertos, incluido el constitucionalista Nani Palkhivala, se quedaban después de sus intervenciones. Recuerdo en particular al brigadier John Dalvi, quien sabía mucho, sobre todo lo que implicó trazar una línea entre la India y Paquistán a mediados de la década de 1940. Era apuesto y firme, y fumaba sin parar mientras contaba historias de la guerra de separación. Se armaron charlas muy interesantes alrededor de una fogata exterior.

También me eligieron para asistir al National Integration Seminar en Nueva Delhi, enfocado en temas relacionados con gobernar una India unificada. ¿Qué temas eran estatales? ¿Cuáles federales? ¿Por qué es tan importante la unidad de una nación? El momento cumbre de la semana fue un té con Indira Gandhi, la primera ministra.

Cada uno de estos eventos tenía el objetivo de entrenar a los futuros líderes de la India en principios relacionados con el Estado de derecho, el capitalismo y la cooperación nacional. Principios con visión de futuro y muy necesarios en esos momentos de la historia de India, cuando se convertía con lentitud en una democracia plena, de libre mercado. Estas experiencias me dieron una amplia perspectiva y los conocimientos de base para comprender mejor el país y mi lugar en él.

Al final de mi primer año en el IIM de Calcuta, hice estudios de verano en el Departamento de Energía Atómica. El trabajo era en Bombay.

En tanto Madrás era tranquilo y Calcuta político, Bombay, en la costa oeste, era el corazón de la India comercial: una ciudad de edificios altos y departamentos lujosos, con vida nocturna intensa, abarrotado de empleados que se apresuraban por las calles. Observaba los increíbles *dabbawalas*, hombres vestidos a rayas con sombrero blanco, montados en bicicleta o en trenes y autobuses, que mueven miles de almuerzos cada día de las casas a las oficinas. Su sistema de reparto, tan bien sincronizado, se ha convertido ahora en un popular caso de estudio en la gestión logística en escuelas de negocios alrededor del mundo.

Me transportaba en autobuses de dos pisos al trabajo cerca del bullicioso paseo marítimo y el monumento de la Puerta de la India. Me encontraba con amigos de la escuela de negocios y jugábamos bridge los fines de semana. Dormía en un sofá en casa de mi tía Lalitha y mi tío Haran, en un departamento en Sion, un suburbio de Bombay. Eran muy cariñosos y les dijeron a mis padres que se harían cargo de mí, estableciendo un estricto horario de llegada a las siete de la tarde, que nunca violé.

Trabajaba en equipo con una estudiante del IIM de Ahmedabad en la supervisión de los horarios de construcción de seis plantas nucleares para determinar cuáles se terminarían a tiempo. Durante tres meses, analizamos a detalle listas de cientos de equipos y servicios de ingeniería para cada planta con el objetivo de comprender los retrasos y diseñar nuevos horarios. Era un proceso agotador, pero pienso que los proveedores y los socios nos dieron un informe honesto de los problemas a los que se enfrentaban. Nos dimos cuenta de que algunos países desarrollados retienen sus últimos avances tecnológicos de los mercados de ingeniería para obtener un poco más de ganancia de los diseños pasados de moda defectuosos y costosos. También descubrimos que los proyectos grandes del Gobierno pueden ser bastante ineficientes.

Esa pasantía me dejó con una perspectiva más clara de la interdependencia de los negocios y la sociedad, y me convenció de que los estudiantes de la MBA podrían desempeñar un papel constructivo al ayudar a los Gobiernos. Sin embargo, me desmotivó ver la falta de interés de los países ricos en los mercados emergentes.

Una tarde, a mediados de junio, mi padre me llamó para decir que nuestro amado Thatha había sufrido un derrame cerebrovascular y no sobreviviría. Me dijeron que estaba recostado en su diván, sin poder hablar, con todo el lado izquierdo paralizado. Podía ver la imagen en mi cabeza: mis padres y mis hermanos cuidándolo en la sala de los hombres, la familia y los amigos llenos de preocupación. Reservé el vuelo de las seis de la mañana hacia Madrás.

A las nueve de la mañana, iba en el asiento trasero de un taxi desde el aeropuerto cuando, a medio kilómetro de casa, vi el cortejo fúnebre de mi Thatha pasar; mi padre, sin camisa, portando un *dhoti* y su cordón cruzado al cuerpo típico del brahmanismo, guiando al grupo de muchos de nuestros familiares varones. Llevaba una olla de barro llena de brasas de carbón.

Me destrozó no poder decirle adiós a mi Thatha y estaba furiosa de que mi familia no me hubiera esperado antes de llevarse el cuerpo. En ese momento, un sacerdote hindú, que estaba diciendo plegarias fúnebres, rompió antiguas reglas religiosas y me llamó para que lo siguiera hacia el lugar de cremación donde solo podían estar varones. Era demasiado tarde. Cuando llegamos, mi padre ya había prendido la pira funeraria. Sin que me vieran, observé cómo crecía el fuego por un rato y luego me marché, con los ojos llenos de lágrimas. Al día de hoy, esa escena está grabada en mi memoria. Me llena de una profunda tristeza.

Regresé a casa, donde había familiares que reflexionaban sobre la vida de Thatha. Y recordé las cosas que mi Thatha me dijo: "Si te decides por algo, debes comprometerte con todo" y "Si haces una promesa, debes honrarla". Insistía mucho en la fiabilidad.

Le gustaba decir que estudiaría toda la vida. "Aunque tenga ochenta años, soy estudiante igual que ustedes —decía—. El día que deje de estudiar, mi mente se atrofiará. Y luego el cuerpo."

Si nos encontraba holgazaneando, decía: "Satán tiene trabajo para las manos ociosas". Eso nunca se me olvida. Al día de hoy, me cuesta trabajo estar sin hacer algo útil todo el tiempo. Thatha sigue siendo mi gran maestro, y me refiero a sus lecciones de vida en cada aspecto de mi madurez. Creo que mi dedicación al trabajo, sin importar los retos, viene de que él siempre me empujaba a seguir adelante.

Acepté la muerte de mi Thatha, pero lo extrañaba. Durante mucho tiempo, la habitación donde pasó gran parte de su vida quedó intacta. Algunas veces entraba y comenzaba a hablar con él y luego me acordaba de que ya no estaba.

Cuando regresé al IIM de Calcuta en el otoño, la escuela se había mudado a un campus nuevo, moderno, en Joka, un suburbio al sur de Calcuta. Mis meses en Bombay trabajando en una oficina formal, en temas reales, me habían despertado la idea de que entrar en la escuela de negocios siendo todavía una adolescente sin experiencia laboral había sido prematuro. Pero era demasiado tarde para cambiar; ya iba a la mitad.

Me fui interesando en temas que tenían que ver con cómo compra la gente, la publicidad y la ciencia detrás de la toma de decisiones, y decidí especializarme en Mercadotecnia. ¿Cómo se puede innovar? ¿Cómo puedes hacer que el consumidor se interese por un producto? Elegí las materias optativas de Percepción del Consumidor, Análisis de Ventas y Comportamiento Organizacional. Todo eso me intrigaba mucho.

El nuevo dormitorio para chicas, con habitaciones individuales y un baño grande común, albergaba a un grupo un tanto más grande de estudiantes de primer año, incluidas tres mujeres de Delhi con quienes hice buena amistad: Sujata Lamba, Nishi Luthra y Manjira Banerjee. Nuestra vida social floreció. Jugábamos mucho bridge y tenis de mesa. Salíamos a lugares locales con los chicos. Estábamos madurando y éramos cada vez más seguras de nosotras mismas. Estudiábamos juntas, apoyándonos unas a otras en las materias más difíciles.

En clase, tenía que demostrar mi desempeño. Los bancos, las compañías consultoras, las dependencias de Gobierno y los representantes de la industria vendrían a revisar nuestras notas y a ofrecernos puestos de trabajo. Los graduados del IIM de Calcuta eran un grupo codiciado, pero no me encontraba dentro de los *primeros de la lista* para ser elegida por las firmas más prestigiosas. Era una buena estudiante de Mercadotecnia que buscaba un trabajo con un buen programa de capacitación y excelentes jefes.

Me registré para hacer una entrevista en Mettur Beardsell, una compañía textil con sede en Madrás, propiedad de Tootal, de Manchester, Reino Unido. Las reuniones eran con S. L. Rao, el director de Mercadotecnia, y el jefe de Recursos Humanos. El señor Rao era famoso por su inteligencia, su estilo implacable y su poca tolerancia a la mediocridad. Lanzaba preguntas como rayo y respondía con la misma rapidez y frialdad. La entrevista comenzó con un grupo de unos veinte aspirantes, y de ahí nos irían eliminando. Me fui después de la tercera y última ronda, no muy segura de cómo me había quedado fuera.

Esa misma noche, la oficina de contrataciones me llamó para que regresara y cuál fue mi sorpresa al saber que el señor Rao me estaba esperando para ofrecerme un puesto. Pude haberme entrevistado en otras compañías, pero no lo hice. Vivir en Madrás y aprender del señor Rao era una oportunidad demasiado buena que no podía dejar pasar.

Mucho más adelante, le pregunté al señor Rao por qué me había elegido. Me dijo que me había mostrado firme frente a todos los hombres que habían querido impresionarlo: aunque intentaban interrumpirme, nunca me rendí.

En el IIM de Calcuta, iba a clases con hombres, me enseñaban hombres y estudiaba el trabajo de hombres para ingresar en una industria dominada por hombres. Sin embargo, las pocas mujeres con las que estudié me hacían sentir muy cómoda en una época en la que florecía el movimiento feminista alrededor del mundo. Decíamos lo que pensábamos y sentía que nos respetaban. Nunca nos vieron como competencia. Los profesores y nuestros compañeros querían que tuviéramos éxito. Éramos atípicas —la primera generación de mujeres que entra a una escuela de administración profesional y el mundo de los negocios— y éramos especiales. Sabíamos que estábamos en la antesala de algo grande.

Después de la Segunda Guerra Mundial, a las mujeres en la India se les alentaba para que fueran a la escuela y obtuvieran grados académicos. Jawaharlal Nehru, el primer ministro del país, realmente impulsó esto en todos los estratos sociales, para incrementar las tasas de alfabetismo de mujeres pobres y para aprovechar mentes brillantes, sin importar el género. No obstante, las jóvenes también vivían restricciones fuertes por parte de sus familias tradicionales y sus finanzas, y a los hermanos se les daba prioridad, sin importar sus aptitudes. La familia de mi madre, con tres hombres y cinco mujeres, solo pudo pagar para que una de las hijas fuera a la universidad. Por desgracia, mi madre no fue la elegida. Nunca se calló sobre la decepción que esto le causó. "Nos aseguraremos de que ustedes vayan a la universidad, aunque tu padre y yo tengamos que pasar hambre", decía con ahínco.

Una vez que una mujer obtenía el título, se esperaba que se casara, tuviera hijos, administrara el hogar y dependiera de su esposo y su familia. Trabajar fuera de casa era mal visto. Algunas trabajaban como profesoras, oficinistas, enfermeras o dependientas en tiendas, pero muchas renunciaban cuando se les encontraba una pareja conveniente. Unas cuantas —en especial las angloindias, las mujeres de familias progresistas o las mujeres de hogares con problemas económicos— continuaban trabajando. Las mujeres brahmánicas salían menos al mundo laboral, a pesar de contar con un buen nivel educativo.

En contraste, India respetaba y adoraba a las mujeres, y la "madre" siguió siendo la persona más reverenciada de la familia. Pero se le ignoraba de forma muy curiosa: no recibía remuneración y se afanaba por mantener el hogar en orden incluso después de que se jubilara su esposo. Nadie se preguntaba por qué, a pesar de que era la fuerza laboral que formaba el pilar de la sociedad.

Tuve el ejemplo de unas cuantas mujeres con poder real. La más prominente fue Indira Gandhi, primera ministra en dos ocasiones, de 1966 a 1977, y de nuevo de 1980 a 1984, cuando fue asesinada. Su política fue controvertida, pero adorábamos el hecho de que le había dado personalidad y elegancia a la India. Indira Gandhi era la hija de Nehru, cuya hermana, Vijaya Lakshmi Pandit, era una mujer importante también. Fue presidenta de la Asamblea General de las Naciones Unidas y, en varias ocasiones, enviada especial de la India a la Unión Soviética, los Estados Unidos y el Reino Unido.

En mi propia esfera, las profesoras, administradoras del colegio y monjas —la hermana Nessan, la hermana Benedictine, la señorita Nigli, la señorita Peace, la señorita Meenakshi, la señorita Saraswathi, la señora Jobard y otras— me demostraron lo que era ser una mujer culta y trabajadora. En el MCC, solo mi profesora de Francés y una de Química eran mujeres. No tuve profesoras en el IIM de Calcuta.

Cuando Chandrika y yo entramos a la universidad, mis padres y abuelos vieron que era más que aceptable que las mujeres subieran al cuadrilátero con los hombres. No nos hubieran cuestionado si hubiéramos elegido casarnos y establecernos como muchas de nuestras amigas, pero tampoco nos impidieron llegar más lejos. De hecho, lo alentaron. Tuvimos la suerte de que no aplacaran nuestras ambiciones.

La educación de las niñas sigue siendo la base de su desarrollo en nuestra sociedad, aunque la pobreza, la violencia y las culturas antiguas dominadas por hombres siguen interponiéndose en el camino. Los beneficios son incontables. Las niñas y mujeres con educación son más sanas, contribuyen a la economía y tienen menos hijos en la adolescencia. Son líderes en su comunidad.

En el mundo en vías de desarrollo, las mujeres con educación son también menos propensas a casarse en la adolescencia, en parte porque al recibir dentro de su familia la confianza y la sabiduría que trae la educación, se les valora más.

Sin embargo, la educación de las niñas y mujeres —y lo que estas mujeres hacen ya que obtienen sus grados académicos— no es solo un problema del mundo en vías de desarrollo. En los Estados Unidos, Europa e India, donde las universidades y los institutos de educación superior están llenos de mujeres que en su mayoría se gradúan, no hemos trazado el camino para que las mejores ocupen puestos que las hagan crecer a ellas y a la colectividad en la que se desempeñan.

A finales de la década de 1970, a pesar del recién acuñado certificado de estudios de posgrado en administración, como se le llamaba entonces al programa en el IIM de Calcuta que cursé, una carrera no comenzaba en una oficina. Siempre implicaba trabajar en el frente de batalla. En Mettur Beardsell, cursé un programa de capacitación en ventas de seis meses en la división Alexander Thread, en Bombay. Me faltaban cuatro meses para cumplir veintiún años.

Comencé mi nuevo trabajo memorizando todos los tipos de hilo de coser industrial y de consumo que fabricábamos y los códigos de todos los colores, en todos los tonos. Estudié cómo el hilo pasa por la máquina de coser, qué le pasa al lavarlo y qué tipos se encogen. Aprendí los usos y costos de hilos de una, dos y tres hebras; de algodón, seda y poliéster.

Luego, con una bolsa de muestras al hombro, recorrí la ciudad para visitar las fábricas de costura, engranajes fundamentales del masivo mercado de ropa para exportación de la India. Algunos eran clientes grandes, pero la mayoría eran pequeñas tiendas con cinco o seis máquinas, que fabricaban enormes cantidades de playeras o pantaloncillos y camisas sueltas, de estampado madrás, con collares y botones al frente. Los dependientes de las tiendas me gritaban e insultaban cuando el hilo azul que vendíamos no era del color exacto de la tela o cuando se despintaba. No hablaba la lengua local, el maratí, y mi hindi era rudimentario, pero siempre encontraba la forma de comunicarme.

Las ventas de casa en casa son lecciones de humildad. Me marcaron para siempre. Para esos sastres en los talleres de costura, yo representaba alguien que les ayudaría a encontrar un producto de excelencia o que arruinaría su próximo pedido. Aprendí que el negocio se construye hilo a hilo y que tenía una obligación de cuidado con mis clientes. Compraban mi producto —y creían en mi palabra— y tenía que escuchar con atención y cumplirles. Quería ganarme la siguiente venta. Era buena vendiendo y disfrutaba conocer a las personas y escucharlas. Me mostraban fotos de su familia. Llegué a conocer gente humilde, trabajadora, altamente capacitada.

Cada vez me gustaba menos recorrer las calles, en especial en la época de monzón, cuando el agua me llegaba a las rodillas.

Después de seis meses, me transfirieron a las oficinas de Mettur Beardsell en Madrás, para ocupar el puesto de asistente del gerente de Producción en textiles. Ahora trabajaba en una oficina, con un escritorio y una secretaria compartida. Mi jefe directo, el gerente de Producción, era un tipo rudo pero simpático, quien creía en asignar tareas por encima de tu nivel para impulsarte. Tuve que ayudarle a agregar telas más coloridas y estampadas al catálogo de productos de muselinas y paños de algodón simples (telas blancas especializadas).

Las primeras semanas fueron difíciles. Trabajé en ventas, fábrica, recursos humanos y finanzas, y luego tuve que dedicarme de lleno a elegir la nueva paleta de colores y estampados para la siguiente temporada. El Área de Ventas necesitaba esa lista en treinta días para estar a tiempo de vender en las vacaciones.

Primero, pedí ver los distintos muestrarios de los últimos dos años. Quería asegurarme de que no repetiría diseños pasados y que comprendía cuáles funcionaban y cuáles no. Mi nueva asistente señaló un archivero grande en medio de la oficina y dijo: "Todo está ahí". Habían guardado los muestrarios desde hacía años en este archivero sin ningún orden. Me arremangué la camisa, saqué todo y me senté con las piernas cruzadas en el piso para organizarlo.

En ese momento, el nuevo CEO de la empresa para India —el nuevo jefe del señor Rao— se presentó. Acababa de llegar de Mánchester y quería conocer a la primera mujer egresada de una escuela de administración que laboraba en esa empresa. Una colega me señaló desde su escritorio.

Norman Wade —un hombre de 1.93 m de estatura, con pelo cano y empedernido fumador de pipa— se acercó, me miró sentada en el suelo y de seguro pensó que estaba loca. Fue mi primer encuentro con alguien que después se convertiría en uno de mis más fervientes defensores, un inglés que le daría rumbo a mi carrera por los siguientes dos años. Norman vestía tradicionales trajes ingleses y andaba por la ciudad en un Mercedes-Benz blanco con chofer. Me presentó a su esposa, Alice, y me habló de sus hijos adultos que vivían en el Reino Unido y de su vida en Macclesfield antes de venir a la India. Siempre me decía "querida". Al final, fue él quien me aconsejó mudarme a los Estados Unidos.

Un día, Norman se invitó a nuestra casa y conoció a mis padres. Después de esa visita, con frecuencia se presentaba a tomar café con Amma y se sentaba en el columpio a tener largas conversaciones con mi padre. Creo que, de alguna manera, encontró un hogar en nuestra familia india. No siempre fue fácil tener tanta atención del jefe, que estaba tres escalones arriba de mí.

Sé que algunos se disgustaban cada vez que Norman pasaba por mi escritorio y se sentaba a charlar. Sin embargo, sentí que no podía hacer nada al respecto.

Me esforcé mucho en mi trabajo en Mettur Beardsell. Durante meses, acompañé a los vendedores con sus muestrarios y listas de precios a visitar a los mayoristas de textiles en Madrás, tiendas enormes que tenían estantes de piso a techo repletos de todo tipo de telas estampadas y coloridas. Mi trabajo era ayudar a vender fardos de nuestro material. Me sentaba con los clientes a tomar café y galletas, o un aperitivo, algunas veces seis o siete veces al día. Me tomaba el tiempo de explicarles la diversidad de nuestros productos, les demostraba su encanto colocándolos a juego con blusas de todos colores. Era la única mujer que habían visto en ese puesto y siempre fueron muy respetuosos. Curiosamente, algunos de ellos —o sus esposas— lograron ubicar a mis padres y enviarles los horóscopos de chicos que consideraban serían buenos maridos.

Nuestra competencia eran telas de molinos con mejor tecnología, ubicados en el norte de la India. Nuestros artistas gráficos presentaban diseños —flores, rayas, figuras geométricas— y les ayudaba a elegir patrones y colores de moda para confeccionar vestidos, faldas, blusas. Cada seis semanas, viajaba a los molinos textiles anglofranceses, nuestros socios de producción en Pondicherry, una ciudad a unos ciento sesenta kilómetros al sur de Madrás, para realizar el control de calidad. Tomaba el autobús a las once de la noche, viajaba toda la noche, con paradas en varios pueblos, y llegaba a las seis y media de la mañana, me daba un baño en la casa de huéspedes del molino, tomaba una taza de café y pasaba el día inspeccionando las telas, desenrollándolas del carrete para asegurarme de que los estampados se veían con claridad y no se borraban hacia las orillas.

Aprendí la técnica de impresión serigráfica de cinco y seis colores, la impresión con rodillo y distintos acabados, y daba mi autorización antes de que se mandaran a producción órdenes grandes. El negocio dependía de la atención a los detalles, y yo intentaba fijar el estándar mostrando un gran interés en los aspectos más finos de la impresión. La parte más difícil era rechazar lotes ya terminados cuando no cumplían con mis estándares y el malestar de los empleados que sentían que me habían fallado. A las tres de la tarde, tomaba el autobús de regreso y llegaba a Madrás a eso de las ocho de la noche. Eran días muy largos.

Mi trabajo en Mettur Beardsell —responsabilidad, autoridad y salario— me dieron la confianza de pisar terrenos desconocidos y tener éxito. Mis ingresos eran razonables y, tal como había visto a mi padre hacerlo, le di a mi madre la mayoría del dinero para la familia. Casi todo mi primer cheque lo gasté en una bicicleta roja para Nandu, que tenía unos trece años. Lo adoraba y todavía recuerdo su expresión cuando le entregué la bicicleta. Por un momento, fui la persona más maravillosa del mundo.

El trabajo tenía sus ventajas, como una prestación para automóvil, que usé para comprar un Triumph Herald de cuatro puertas, color verde cazador, de segunda mano, que tenía los interiores color café y una palanca de velocidades. Me iba al trabajo en él, lo usaba los fines de semana para dar la vuelta con mis amigos, con la radio a todo volumen y Nandu como mi chaperón. Nos estacionábamos debajo de los árboles en Woodlands Drive-In, un restaurante popular donde los meseros pasaban entre los coches con charolas que enganchaban a las ventanillas.

Tenía veintidós años y, aun con todo esto, no me sentía tan libre. Amma estableció una cantidad fija para gasolina del coche y, los fines de semana, tenía que llegar antes de las siete de la noche. Dormía en la habitación de mi infancia y hacía las tareas domésticas. Vivir por mi cuenta como mujer soltera hubiera sido inaceptable en la sociedad de Madrás. La casa funcionaba igual que antes, mi Amma cocinaba y hacía el jardín, Nandu y sus amigos entraban y salían de la casa y mi padre hacía sus cosas. Chandrika vivía en Bombay, donde prosperaba en un nuevo trabajo en Citibank y vivía en un departamento que compartía con colegas del banco y con menos restricciones que las que yo tenía en casa.

Todo seguía igual, con una excepción. Ya que Thatha no estaba, el espacio cómodo y airoso que había sido su habitación se convirtió en la sala de estar de toda la familia. Retapizaron el diván con una tela estampada preciosa. Las televisiones blanco y negro llegaron a Madrás en 1975 y compramos una. Aunque la programación era escasa, los fines de semana la casa se llenaba de gente para ver películas, incluso los familiares de la empleada doméstica y el jardinero se unían.

Y luego, otro suceso. Justo cuando sentí que había llegado a la cúspide en mi trabajo, a finales de 1977, se desató una huelga en los molinos textiles del sur de la India, que obligó a Mettur Beardsell a detener la producción. Todo se detuvo. Los empleados viajaron a Madrás desde la fábrica principal en Mettur para sentarse a dialogar con la gerencia sobre sus demandas. En tanto, yo tenía poco que hacer.

Alrededor de esta época, me llamaron de Johnson & Johnson, la compañía de dispositivos médicos y productos de consumo, casi seguro por ser graduada del IIM de Calcuta. Después de entrevistarme con C. V. Shah, un ejecutivo incisivo que dirigía la división de productos personales, la compañía me ofreció un puesto en Bombay: gerente de producto para el lanzamiento en la India de los productos de higiene femenina Stayfree.

Norman me animó a tomar el puesto. Le daba pesar que me fuera, me dijo, pero le entusiasmaba verme crecer.

En octubre de 1977, me mudé a Bombay una vez más, y renté una pequeña habitación con baño amueblada, con una familia que vivía en un edificio cerca de las oficinas de Johnson & Johnson. Ellos también pusieron reglas muy estrictas. Tenía que estar en casa a más tardar a las siete y media de la noche, y si iba a llegar más tarde, debía llamar y dar explicaciones. Difícilmente aceptaban que llegara tarde. Se sentían responsables de mi seguridad.

En el trabajo, por primera vez, me sentí en terreno estadounidense. Las oficinas de Johnson & Johnson en la India eran enormes, elegantes y con una serie de lujos extra para los ejecutivos de más alto nivel. Mi salario se duplicó. El trabajo exigía trabajar largas horas y algunos fines de semana, algo que era muy normal en las multinacionales estadounidenses y, como descubrí después, muy diferente a lo que había vivido en Mettur Beardsell.

En ese momento en la India, los productos comerciales para el ciclo menstrual se consideraban innecesarios y caros. La mayoría de las mujeres usaban telas acolchadas o dobladas que lavaban, secaban y reutilizaban. Johnson & Johnson ya había colocado en tiendas del país el producto Carefree, una toalla femenina con cinturón. Stayfree iba más allá, era la primera toalla femenina desechable con una banda adhesiva que se pegaba a la pantaleta. Llevaba casi diez años en venta en Estados Unidos y prometía a las mujeres un nuevo tipo de libertad.

El equipo de Stayfree de la India tenía todavía mucho trabajo por hacer para optimizar el producto para el mercado local. Teníamos que fabricar las toallas con el número exacto de capas de material absorbente y resistente al agua para que fuera adecuado para el mercado indio y las pantaletas que las mujeres locales usaban.

Debíamos hacer que el adhesivo funcionara en ambientes muy húmedos y que los colores de la ilustración del empaque (una mujer con pelo largo y vestido rosa que ondeaba con la brisa del mar) se ajustaran a los mismos tonos usados en el empaque global.

Hicimos una extensa investigación, les pedimos a decenas de mujeres en la oficina y a sus conocidas que usaran una toalla y la dejaran en el baño para que yo pudiera ver si se arrugaba o si goteaba. La petición parecía rara, pero muchas mujeres confiaron en nosotros y la cumplieron. Quería que las toallas fueran suaves, y que no se vieran a través de la ropa. Sentí que este proyecto tenía un propósito y que el producto podría mejorar, aunque fuera un poco, la vida de las mujeres. La tela era incómoda. Esto era una forma de liberación.

Mis jefes eran todos hombres, y tenía que explicarles una y otra vez los avances de la investigación. Eran conversaciones incómodas, pero me escuchaban con atención y tenían sugerencias constructivas. Sabían que era necesario.

La promoción de productos personales para la mujer era un tabú en la India en esa época. Solo podíamos hablar de manera tangencial sobre la *experiencia* de usarlos. Teníamos que ir a las escuelas y universidades a explicarles a las jóvenes los beneficios. También debíamos convencer a los padres, en particular a las madres, para que les pagaran esta *libertad* a sus hijas, que no era tarea fácil. Y había una cuestión adicional: estos productos no se colocaban en los estantes de las tiendas, ni se hablaba de ellos. Los mantenían detrás del mostrador y se les entregaban a las clientas envueltos en papel periódico. Para pedir un paquete de toallas sanitarias, una mujer por lo general esperaba a que la tienda estuviera vacía y luego le susurraba al encargado, casi siempre un hombre, que quería algo personal. El encargado entendía el gesto, pero algunas veces sonreía de manera que incomodaba a la clienta. La India no tenía tiendas de autoservicio en ese entonces.

A pesar de todos estos obstáculos, introdujimos Stayfree en dos mercados de prueba en menos de siete meses. Sentí que mis esfuerzos rendían frutos.

Mientras estaba muy ocupada en Mettur Beardsell y Johnson & Johnson, muchos de mis amigos, varones casi todos, habían partido a Estados Unidos para estudiar programas de posgrado en universidades en California, Illinois, Texas y Minnesota. Estados Unidos de Norteamérica era un lugar atractivo para los jóvenes, quienes lo percibían como cuna de la cultura y la innovación. Escuchábamos música, veíamos películas y leíamos noticias de ese país.

Muchos de los mejores estudiantes de los IIT eligieron ir a Estados Unidos a estudiar maestrías y doctorados, y luego siguieron sus carreras con éxito. De alguna manera, los mejores de la India estaban ahora en los Estados Unidos, estudiantes formados en instituciones élite subsidiadas por el Gobierno indio. Era una fuga de cerebros muy importante que, por desgracia, continúa hoy en día. Me sorprende que el Gobierno de la India no haya establecido las condiciones necesarias para crear un ecosistema de emprendimiento importante que incentive a los talentos a permanecer en su país.

Después del IIM, empecé a escuchar un llamado de todos estos amigos para que me fuera a Estados Unidos. Pero pronto acallaba esas voces, pues no encontraba una buena razón para irme.

¿Qué habría yo de hacer en Estados Unidos?

Por supuesto que la India puede ser un lugar con temperaturas en extremo altas, pero nunca más que los meses de verano húmedos en Madrás. De adolescentes, Chandrika y yo habíamos descubierto que las bibliotecas de los consulados británico y estadounidense tenían buen aire acondicionado todo el tiempo. Muchas veces nos refugiamos ahí y nos encantaban sus colecciones de publicaciones del extranjero: revistas, periódicos y libros.

En diciembre de 1977, durante unas vacaciones en Madrás, caminé la ruta de cerca de un kilómetro desde casa hacia la biblioteca estadounidense, como muchas veces lo había hecho. Comencé a curiosear ediciones pasadas de ciertas revistas. Y ahí, en la edición de septiembre de 1976 del *Newsweek*, con Jimmy Carter y Gerald

Ford en la portada, leí un artículo intitulado "A Shade of Difference" sobre la nueva escuela de negocios de la Universidad de Yale, enfocada en administración pública y privada.

Ese artículo fue un canto de sirenas. Me interesaba la vida en el mundo de los negocios globales, pero sentía que tenía muy poca probabilidad de irme a Estados Unidos a trabajar. Había estado pensando que un título de una institución de ese país sería la mejor manera de lograrlo, pero estaba renuente a cursar otra MBA. Los distintos cursos que tomé y mi pasantía de verano evidenciaron la interdependencia de los sectores público y privado. Yale parecía estar creando la mezcla perfecta de lo que estaba ansiosa por aprender.

Durante los meses siguientes, envié mi solicitud de ingreso a la Universidad de Yale y presenté los exámenes GMAT. Les comenté a mis padres, pero ninguno se mostraba optimista. Cuando recibí la carta de aceptación, a nadie pareció importarle, pues no podíamos pagar la colegiatura.

Luego, unas semanas después, llegó otra carta. La universidad me ofrecía una ayuda económica: 50% del costo a través de un préstamo, 20% en un programa de trabajo para pagar los gastos y el resto en beca. De pronto, se sentía el entusiasmo y el nerviosismo en la familia. La idea de que pudiera irme de la India era real. Mi padre se sintió muy orgulloso; mi madre estaba aterrada de dejarme ir tan lejos.

No sorprendía que a ambos les preocupara cómo iba a cubrir el préstamo. Si lo convertíamos a la moneda de la India, la rupia, mi deuda al momento de graduarme sería mucho más grande que el sueldo anual de mi padre.

Una tarde de mayo de 1978, Norman estaba en Bombay y me invitó a cenar. Me dijo que la huelga en el molino había terminado y me pidió que regresara a Mettur Beardsell, esta vez para dirigir toda la división textil. Era una promoción importante. No podía creerlo. Estaría a cargo de casi 60% de la compañía.

Le comenté a Norman de Yale y luego le pregunté: "Norman, ¿tú crees que deba abandonar la idea de ir a Yale y regresar a trabajar contigo?".

Y me contestó: "No, claro que no. Me siento mal de que te vayas, pero si fueras mi hija, te diría que te fueras".

Esto, para mí, es ser un buen mentor. Norman se acercaba a la edad de jubilación obligatoria en la India y seguramente pensó que me entrenaría por un par de años antes de regresar al Reino Unido. Sin embargo, tampoco quería frenar mi carrera. No tenía reparo en apoyar este nuevo camino para mí, no era una persona egoísta.

También fue clave al convencer a mis padres de que tendría éxito en los Estados Unidos. Cuando les dije que me había ofrecido un puesto importante en Mettur Beardsell, ambos pensaron que lo aceptaría y regresaría a Madrás. Cuando les dije que Norman pensaba que debía ir a Yale, aceptaron la idea también. Confiaban en él. Me doy cuenta ahora de que también confiaban en mí.

Mientras me preparaba para irme a Estados Unidos, mis dos jefes en Mettur Beardsell hicieron algo que me dejó atónita.

En ese entonces, el consulado estadounidense en Madrás aprobaba unas cincuenta visas de estudiante al día para ir a los Estados Unidos y rechazaba más de la mitad. Estaba nerviosa de ver a James E. Todd, el encargado de las entrevistas, que era bien conocido y temido por estudiantes potenciales como yo, por su estilo rudo. Uno de los requisitos era formarse a las nueve de la noche en la calle Cathedral, afuera de la reja de las oficinas, y esperar toda la noche para recibir una ficha a las seis de la mañana que te daba derecho a pasar con el oficial Todd. Una noche, encontré un lugar en la fila, donde solo había un muro para recargarse. Había ya unas sesenta personas formadas a las diez de la noche, todas sosteniendo con nerviosismo el fólder con sus documentos de admisión y dudosas de su suerte. Era la única mujer.

Y entonces, cada cierto tiempo, Norman o S. L. Rao llegaban a traerme comida y echarme porras. Los demás que estaban formados estaban estupefactos e impresionados. A las once de la noche, llegó Norman en su flamante Mercedes blanco, me dio un termo con café caliente y me preguntó si necesitaba algo más. Luego, su chofer regresó a las dos de la mañana con otro café. Más tarde, apareció el Sr. Rao con el desayuno a las cinco de la mañana para desearme suerte. Nunca olvidaré el cariño de estos dos hombres. Recibí la ficha y, unas horas más tarde, el oficial Todd me concedió la visa.

En agosto de 1978, mis padres viajaron conmigo a Bombay para llevarme al avión de Pan American World Airways rumbo a los Estados Unidos. Por meses, los había escuchado en las noches hablando de los pros y los contras de mi decisión, y creo que mi padre fue el que al final persuadió a mi madre para que me dejara volar. Puedo imaginarme la tristeza abrumadora que ambos sintieron al ver a su hija partir a una tierra lejana, aunque ese día se mostraron nada más que alegres y entusiasmados. Amma me dijo después que lloraron en privado.

Mi tía y mi tío y un par de primos nos acompañaron al aeropuerto para darme una despedida familiar propia. No sabía cuándo los volvería a ver y, en especial, me costaba trabajo dejar a Nandu.

Verdaderamente deseé que mi Thatha hubiera estado ahí para despedirme.

3

Recuerdo con claridad dos cosas sobre mi vuelo de veinticuatro horas de Bombay a Nueva York. La primera, la música. El Boeing 747SP volaba hacia el oeste, sobre el Medio Oriente, Europa y el océano Atlántico. El canal de música de éxitos de la época de Pan Am emitía cuarenta y cinco minutos de canciones rock pop, entre las cuales estaban "Handyman" de James Taylor, "What a Wonderful World" de Art Garfunkel, "Year of the Cat" de Al Stewart y "Stayin' Alive" de los Bee Gees. Las escuché todas al menos quince veces.

La segunda es un consejo que me dio un joven estadounidense, hombre de negocios, a quien conocí en la sala de la clase turista, en la barra del bar en medio del avión donde iba a estirar las piernas y comer papas fritas y cacahuates. Le dije que iba rumbo a la Universidad de Yale, en Connecticut. En voz baja, me dijo: "Mira, te voy a decir algo que te va a ayudar. *Connecticut* se pronuncia 'Connett-ih-cut', no 'Conneck-tih-cut'". Me hizo practicarlo con atención. Nunca había escuchado a alguien pronunciarlo de manera correcta y no tenía idea de que no se pronunciaba como se escribía. Para mí, este fue un gesto de amabilidad de un extraño que nunca olvidaré.

Cuando aterricé en el aeropuerto John F. Kennedy, quedé anonadada: la cantidad de aviones, los cientos de personas de todas nacionalidades movilizándose dentro de esa estructura de cristal, la limpieza y el orden. Encontré el mostrador del servicio de transporte en automóvil hacia Connecticut y me trepé a una camioneta con otros pasajeros. Mientras íbamos por la carretera interestatal 95 en silencio, quedé maravillada de la estructura de todo cuanto veía: las carreteras limpias, el tránsito de vehículos ordenado, nada de tocar las bocinas, ningún animal merodeando por la calle. Todo era tan diferente y tan extraño para mí. Cuando cruzamos del estado de Nueva York a Connecticut, el conductor anunció en voz alta: "¡Bienvenidos al mejor estado de todo el país!".

Al cabo de un par de horas, me dejaron frente a la oficina para estudiantes internacionales de Yale, que estaba en la esquina de las calles Temple y Trumbull en New Haven. Era sábado, alrededor del mediodía. Las calles estaban vacías. Tenía una maleta sin ruedas llena a reventar de saris, camisas, pantalones y unas sábanas; una maleta de mano llena de libros; y 450 dólares en efectivo. Me había gastado 50 en el transporte.

Por la tarde, después de arrastrar mi equipaje en dos viajes por seis cuadras, me senté sola en la cama desecha en un dormitorio de techos altos en el Hall of Graduate Studies, un edificio de 1930 del estilo gótico propio de Yale, con techos abovedados en el vestíbulo, vitrales y una imponente torre de catorce pisos. Llegué dos días antes de la fecha prevista para la orientación. Mis compañeras de cuarto no habían llegado. No vi a nadie. No tenía teléfono ni televisión y no sabía a dónde ir. El comedor todavía estaba cerrado.

Era tan distinto a casa y, por extraño que parezca, muy lejos de lo que esperaba. ¿De verdad Estados Unidos era tan silencioso? ¿Dónde estaban los taxis ruidosos y los chillantes motores? ¿La gente vestida a la moda en calles elegantes? ¿Las caras amigables? ¿Qué pasó con el bullicio? Por primera vez en mi vida, me sentí sola y asustada.

Antes de llegar, había consumido todo lo que había podido sobre la cultura estadounidense y había trabajado para una compañía de Estados Unidos. Pensé que estaba preparada. Pero, en todos los aspectos, era una completa novata. Comencé a llorar, llena de esa sensación apabullante de que nada iba a ser como lo imaginaba.

Contemplé la idea de subirme a un avión y regresar a casa al día siguiente.

Por supuesto, no lo hice. Mi viaje apenas comenzaba. Ahora sé que el *sueño americano* de muchos inmigrantes comienza con miedo, asombro y soledad.

Creo en el sueño americano porque esa fue mi historia. Ya como CEO de PepsiCo, me senté una vez en el comedor de madera del siglo XVIII en Chequers, la casa de campo del primer ministro británico, donde me preguntó por qué había emigrado treinta años antes a Estados Unidos y no al Reino Unido. "Porque, primer ministro —respondí—, no estaría sentada aquí comiendo el almuerzo con usted si hubiera emigrado al Reino Unido."

Era una mujer soltera de la India. El hecho de que estuviera en ese dormitorio en Nueva Inglaterra en la década de 1970 era prueba de que mi familia era del sur de la India: el foco, desde mi nacimiento, en mi educación; la fe de mi abuelo y de mis padres en mí; y el valor que tuvieron para desafiar siglos de presión cultural y social para dejar que su hija volara lejos. Decía también mucho de las monjas de mi colegio, de mis compañeras de clase que me alentaron, de una ambiciosa India recién independizada, que había elegido a una mujer como su primera ministra y demostraba que las mujeres podían llegar tan lejos como quisieran.

Era también una señal de los tiempos. Los grandes avances tecnológicos, los viajes y las comunicaciones tenían compañías y otras instituciones movilizándose alrededor del mundo, buscando nuevos mercados. Los programas universitarios de negocios estaban en auge y Estados Unidos daba la bienvenida a estudiantes como yo.

Ingresé a los Estados Unidos por la puerta grande, con una visa y un lugar en una universidad de prestigio. Era lo que yo había elegido y sabía que eso significaba que tenía que esforzarme por sobresalir. Quizás esto me fue preparando para la vida difícil del mundo corporativo; sin duda, me exigía aceptar las desilusiones y el dolor en mi vida personal y profesional y seguir adelante. Mi deber era honrar esta oportunidad.

La mía no es una historia de migración llena de complicaciones: de lucha para llegar a los Estados Unidos escapando de la pobreza, la persecución o una guerra. No sé lo que es ser refugiado y quedarme sin hogar porque mi propio país está en crisis. Hablo inglés. Había aterrizado en este país con 500 dólares en el bolsillo. Y estaba en Yale. Además, tenía a mi familia como red de protección en la India, un lugar que conocía y amaba y que me daría la bienvenida si decidía regresar.

Aun así, me siento conectada con todos los que llegan de fuera a los Estados Unidos, cualquiera que sea su circunstancia, con la determinación de trabajar duro y de iniciar una vida próspera para sí y sus familias. Me queda el miedo —miedo de migrante— que me impulsa a hacer bien las cosas, a pertenecer. En mis primeros días en los Estados Unidos, quería que mi familia se sintiera orgullosa de mí y que todo contacto que tuviera en este país también fuera motivo de orgullo. Me sentía como una invitada en el nuevo país y quería ser vista como una persona recta, que suma y no que resta.

En esa primera y solitaria noche en Yale, mi espíritu aventurero poco a poco se fue adueñando de mí. Había viajado a través de todo el mundo durante dos días y tenía hambre. Caminé hacia la tienda de abarrotes Wawa que estaba en la esquina de York y Broadway, a una cuadra del dormitorio, para buscar algo de comer. Los productos, las marcas, los empaques, todo era nuevo para mí. No sabía cómo comprar, porque nunca había estado en una tienda donde eliges lo que quieres y luego vas a la caja a pagar. Así que observé a los otros compradores para saber qué tenía que hacer. Lo que más extrañé en ese momento era la comida del sur de la India, y pensé en comprar una cuajada tradicional que me reconfortara.

Busqué cuajada por toda la tienda, pero no encontré nada. No sabía que en Estados Unidos se llama *yogurt*. Acabé gastando unos dólares en una rebanada de pan blanco, un jitomate y una bolsa de papas fritas. Apreté el jitomate sobre el pan y me lo comí todo en un sándwich aguado y sin sabor. Extrañaba los chiles picantes.

A la mañana siguiente, la suerte vino a tocar a mi puerta. Un estudiante iraní de Economía llamado Mohsen Fardmanesh —pequeño, delgado, con gafas— que vivía al final del pasillo, vino a mi habitación con una enorme sonrisa de bienvenida. Qué alivio. Sabía lo que era sentirse solo como inmigrante, dijo. Le conté mis penas, comenzando con la infructuosa búsqueda de comida de mi país.

"Muy bien —dijo Mohsen—. Lo más sencillo va a ser conseguirte un pedazo de pizza y espolvorearlo con chile en polvo." Nos dirigimos a Yorkside Pizza sobre la misma calle, un restaurante típico de New Haven con cabinas de madera y fotos enmarcadas de equipos deportivos colgadas en la pared. Nunca había probado la pizza. Y nunca había probado el queso mozzarella. Mohsen ordenó una rebanada para que probara y no pude pasar del primer bocado. La pizza no era lo mío. "Pero no podemos dejar que no te guste, te tienes que acostumbrar. ¡La pizza es un clásico en Estados Unidos!", exclamó.

Mohsen era un enviado de los dioses. Los siguientes días, me ayudó a conseguir una dirección postal y una cuenta de banco. Me contó cómo era la vida en los Estados Unidos y en Yale como estudiante extranjero, y cómo traer un poco de mis raíces a mi nueva vida. Me dijo que disfrutara lo que cada día me ofreciera. "Cada día será mejor que el anterior", dijo.

Durante un mes o más, como vegetariana, lo único que comía en el comedor del Hall of Graduate Studies era ensalada y pan. Me sentía miserable. Perdí peso y me sentía cansada todo el tiempo, y los trabajos de clase se iban acumulando. Sabía que necesitaba hacer algo. Y entonces, con la ayuda del Departamento de Alojamiento, me mudé a Helen Hadley Hall a unas cuantas cuadras, en el 420 de la calle Temple.

Helen Hadley Hall es, y sigue siendo, un edificio poco atractivo por fuera. Se construyó en 1958 para alojar a las estudiantes de posgrado y me sigue molestando que sea a las mujeres de Yale a las que hayan relegado a este lugar. Vincent Scully, el famoso profesor de la escuela de arquitectura de Yale, se refirió a este lugar como: "Lo más banal del diseño modernista tardío". Llamaba la atención que existiera entre tanto edificio gótico y georgiano del plantel universitario, e incluso de la calle Temple.

El interior era igual de institucional: habitaciones individuales con una ventana cuadrada, baños en el pasillo y dos cabinas de teléfono en cada piso. La luz fluorescente y los pisos grises lo hacían ver más monótono de lo necesario.

Sin embargo, era un dormitorio lleno de estudiantes internacionales de maestría y doctorado que tenían poco presupuesto, y el edificio de bajo perfil era ideal para que mezcláramos Yale con la comodidad de casa. Teníamos una cocina grande y un comedor en cada piso que le daban vida al ambiente. Casi todos cocinábamos, y los aromas se dispersaban por los pasillos: curry de la India, comida china, platillos japoneses. No nos importaba cómo nos vestíamos o el acento que teníamos o cómo hablábamos.

Mi vecino, Rob Martínez, era un estudiante cubanoamericano de doctorado de Nueva Jersey. Le encantaba la variedad de culturas de nuestro dormitorio. Era cosmopolita y memorizaba hechos y datos curiosos de la historia y la economía. Le fascinaba hablar de política con nuestros amigos chinos y polacos mientras devoraba comida india. Rob nos ayudó a muchos de nosotros a comprar víveres, nos llevaba en su Subaru verde a la tienda Stop & Shop a unos cuantos kilómetros en Hamden, Connecticut. Era, además, un gran bailarín. Me enseñó a bailar el *hustle*, una rutina de baile disco que estaba de moda en esa época, y otros bailes similares. Su amistad, actitud cariñosa y empatía fueron muy importantes para ayudar a los estudiantes de Helen Hadley Hall a crear un vínculo con los Estados Unidos. Una noche, un grupo de nosotros se reunió para celebrar y *bautizar* a Rob como ciudadano de la India. Se volvió mi amigo para siempre.

La vida fue también más llevadera cuando tuve acceso al teléfono en Hadley Hall. No podía pagar una línea personal, y el sistema central, aunque solo me permitía hacer llamadas cortas, me daba un respiro. Mis amigos de Madrás me llamaban constantemente desde sus universidades en Illinois, Oklahoma y California para ayudarme a sobrepasar esa primera sacudida.

Después de un tiempo, tuve que pedirles que dejaran de llamar. Agradecía el apoyo, pero tenía mucho trabajo.

La School of Organization and Management (SOM), el primer y recién creado programa de posgrado de Yale de los últimos cincuenta años, inyectaba nuevos bríos a la formación en negocios de antaño dominada por Harvard y Stanford. El programa híbrido creado por Yale unía las empresas privadas con el sector público y se llamaba Maestría en Gestión Pública y Privada. Muchos de los más de cien estudiantes de mi clase tenían experiencia en el ramo político, militar o de las organizaciones sin fines de lucro. Más de un tercio eran mujeres.

Tomábamos las clases en dos antiguas casas hermosas en la avenida Hillhouse, en New Haven, que estaban conectadas por la parte trasera con estructuras verdes modernas que parecían restaurantes Pizza Hut. "Nos vemos en el edificio Pizza Hut", solíamos decir.

Al principio, me sentía incómoda con la actitud relajada de mis compañeros y compañeras estadounidenses, pero después me fascinó. Exhibían una arrogancia que nadie se hubiera atrevido a mostrar en la India, donde, durante dos décadas, había observado a los estudiantes ponerse de pie como señal de respeto cada vez que un profesor entraba en el salón. Los estudiantes en Yale ponían los pies sobre los escritorios, comían sándwiches, se dirigían a los profesores por su nombre de pila ("Vic" y "Dave"). Llegaban tarde o se salían antes y cuestionaban los puntos de vista de los profesores de forma escandalosa. Las discusiones que se suscitaban abiertamente me parecían espectaculares. Los temas se abordaban a profundidad; pros y contras en debate. Nunca había tomado parte en algo así.

La primera semana nos pidieron que formáramos grupos de ocho con los estudiantes que estaban sentados a nuestro alrededor, y luego nos indicaron que ese sería nuestro grupo de estudio de los próximos dos años. Nombramos a nuestro grupo, compuesto de tres mujeres y cinco hombres, *Don't Look Back* (No mires atrás). Juntos, realizamos con éxito ejercicios de simulación de supervivencia en el ártico y en el desierto, en los que los profesores observaban la dinámica del grupo a través de un espejo unidireccional y después nos daban retroalimentación. Esa experiencia resultó una enseñanza de humildad. Me di cuenta de que tenía mucho que aprender: dejar que todos terminen, observar mi lenguaje corporal e incluirlos a todos en las conversaciones de grupo. Tenía que hablar con claridad y de manera deliberada y hacer que mis intervenciones fueran sucintas. Después de la primera sesión de retroalimentación, me sentí un poco decepcionada, pero comencé a mejorar cuando incorporé las sugerencias que me hicieron.

Esta era mi segunda maestría, pero era muy distinta a la que había cursado en el IIM de Calcuta: era práctica, no teórica. Utilizábamos casos reales para estudiar temas de negocios. Líderes de la industria y representantes del Gobierno venían a contarnos ejemplos de la vida real. Estaba rodeada de gente con al menos dos o tres años de experiencia laboral. La clase era una experiencia bidireccional.

La planta docente era sin duda extraordinaria. William Donaldson, cofundador del banco de inversión de Wall Street Donaldson, Lufkin & Jenrette y funcionario del Departamento de Estado con el presidente Richard Nixon, era el decano. Stephen Ross, quien desarrolló la teoría de los precios de arbitraje, enseñaba Microeconomía; Victor Vroom y David Berg enseñaban Comportamiento Individual y de Grupo; Marty Whitman, inversionista en valores, enseñaba Inversiones; Larry Isaacson, que había trabajado para McKinsey y luego CBS Records en California, enseñaba Estrategia y Marketing. Cada uno era un experto en su campo y respetado por muchos. Descubrí que hacían que lo complejo pareciera simple y comprensible.

Larry, en particular, de verdad creía en mí y me presionaba para que diera más. Me dejó salirme de unas clases básicas de mercadotecnia para ir a trabajar con él en proyectos de consultoría. Daba una clase en su lugar a unas quince mujeres de la zona que estaban regresando a trabajar y querían actualizarse en temas de mercadotecnia, segmentación de productos y publicidad. Vi caras de esperanza y de miedo en esas clases; las alumnas creían que estos nuevos conocimientos les permitirían volver a trabajar a cambio de un salario, pero tenían miedo de que no las contrataran o de no estar preparadas. Les enseñé y, lo más importante, las ayudé a ganar confianza.

Una vez a la semana, durante el almuerzo, el vicedecano se reunía con los estudiantes para escuchar nuestras ideas y preocupaciones. Me sorprendió que la administración de la escuela quisiera escuchar la opinión de los estudiantes sobre la calidad de vida en la SOM y el plan de estudios. Qué diferencia del enfoque arriba-abajo de las instituciones educativas de la India. El único punto en común con el IIM de Calcuta era que el mundo de los negocios seguía siendo de hombres. No nos presentaban casos de negocios donde las mujeres hubieran liderado, y no tenía profesoras. Las mujeres no figuraban en lo que nos enseñaban.

En mi segundo año, el plan de estudios fue mágico, con asignaturas optativas en Finanzas y Estrategia, Teoría de Juegos, Comercio y Organizaciones Multilaterales. Analizamos *A Random Walk Down Wall Street* de Burton Malkiel. Examinamos el ascenso de Gillette, el fabricante de máquinas de afeitar, y analizamos los problemas de las finanzas del Museo Metropolitano de Arte de Nueva York y de la Universidad Clark de Worcester, Massachusetts. Aprendimos sobre encuestas políticas y hablamos con Eric Marder, el encuestador de Henry "Scoop" Jackson, un senador estadounidense que se lanzó a la presidencia en 1972 y en 1976.

Aunque adoraba el trabajo escolar, la experiencia social era igual de poderosa. Ante los estudiantes, me sentía como una persona externa y muy consciente de los grupos de hombres y mujeres que se habían graduado de universidades de la Ivy League o en internados del noreste. Muchos de ellos eran los originales *preppies*, que usaban calzado náutico marca Sperry y hacían viajes de esquí en invierno y se iban a las playas de Cape Cod o Long Island los fines de semana en primavera y otoño. Me consideraban inteligente y trabajadora, y creo que a la gente le caía bien. Pero también pasaba bastante desapercibida y era consciente de cómo la gente etiquetaba en su mente a los estudiantes internacionales, en especial a los de países en vías de desarrollo. Diligentes, pero sin estilo, con acento raro, socialmente ineptos. No había un rechazo explícito hacia nosotros, pero tampoco una acogida profunda. Yo no era tímida, pero tenía cuidado con lo que decía.

Me sentía incómoda con mi forma de vestir. Antes de salir de Madrás, había ido a ver a un sastre local con una pila de revistas estadounidenses, y le había pedido que me confeccionara un par de camisas y blusas que, según yo, reflejaban el estilo de moda de ese país. Pronto me di cuenta de que esas prendas no me quedaban bien y que eran bastante feas. Así que fui a S. S. Kresge, una tienda de descuentos en la calle Chapel, precursora de la cadena Kmart, y me compré tres camisas de poliéster de manga larga para usar con mis pantalones de mezclilla. Unos meses después, Chandrika fue a Nueva York por su trabajo en Citibank y me compró un abrigo largo azul brillante de la tienda departamental Alexander en el centro de Manhattan: mi salvación para los días nevados de invierno.

A pesar de las camisas de Kresge y el abrigo de Alexander, que me llenaban de orgullo y eran para lo que me alcanzaba, después me enteré por unos amigos cercanos que mi vestimenta era motivo de burla.

No tenía mucho presupuesto para gastar. Mis becas y préstamos llegaban a los 15 mil dólares al año, divididos casi a partes iguales, y me gastaba casi todo en colegiatura, alojamiento y manutención. Conseguí un trabajo en la recepción y en el conmutador manual en Helen Hadley Hall tres a cuatro días a la semana, en el que ganaba 3.85 dólares la hora en el turno de las doce a las cinco de

MI INFANCIA | 79

la madrugada. Eran cincuenta centavos más por hora que el turno matutino y 1.20 dólares más que el salario mínimo, que era de 2.65 dólares en aquellos días. Cuando sonaba el teléfono en la recepción, llamaba al cuarto de un residente y transfería la llamada al teléfono del pasillo. Por la noche, los estudiantes corrían por el pasillo en sus pijamas y pantuflas para tomar las llamadas. Vigilaba la puerta principal, clasificaba el correo y hacía la tarea.

Cada cuatro meses o más, enviaba una orden de dinero por 100 dólares a casa, en Madrás. Mi familia no necesitaba el dinero, pero me sentía muy bien de poder contribuir. Siempre ponía por separado 20 dólares para Nandu. Nunca había recibido una mesada y me amaba por enviarle esta gran suma de dinero que podía gastar en lo que quisiera.

El primer otoño, también me enamoré de los Yankees de Nueva York, un amorío espléndido e irracional que persiste hasta el día de hoy. La Serie Mundial de 1978 fue un partido entre los Dodgers de Los Ángeles y los Yankees, que habían ganado el campeonato en 1977. La sala común en Helen Hadley Hall —con reposeras desgastadas, un sofá deshilachado y la única televisión a la redonda— se llenaba de gente todas las noches durante los *playoffs*. Yo era una jugadora de críquet que extrañaba su deporte de bate y pelota, y que desconocía lo que era el beisbol. Pero quedé fascinada una noche cuando algunos de los chicos me invitaron a sentarme con ellos y me enseñaron las reglas. Comencé a leer todo lo que pude sobre Reggie Jackson, Ron Guidry y Bucky Dent, y me emocioné mucho cuando los Yankees ganaron la serie de nuevo. Lloré cuando el capitán y cachador, Thurman Munson, murió en un accidente de avión el verano de 1979.

Fue en esa época que aprendí que el lenguaje del deporte —y los detalles de los juegos y los jugadores en particular— era relevante en el mundo de los negocios. Cuando los estudiantes se juntaban por las mañanas, hablaban de deportes; en las entrevistas, los empleadores hablaban de deportes. Si no estabas al día en temas de beisbol o futbol americano, no encajabas.

Esta noción parecía estar relacionada con el sabio consejo que había recibido de mis padres cuando me fui de la India unos meses atrás: "Sé tú misma, pero también intenta encajar".

Poco después de las vacaciones de invierno, empezó la carrera para conseguir un trabajo de verano. Necesitaba ganar dinero y era buena estudiante. Mis profesores estaban dispuestos a darme buenas cartas de referencias. Me veían como una persona trabajadora y de trato fácil. Sentían que tenía una perspectiva global única en temas que eran importantes en el mundo corporativo estadounidense. Las compañías venían a Yale en busca de talentos, y yo tenía que impresionarlas.

Mi única preocupación era que no tenía un traje sastre. Fui de nuevo a Kresge con 50 dólares en la bolsa, todos mis ahorros, y elegí un traje de poliéster azul oscuro: un saco de dos botones y pantalón a juego. Agregué una blusa turquesa de poliéster con rayas verticales azul claro y azul oscuro. Fui al probador, pero me causaba incomodidad quitarme la ropa detrás de una cortina, creía que cualquiera podría verme, así que sostuve las prendas frente al espejo. El pantalón estaba bien; el saco parecía un poco grande. Pero recordé el consejo de mi madre de comprar ropa un par de tallas más grandes porque "vas a seguir creciendo". Tenía veinticuatro años, y justo en ese momento, se me olvidó que ya no crecería. Compré todas las prendas, orgullosa de haber logrado hacer esta gran compra, y me gasté todo mi dinero. Era el gasto más grande que había hecho en mi vida.

Al salir de Kresge, vi una tienda de zapatos, pero ya no tenía dinero. No importa, me dije. Mis mocasines de ante anaranjados con suela gruesa de plástico, que había usado durante todo el invierno, me servirán. Los pies estarían debajo de la mesa. Nadie los notaría.

El día de la entrevista, me puse el traje. La blusa me quedaba bien, pero no me había dado cuenta de que el pantalón era muy corto. El saco me quedaba mal, se ajustaba raro a mi cuerpo. Pero era lo que había y no tenía otra opción. Era demasiado tarde para ir a cambiar la talla. Me dirigí al edificio de administración de la SOM donde todos se reunían en la oficina de desarrollo profesional para tener las entrevistas con los potenciales empleadores. Ahí estaban mis compañeros, impecables en trajes sastre de la marca Brooks Brothers, las mujeres con camisas de seda, faldas y sacos de lana, muy elegantes.

Oí el grito ahogado colectivo. Todos me miraban. Fingí que no me importaba.

Ese día, me entrevisté con Insilco, un conglomerado con sede en Connecticut que administraba marcas de casas prefabricadas y artículos de oficina, entre otros negocios. La entrevista salió bien, pero salí de la sala llena de vergüenza y derrotada.

Corrí por el pasillo hacia la oficina de la directora de Desarrollo Profesional, Jane Morrison. Me senté en su sofá y rompí en llanto. "Véame —dije—. Así fui a la entrevista. Todos se rieron de mí."

Jane era muy práctica, me contestó: "Sí, es un desastre. Un completo desastre".

Le hablé de mis dificultades económicas y le dije que era el traje para el que me había alcanzado. "Quería encajar", le expliqué.

Me preguntó qué usaría para ir a una entrevista en la India. Un sari, le dije. Tenía muchos en mi habitación. Su consejo fue: "La próxima vez, usa un sari. Y si no te contratan por quién eres, son ellos los que pierden. Sé tú misma".

Insilco hizo dos ofertas de trabajo esa tarde. Una para mí. De pronto me di cuenta de que estaba en un nuevo ambiente y de que este podría ser un claro ejemplo de la promesa estadounidense de meritocracia. Estaba claro que Insilco me había elegido por lo que había contestado en la entrevista y por lo que podría aportar y que habían ignorado el horrendo atuendo que llevaba. Tenía tres semanas para aceptar la oferta.

Mi siguiente entrevista estaba programada con Booz Allen Hamilton, la firma de consultoría. La consultoría era vista como aspiracional. Los horarios y los viajes eran brutales, pero pagaban bien y la sabiduría popular decía que la experiencia adquirida te adelantaba tres a cinco años respecto al mundo corporativo normal. Esta reunión era una buena oportunidad que no podía dejar pasar, aunque ya tuviera una oferta en la bolsa. Decidí presentarme.

Me vestí con mi sari de seda color turquesa favorito, con flores color crema y una blusa turquesa, y me entrevisté con un socio de Booz Allen de Texas que rompió el hielo de inmediato. Fue muy estricto en la entrevista y usó un caso de negocios, y sentí que estaba juzgando mi habilidad de respuesta, ignorando por completo mi vestimenta o mi apariencia.

Booz Allen me ofreció un trabajo de verano en Chicago, con pasantes de Harvard, Stanford, Northwestern y la Universidad de Chicago. Fui parte de un equipo que desarrollaba una estrategia para una compañía con sede en Indiana que producía ingredientes alimenticios, un extraordinario grupo de hombres que me incluían en todas las discusiones y deliberaciones, me asesoraban y me apoyaban por completo.

Todos los días iba a trabajar portando un sari, pero nunca visité al cliente. Llevarme a una junta con el cliente en Indianápolis vestida de sari hubiera sido demasiado para esa época. En ese momento lo entendí bien y acepté que mis colegas me dejaran atrás. Me pareció que era el precio que tenía que pagar.

Estaba encantada de haber iniciado mi carrera laboral como mujer en Estados Unidos.

Trabajar, en realidad, no es opcional. Y eso es bueno, porque nadie cuestiona los beneficios de tener un trabajo remunerado: los seres humanos prosperan cuando se les enfrenta a retos, se sienten orgullosos cuando hacen bien una tarea y se enriquecen al colaborar con personas que comparten las mismas metas. Y necesitamos dinero para vivir.

Creo que el que las mujeres elijan trabajar fuera de casa es fundamental para su bienestar y el de su familia. De alguna manera, las

personas que se encuentran incluso en las sociedades más sofistica-
das siguen cuestionándose si las mujeres deberían trabajar a cambio de una remuneración. Esta perspectiva parece estar relacionada
con la idea de que los hijos sufrirán si la madre trabaja en lugar de
cuidarlos, atenderlos. En algunos lugares, la sociedad siente que es
más fácil que todos sigan los viejos hábitos por ser ya conocidos.

Yo no lo veo así. De hecho, los hijos de las mujeres que trabajan
tienden a sobresalir en la escuela, son más independientes y ven
a sus madres como valiosos modelos a seguir. Además, tenemos
pruebas de que la participación de las mujeres en el mercado laboral remunerado es crucial para la economía en general. Mientras
más mujeres entren en la fuerza laboral, más próspera es la sociedad: se reduce la pobreza y se incrementan los salarios y el producto interno bruto.

Pero, para mí, la razón por la que las mujeres necesitan contar
con un camino abierto hacia el trabajo remunerado es más directa.
Todos nos merecemos poder perseguir nuestra propia libertad. El
que aceptemos, sin restricciones, que las mujeres trabajen es señal
de progreso como seres humanos. Las libera de estar a merced de
un mundo dominado por hombres.

Me sentía contenta de haber acabado en Chicago para el trabajo
de verano como pasante y estaba muy abierta a explorar mis posibilidades después de graduarme.

Me mudé a un departamento de una sola habitación que me
subarrendaron en un edificio alto en Sandburg Village con una
compañera de Yale, Kimberly Rupert, otra pasante. El departamento pertenecía a un jugador de basquetbol de los Chicago Bulls. Tenía una pecera que no habían limpiado en semanas, un clóset lleno
de tenis enormes de hombre y un fregadero lleno de platos sucios.
El encargado de rentar el departamento estaba feliz de haber encontrado arrendatarias confiables que limpiarían el lugar para volverlo habitable. Aunque, al principio, su camisa de botones abierta

hasta el pecho, sus múltiples cadenas de oro y su actitud casual me intimidaron un poco, con el tiempo acabé respetándolo y hasta me caía bien. Era un arrendador muy servicial y nosotras éramos arrendatarias modelo que manteníamos el departamento impecable.

Después de pasar un día entero fregando y mudando nuestras cosas, la sala, que tenía una vista de toda la ciudad, se convirtió en el centro de reunión del verano para los siete pasantes de Booz Allen.

Tenía otro contacto en Illinois. Una amiga mía de la India que estudiaba en Dallas me insistió en que conociera a un muchacho llamado Raj Nooyi, un joven ingeniero de Mangalore, India, que acababa de terminar una maestría en la Universidad de Texas. "Te puede ayudar a instalarte", me dijo.

Raj trabajaba en Eaton, una compañía dedicada a la comercialización de productos industriales en los suburbios en expansión de Chicago, y vivía solo en un departamento de una sola habitación con pocos muebles, cerca de su oficina en Carol Stream, Illinois. Lo invité un día a casa y pronto se volvió uno más de nuestro grupo selecto: pasaba mucho tiempo en nuestro departamento y nos llevaba a nadar o jugar tenis al complejo de edificios donde vivía. Era excepcionalmente inteligente, culto y conocedor del mundo. También era guapo, con una sonrisa increíble y se llevaba bien con todos; pero, sobre todo, nos llevaba a todos lados en su coche.

A finales de agosto, la mayoría de nosotros regresamos a la escuela, pero a mí me quedaba una semana en el trabajo. Un viernes por la noche, Raj y yo fuimos al Sandburg Theatre, una antigua sala de cine a apenas una cuadra, a ver *Silver Streak*, una comedia de crimen estelarizada por Gene Wilder y Richard Pryor. Nos encantó y nos reímos juntos de las escenas bobas.

Después fuimos a un restaurante y, al terminar la cena, decidimos casarnos.

¿Quién le pidió matrimonio a quién? ¿Quién sacó el tema? ¿Dónde había quedado la idea de tener que salir varios meses antes de casarse? No lo sé. Cuarenta y dos años después, ¡seguimos debatiendo quién fue!

Antes de regresar a New Haven, Raj me llevó a conocer a sus tíos Jaya y Ramesh, que vivían como a una hora de Chicago, en Flossmoor, Illinois. Ramesh Adiga era cirujano vascular en el South Suburban Hospital que atendía toda la zona sur de Chicago, y su esposa, Jaya, era médica familiar. Eran parte de la ola de médicos indios que habían emigrado a la zona central de los Estados Unidos en la década de 1960. La hermana y la madre del tío Ramesh, de visita desde India, estaban en la casa cuando fui a conocerlos.

Para ser honesta, la familia de Raj se mostró aprehensiva cuando les dimos la feliz noticia. Llevaban tiempo queriendo encontrarle novia. Era un buen prospecto: alto, con muchos estudios y residente en Estados Unidos. Y ahí estaba yo, una completa desconocida que hablaba tamil, no kannada, su lengua materna, y cuyo horóscopo no habían examinado para ver si éramos compatibles.

Al mismo tiempo, yo provenía de una familia hindú bien establecida, muy trabajadora, altamente educada y de clase media. Buenas señales. Algunas de las objeciones se fueron disipando cuando Raj insistió en que se casaría conmigo, a pesar de lo que ellos opinaran. Así que su familia se apresuró a encontrar puntos a favor de esta unión y me acogieron de corazón.

Entre tanto, les dije a mis padres por teléfono que me casaría con un hombre llamado Raj Nooyi y les conté algunos detalles. Con toda razón, sintieron un poco de temor y preocupación porque no lo conocían ni habían examinado a su familia, pero se dieron cuenta de que no tenían alternativa. De nuevo, confiaron en mi juicio y acabaron por consentir el matrimonio.

Un mes después, nuestros padres y otros familiares se conocieron en Madrás y organizaron una ceremonia formal de compromiso matrimonial, sin la pareja. Mis padres encontraron a mi nueva familia política encantadora y concluyeron que eso significaba que éramos compatibles.

Pasé mi segundo año en Yale pensando en el futuro que se me venía en esta nueva realidad: casada y trabajando. Quería un empleo en Boston Consulting Group (BCG), que era vista como la firma de consultoría estratégica más importante y que estaba por abrir una oficina en Chicago. Sería perfecto, pensé. Para mitad del otoño, después de una serie de seis o siete entrevistas difíciles, recibí la tan ansiada oferta.

Mi trabajo de verano parecía haberme valido prestigio entre mis colegas en la SOM. Muchos estudiantes me saludaban, dándome la bienvenida, aunque yo seguía cautelosa. Todavía sentía que no encajaba del todo.

Raj y yo hablábamos por teléfono y nos veíamos algunos fines de semana. Yo volaba a Illinois y trabajaba en mis proyectos y tareas desde su pequeño departamento. Pasamos todos esos meses planeando con detenimiento la boda y concluimos que invitaríamos solo a cuarenta personas y que sería en el sótano de la casa de sus tíos. Después de pagar las flores y el sacerdote, no podríamos invitar a una sola persona más.

A finales de mayo, mis padres y Nandu vinieron desde India a mi graduación, a la cual también asistieron Chandrika y Raj. Estaba toda mi familia, y mis padres estaban muy emocionados y felices de conocer a mi futuro esposo. Lo adoraron.

Me encaminaba hacia una nueva y hermosa etapa de mi vida, pero al mismo tiempo sentía nostalgia de dejar Yale y la vida académica. La escuela había cumplido con todas mis expectativas; de hecho, las había superado: ahora sabía mucho más sobre el sector privado, el sector público y las organizaciones no gubernamentales que trabajan en conjunto para crear una sociedad en armonía. Había aprendido mucho sobre los Estados Unidos y me sentía bien preparada para emprender en el mundo de los negocios en ese país. Había batallado un poco para encontrar mi lugar en esa sociedad, pero había conocido gente maravillosa, inteligente, pensadores comprometidos. Muchos de mis compañeros de clase han tenido carreras exitosas, y todavía nos apoyamos unos a otros. De hecho, siento que las amistades que forjamos en la SOM de Yale, están más sólidas que nunca después de más de cuarenta años.

Después de decir adiós a todos mis amigos y profesores, mi familia entera se trepó a dos coches que habíamos alquilado y manejamos mil trescientos sesenta kilómetros a Chicago para la boda que se celebraría unos días después. Mi madre me había traído un sari de boda y algunas joyas que me había ido juntando desde que era niña.

Raj y yo nos casamos en una sala de juegos con paneles de madera y techo bajo en casa de los tíos Ramesh y Jaya en Flossmoor. La ceremonia duró una hora. Nos deleitamos después con un bufet de comida india preparada por un restaurante local. Rob Martínez, mi vecino de Helen Hadley Hall, y Larry Isaacson, mi profesor, viajaron para asistir al evento.

Si nos hubiéramos casado en la India, la boda hubiera durado al menos un día y medio. Mis padres y muchos de los familiares de ambos lados sintieron que les habíamos quitado esa oportunidad. Pero no me importó. Yo estaba muy feliz. El hecho de que nuestras familias se hubieran reunido —todos desde tan lejos— era una fuente de alegría.

En algún momento de la siguiente semana, el padre de Raj, N. S. Rao, nos llamó. Nos dio un discurso sobre la vida que nos esperaba: nos deseó suerte, nos aconsejó trabajar muy duro y nos aseguró que nuestras familias siempre estarían ahí para apoyarnos. Luego me dijo de forma directa: "Indra, no dejes tu trabajo. Tienes todos estos títulos académicos, úsalos. Te apoyaremos en lo que podamos".

PARTE II

Encontrar mi equilibrio

4

Moline, Illinois, en el río Misisipi, se ubica a doscientos sesenta y cinco kilómetros al oeste de Chicago, y está rodeada de granjas de maíz y soya que representan la esencia de los Estados Unidos. En 1980, fue también el hogar de Servus Rubber, un hombre de sesenta años, fabricante de botas industriales, que luchaba por sobresalir ante la feroz competencia extranjera. Servus fue mi primer cliente como consultora.

Una semana después de la boda, viajé a Moline en un pequeño avión con el brillante Alan Spoon, quien estaba a cargo de reclutar personal cuando me contrataron en BCG. Durante meses, viajaba todos los días, y vivía dos o tres noches a la semana en un hotel de categoría intermedia; hablaba con gerentes de Operaciones, de Ventas y de Mercadotecnia; rondaba por la fábrica; platicaba con los trabajadores de las líneas de ensamblaje; me empapaba de todo lo que había que saber sobre el negocio del caucho y las botas industriales.

La consultoría en negocios es la fuente de tantas carreras globales en negocios y con buena razón. Aprendí más en seis años en BCG que lo que hubiera aprendido en cualquier otro lado como recién egresada de un MBA. Mi trabajo me parecía estimulante, lleno de debate y de gente fascinante. Las compañías contratan los servicios de firmas como BCG para ayudarles a responder preguntas fundamentales de negocios: ¿Cuáles son los valores que impulsan el negocio? ¿Cómo podrían cambiar? ¿Cuáles son las opciones estratégicas para crear valor con el tiempo? ¿Qué inversiones deben realizar? ¿Cómo pueden organizarse? Compran la manera de pensar de la firma y la experiencia de haber estado dentro de tantas empresas distintas.

Los consultores se adentran en el trabajo con la intención de comprender el arte y la ciencia de una industria y de un negocio en particular. BCG era muy reconocido en el área de consultoría estratégica. El fundador de la firma, Bruce Henderson, inventó la *matriz de crecimiento-participación de mercado relativa* o *matriz* BCG en 1970, el modelo tantas veces enseñado, que clasifica los negocios como vacas, perros, estrellas y signos de interrogación, dependiendo de su participación de mercado relativa y su tasa de crecimiento. Se nos entrenaba desde el día uno para enfocarnos en abordar los retos reales que enfrentan los clientes con datos y un pensamiento claro y objetivo, no solamente para decirles lo que quieren escuchar. Revelamos verdades incómodas y luego nos sentamos con los líderes de la compañía, analizamos juntos los informes y encontramos soluciones. Sentí que este proceso tenía una honestidad intelectual que hacía de lado la política, aunque, por supuesto, había mucha política corporativa que navegar también.

La consultoría era lo mío. Me encantaba analizar en detalle, como con lupa: profundizar en el negocio, conocer los factores que lo hacen crecer y dar rendimientos; y luego, alejar la lupa para determinar la mejor manera de reposicionar un negocio o una compañía. Cada proyecto era personal y ocupaba todo mi tiempo. No dormía mucho y no me importaba trabajar horas extra cuando se necesitara para acabar el análisis.

La oficina de BCG en Chicago estaba creciendo muy rápido cuando entré, y pronto nos mudamos de la calle Monroe al piso entero dentro de un rascacielos de cristal en Wacker Drive frente a la torre Sears de ciento diez pisos. Cada primavera, contrataban a decenas de graduados y les asignaban tareas a raudales. Con solo un par de socios disponibles para dar capacitación, nos enseñábamos unos a otros. Hacíamos los modelos completos con calculadoras y lápices del número dos y rellenábamos cientos de celdas en hojas de cálculo.

Trazábamos gráficas a mano y luego las mandábamos al Área de Producción con instrucciones precisas de cómo hacer las diapositivas para las presentaciones. Era un proceso arduo de elaboración de hojas de cálculo, cuando no se usaban las PC y Excel. Sacábamos fotocopias de nuestras hojas por secciones y las uníamos con cinta adhesiva para compartirlas con los colegas y los jefes.

La amplitud de los proyectos que manejábamos era fantástica. Trabajé en asuntos bancarios, en empresas de aditivos para gasolina y en fábricas de tintes. Para LexisNexis, que vendía noticias e información legal almacenada en servidores informáticos, organicé grupos de enfoque en quince ciudades para conocer cómo usaba la gente ese servicio y cuál era su percepción de los costos y los beneficios, y para determinar qué no les gustaba. Convertimos esa información en un plan de mercadotecnia integral —niveles de servicio, precios— definido a partir de análisis meticulosos de los consumidores. Por último, todo se expresaba en términos de un modelo de ganancias y rentabilidad.

Cuando recién llegué al cargo, Trane, una compañía con sede en La Crosse, Wisconsin, que se dedicaba a la fabricación de sistemas industriales de calefacción, ventilación y aire acondicionado (HVAC, por sus siglas en inglés), contrató a BCG. Nuestro equipo, liderado por un socio de BCG que era escocés-estadounidense, estaba conformado por un judío, un italiano y yo.

Al cabo de unas semanas, el CEO de Trane, charlando con el socio para ponerse al día, de forma juguetona le preguntó: "¿Sabías que estamos en La Crosse, Wisconsin? Enviaste a un equipo integrado por un judío, un italiano y una india. ¿Qué está pasando?". Para su asombro, el socio respondió: "Me pediste a los mejores, te mandé a los mejores".

El director de Trane, Bill Roth, era un hombre generoso y atento que después me dijo que le había encantado esa respuesta. Trabajé en proyectos para Trane durante más de tres años y pude conocer la generosidad tan particular de las personas del Medio Oeste de los Estados Unidos.

Nuestro trabajo consistía en ayudar a Trane a acelerar su crecimiento y rentabilidad. Pasamos los primeros meses hablando con contratistas de HVAC que trabajaban en enormes edificios de oficinas o en centros comerciales y departamentos pequeños y luego con contratistas generales, técnicos de servicio y funcionarios encargados de obras públicas —todo eso para comprender la posición de Trane y saber cómo mejorar su estrategia—. Analizamos cada uno de los proyectos que Trane había perdido frente a la competencia en los últimos tres años. El cliente quedó impresionado con nuestro enfoque tan detallado y poco usual.

A medida que me acostumbré a la consultoría, fui desarrollando mis propias rutinas de investigación. Para una compañía que hacía máquinas de procesamiento de cítricos, rumié por plantas de jugos en Brasil y Florida y aprendí las complejidades de exprimir naranjas con distintas máquinas comerciales. Compré libros para comprender la terminología, la ciencia y la tecnología detrás de los problemas, y todavía tengo mi libro de notas donde apunté todos los detalles del procesamiento de naranjas.

Para una compañía japonesa, tuvimos que indagar sobre el mercado estadounidense de las líneas de embotellamiento de alta velocidad y de última generación. Para G. D. Searle, una compañía farmacéutica con sede en Skokie, Illinois, trabajé en el aspartame, el endulzante artificial descubierto en los laboratorios de Searle en 1965, y ayudé a la compañía a pensar cómo podría mejorar su proceso de manufactura. En un segundo proyecto con la misma compañía, tuve que investigar los endulzantes sin calorías emergentes que podrían comercializarse en las siguientes dos décadas. Mis antecedentes en química me resultaron muy útiles, pero, para obtener información más precisa, tuve que contratar a un profesor experto en endulzantes para que visitara los laboratorios de California y Europa conmigo.

¡Nunca pensé que el jugo de naranja, el equipo de embotellamiento y los endulzantes adquirirían tanta importancia en mi carrera más adelante!

Trabajé en pañuelos desechables y papel de baño. Construimos un modelo de costos de todas las líneas de fabricación de pañuelos en el país: la velocidad, el desperdicio, la materia prima, el costo. Aprendí las diferencias entre Kleenex y Puffs y entre Charmin, Scott y el papel higiénico de marca propia. Estuve un buen rato en un bar en Green Bay, Wisconsin, saboreando una limonada, mientras escuchaba a los trabajadores de la fábrica de la competencia hablar sobre los problemas en sus líneas de producción, y luego saqué conclusiones para mis clientes. Me reuní con fabricantes de equipo en Alemania, Suecia y Finlandia para conocer la nueva generación de máquinas y procesos de elaboración de pañuelos desechables. De nuevo, contraté a un experto, un científico de papel de la Universidad de Miami en Oxford, Ohio, que viajó conmigo para explicármelo todo.

Y eso me condujo al tema de las patentes y de adivinar lo que otros están haciendo, basándome en sus registros de patentes. Me sumergí en el estudio de las patentes usando un marco de referencia desarrollado por Battelle, una organización comprometida con el uso de la ciencia para resolver problemas sociales, y siguiendo la curva de las inversiones en tecnología de la industria. Analizamos treinta años del negocio de los pañuelos desechables para tener un panorama completo de la competencia.

Los viajes eran incesantes. Semana tras semana, corría por el aeropuerto, cargando mi portafolio y un portatrajes Hartmann. El peso de esa maleta terminó dañándome el hombro derecho, algo que todavía me aqueja. Por lo general, pasaba tres o cuatro noches lejos de casa y luego trabajaba todos los fines de semana haciendo cálculos, trazando gráficas, escribiendo informes y presentaciones. Estaba aprendiendo todo el tiempo; fue una etapa de condición intelectual alta y condición física baja.

Una noche, en Neenah, Wisconsin, no encontraba habitación de hotel porque había un espectáculo de aviones muy popular en Oshkosh, un pueblo muy cercano. Decidí manejar tres horas para volver a casa en Chicago y luego regresar al trabajo al día siguiente. En alguna parte del trayecto cerca del pueblo Fond du Lac, me paró la policía por exceso de velocidad y el oficial me dijo que podía pagar la multa de 125 dólares con tarjeta de crédito Visa. Solo tenía American Express y terminé en una comisaría de policía en Fond du Lac llamando a Raj. En ese momento, vi una cómoda y limpia cama en una celda y —todavía me cuesta trabajo creerlo— pregunté si podía pasar ahí la noche hasta que mi esposo fuera la mañana siguiente con el dinero. No quería seguir manejando hasta Chicago y de vuelta, y estaba desesperada por encontrar un lugar dónde descansar. El policía me dijo que me fuera a casa. Pagué la multa al siguiente día con un cheque.

Mientras me metía cada vez más en esa rutina, Raj y yo comenzamos a extrañar el tiempo que pasábamos juntos, pero él también estaba trabajando muy duro. Pensábamos que era el precio de establecernos y nos preocupaba que la suerte pudiera cambiar. A veces hablábamos muy tarde en la noche, durante horas, para saber cómo nos había ido en el día. Parecía que no habíamos hablado en años.

Raj y yo comenzamos nuestra vida de casados en su departamento en Carol Stream. Economizábamos los gastos y usábamos los cupones de descuento que venían en los periódicos. Todos los meses hacíamos el balance de nuestras chequeras, primero apartando el dinero para pagar mi préstamo estudiantil, luego depositando algo para ahorros y finalmente enviando 100 dólares a cada una de nuestras familias en la India como una atención. No lo necesitaban, pero nos sentíamos bien de enviarles esa cantidad.

Había adquirido dos blusas color crema con moño y dos trajes de lana Evan Picone, uno en color camello y uno en color negro; intercambiaba los sacos con las faldas para crear cuatro combinaciones.

Empacaba esas mismas prendas en mi equipaje de mano cada semana, en mi camino hacia Neenah, Appleton o La Crosse, Wisconsin; Baton Rouge, Luisiana; o Nueva York. A veces, las prendas llegaban irreconocibles después del viaje, y tenía que plancharlas una y otra vez en la habitación del hotel para poder usarlas al día siguiente.

Raj seguía trabajando en Eaton como ingeniero industrial en una planta de manufactura que hacía controles electrónicos. Él también tenía poca ropa en el clóset, dos o tres camisas, un par de pantalones y corbatas de segunda mano que le había heredado su tío Ramesh. Cada noche, lavaba una camisa y la ponía a secar para después plancharla a la mañana siguiente. Siempre salía de casa luciendo impecable.

Aunque ya contaba con una maestría, Raj se dio cuenta de que para avanzar en la carrera de Administración necesitaba la legitimación de un MBA. Poco después empezó el programa; tomaba el tren al campus de la Universidad de Chicago, ubicado en el centro de la ciudad, temprano por la tarde y regresaba a casa para cenar a eso de las diez y media de la noche. A mitad de su segundo año, decidió renunciar a Eaton y dedicarse por completo a sus estudios por dos trimestres más. Se graduó en 1983.

No socializábamos mucho. Estábamos muy ocupados y no conocíamos a nadie. No nos invitaban a ninguna parte. Algunos fines de semana, visitábamos a los tíos de Raj o íbamos a Connie's Pizza en la calle 26 a comer un hojaldre relleno con salsa de tomate al lado o a un bufet de comida india en la avenida Devon, donde podías comer todo lo que quisieras por 5.99 dólares. Seguíamos condimentando toda la comida con chiles verdes picantes u hojuelas de chile rojo.

Cuando salíamos de casa, buscábamos algo sumamente entretenido que no costara mucho dinero. El primer concierto en vivo al que asistimos en los Estados Unidos fue de la banda America, en el teatro Park West. Fuimos a un par de juegos de beisbol de los Cubs en el estadio Wrigley Field y a ver a los White Sox en Comiskey Park cuando los Yankees visitaron la ciudad.

Una vez, nos pusimos toda nuestra ropa térmica y nuestros suéteres y abrigos más gruesos para ir a los asientos más baratos del estadio Soldier Field a ver un partido de futbol americano de los Chicago Bears. El número de capas de ropa no importó. Los vientos violentos que venían del lago Michigan y que soplaban alrededor del estadio nos congelaron en cuestión de minutos. Raj era fanático de los Dallas Cowboys desde que había vivido en Texas y yo tuve que aprenderme las reglas del futbol americano en poco tiempo para disfrutar de los partidos con él los fines de semana.

Después de un poco más de un año, decidimos que debíamos comprar una casa. Elegimos una preciosa casa estilo Tudor, de tres recámaras, en el pueblo de Glen Ellyn. Era una cuadra nueva y el pasto estaba recién plantado; los árboles eran apenas arbustos. La casa costó 125 mil dólares, con un pago mínimo de anticipo de 5%. Teníamos tres mil dólares ahorrados y el tío de Raj nos prestó 4 500. Incluso entonces, tuvimos que adquirir un seguro hipotecario porque habíamos aportado muy poco. La tasa de interés era del 17.5 por ciento.

Los números no eran tan alentadores, pero nos pareció que el sueño americano significaba que debíamos comprar una casa y que eso nos ahorraría dinero en el futuro pues el precio de la casa subiría. Nos mudamos, pero no teníamos dinero para nada más. Así que solo teníamos muebles en el área de desayunador, la sala familiar y la recámara principal. El resto de la casa estaba vacío. Lo que sí compramos de inmediato fue una podadora Toro en la ferretería local. Nos sentimos muy *americanos*.

Mis padres habían regresado a Madrás justo tras la boda, y mi padre me dijo que estaba ansioso de volver a explorar los Estados Unidos con sus nietos algún día. Los extrañaba mucho, pero llamar a la India salía muy caro, en especial durante el día. Así que una vez a la semana, a las diez y media de la noche, hablaba media hora con mis padres y con Nandu y luego otro tanto con la familia de Raj.

Nandu, mi hermanito brillante, sacó primer lugar en los exámenes estatales de preparatoria en Madrás y luego presentó el examen para ingresar al Yale College. Lo aceptaron con una beca parcial y otro tanto en préstamos. Mi hermana acababa de entrar a trabajar a McKinsey, la firma de consultoría, y se mudó a Nueva York desde la India. Juntas, acordamos pagar el resto del dinero para sus estudios. Nandu se mudó a New Haven en agosto de 1981 como parte de la generación de 1985. Los planes de ahorro que Raj y yo teníamos para el futuro se quedaron en pausa por un tiempo.

Sin embargo, un terrible día de enero de 1983, mi madre llamó para decirme que mi padre llevaba un mes con ictericia. Había bajado treinta kilos, más de un tercio de su peso corporal total, y necesitaba cirugía para aliviar el dolor del abdomen. No quería que mi madre nos dijera, por miedo a que dejáramos todo y nos fuéramos a la India a verlo. Incluso en las llamadas semanales, fingía estar bien, de tal manera que nunca nos dimos cuenta.

Chandrika, Nandu y yo decidimos ir a la India de inmediato y encontrarnos en Bombay para viajar juntos a Madrás. Llegando al aeropuerto nos apresuramos al hospital, preocupados y asustados. Cuando vimos a mi padre, nos destrozó. Era una sombra de lo que había sido y sufría mucho, aunque seguía diciéndonos que no nos preocupáramos. Al ver a mi padre enfermo, me remonté a los días de su accidente en la Vespa. Sabía que tenía que ser fuerte para mi madre, quien había cargado con las preocupaciones de la enfermedad todos esos meses. Sin embargo, tenía mucho dolor y, al mismo tiempo, nos demostraba lo dedicado que estaba a todos nosotros. Me sentí devastada.

La enorme casa se llenó de parientes que viajaron de todas partes para apoyarnos. Después de una cirugía de cuatro horas, el doctor nos informó que mi padre tenía cáncer en el páncreas y que el pronóstico era negativo.

Luego, recibí la prestación laboral más valiosa de toda mi carrera: el jefe de la oficina de BCG en Chicago, Carl Stern, me llamó para decirme que me tomara seis meses con goce de sueldo para cuidar a mi padre. Él, un jefe amigable y sabio, que acababa de llegar de Londres, sabía el costo del trabajo de consultoría y hacía lo posible por crear un ambiente sano para los que trabajábamos para él. Me dijo que el director de la división de endulzantes de Searle, un cliente, había dicho que mis proyectos podían esperar. Un segundo cliente accedió también a poner mi trabajo en pausa.

Sin duda, fue una bendición en su momento y, con este acto tan generoso, Carl había reconocido mi valor para BCG y me había dado la oportunidad de ser la hija que necesitaba ser. Creo que habría puesto pausa a mi carrera (habría renunciado a BCG para estar con mi padre y para ayudar a mi familia) si no hubiera recibido esta prestación con goce de sueldo. Con Raj, quien asistía de tiempo completo a la escuela, nos hubiéramos encontrado en una situación económica difíil hasta que él encontrara un nuevo trabajo.

También fue muy importante que BCG iniciara este proceso. Nunca hubiera solicitado el permiso de ausencia, pensando que, como consultora junior, no estaba en posición de pedir una prestación de ese tipo que me ayudara en tiempos difíciles.

Este episodio en mi vida destaca el hecho de que los permisos con goce de sueldo para lidiar con todo tipo de situaciones personales —dar a luz, una enfermedad u otras circunstancias— pueden ser un punto de inflexión en la vida profesional de mucha gente. De muchas formas, solo cuando has usado este tipo de prestaciones puedes darte cuenta de su importancia.

Después de la cirugía de cáncer de mi padre, Chandrika y Nandu regresaron a los Estados Unidos y yo me quedé en Madrás. Llevé a mi padre a sus tratamientos y apoyé a mi madre, pero había poco que hacer por él en la India para extender su vida. Cuatro semanas después, decidimos trasladarlo a Chicago. El tío de Raj tenía contactos en hospitales de alto nivel donde podrían ayudarlo, y teníamos la casa, un lugar donde cuidarlo y ayudarlo a recuperarse. Por fuera, mi padre se mostraba optimista, con la esperanza de que en los

Estados Unidos encontrarían una cura para él; sin embargo, nunca sabré qué sentía ni qué pensaba.

Raj compró un colchón y un box spring para una de las recámaras vacías del piso de arriba, y mis padres y yo llegamos a Glen Ellyn después de un largo viaje por Dubai y Nueva York. Nandu decidió tomarse un semestre de descanso de Yale para estar con nosotros. Chandrika se trasladaba todos los fines de semana desde Nueva York y llamaba cuatro o cinco veces al día para ver cómo estaba mi padre y hablar con él. Era muy doloroso ver a mi amado Appa deteriorarse, y algunas veces me encerraba en mi habitación a llorar. Murió en la habitación de arriba una tarde de junio; yo estaba sentada a su lado. Era un hombre muy joven de sesenta y un años, que había trabajado arduamente y ahorrado para su retiro, con la idea de viajar por el mundo con mi madre. Pero no lo logró. Era mi fan número uno y significaba todo para mí: el hombre con el que había jugado a las escondidas, con el que había tarareado canciones de LogRhythms, que me había llevado a Calcuta, que había ido a Bombay para despedirme antes de mi viaje a Yale. Aunque teníamos meses preparándonos para su muerte, me sentí destrozada.

Falleció el mismo día que Raj se preparaba para graduarse de la maestría en la Universidad de Chicago, una ceremonia a la que todos faltamos.

Mi madre regresó a la India con mi hermano, quien, por ser el único hijo varón, debía encargarse de la ceremonia funeraria. Después de trece días de duelo, depositaron sus cenizas en un río sagrado en la India.

En estas mismas semanas, supe que estaba embarazada. Pude compartir esta alegre noticia con mi padre un poco antes de que muriera. Estaba muy débil, pero, en sus últimos días, les pidió a todos que me cuidaran y me procuraran. Habría sido el mejor abuelo.

Su enfermedad había avanzado muy rápido, y no me tomé los seis meses de permiso con goce de sueldo que BCG con tanta generosidad me había ofrecido. Regresé a trabajar a los tres meses, e inmediatamente comencé a lidiar con la carga de trabajo y las náuseas matutinas. Viajé al norte, hacia La Crosse, con una maleta llena de refrigerios, sabiendo que tenía que comer un poco cada dos horas para no vomitar. No era fácil encontrar comida vegetariana en La Crosse, Wisconsin, en la década de 1980. Pero el embarazo era algo por completo distinto. Tenía que estar preparada.

La siguiente semana, llegué a Trane de nuevo con mis provisiones, unas verduras cocinadas con especias y arroz, que podía calentar y comer sin mucho ruido en la oficina o en la habitación del hotel. Así fue por un par de semanas. Pero luego, un día, llegué a la cafetería de la compañía y encontré un calendario pegado en la pared, con los horarios y los detalles de mis comidas. Las secretarias de la oficina se habían unido para ayudarme. Hicieron sándwiches y sopas que iban apareciendo en mi oficina, y así durante meses. Su amabilidad y generosidad me conmovieron.

Para la última junta con Trane, Bill Roth, el CEO, contrató dos aviones para volar con todo su equipo ejecutivo a nuestra oficina en Chicago. En condiciones normales, la reunión se habría celebrado en su propia sala de juntas, pero yo tenía nueve meses de embarazo y no podía viajar. Bill quería que yo participara en la presentación final que BCG haría sobre su compañía.

Mi madre tenía apenas cincuenta años cuando murió mi padre. Su primer nieto ya estaba en camino y sus tres hijos vivían en Estados Unidos, así que decidió venir a vivir con Raj y conmigo. Pusimos la casa de Glen Ellyn en venta, aunque llevábamos menos de un año viviendo ahí. Estaba llena de recuerdos dolorosos y, además, ya estaba cansada de hacer una hora todos los días a Chicago. Raj tenía un nuevo empleo en Hewlett Packard (HP) en Downers Grove, Illinois, como ejecutivo de Ventas en la división de sistemas de manufactura.

Nos mudamos a un departamento en un edificio muy alto en la calle East Ohio, en el piso quince, con vistas al lago Michigan. El edificio era nuevo y daba una sensación de glamur. Mi madre, que pasaba la mayor parte del tiempo en casa, podía ir caminando a la tienda de la esquina, y le gustaba estar rodeada de gente y ruido. Uno de mis colegas de BCG, Bill Elkus, vivía a una cuadra, y mi madre de inmediato adoptó a su esposa Leslie como si fuera una hija más. Se llevaban increíblemente bien y Leslie pasaba mucho tiempo en mi casa. Otra ventaja era que el edificio estaba cerca de BCG. Por lo general, regresaba a casa en un servicio de taxi llamado Flash Cab, que contaba con autos que te esperaban fuera de la oficina hasta la medianoche. Me hice amiga de un chofer, un hombre llamado Patterson, que me cuidaba mucho a medida que mi embarazo avanzaba. Se estacionaba frente al edificio donde estaba la oficina, sin importar qué tan tarde saliera.

Una helada noche de enero de 1984, estaba en casa cuando se me rompió la fuente y comencé la labor de parto. Seguí atendiéndome con mi obstetra del suburbio, una doctora indioamericana muy amigable que me prometió acompañarme durante todo el parto, pero ahora tenía que ir a un hospital que quedara más cerca de nuestra antigua casa, a casi una hora. Raj, que estaba todavía en la oficina, dijo que me alcanzaría ahí. Llamé a otro colega de BCG, mi amigo Bob Solomon, que se había autonombrado el sustituto de Raj en caso de que fuera necesario. Llegó unos minutos después en un Flash Cab con Patterson al volante. Mi madre y yo nos subimos. La temperatura era de unos -15 °C, pero se sentía más frío.

Durante las siguientes dieciocho horas, mientras estaba en labor de parto, nuestra pequeña comunidad observaba y esperaba. Leslie Elkus llegó al hospital para hacerle compañía a Amma.

Por fin, la hermosa Preetha Nooyi nació por cesárea.

Desde su primer aliento, Raj y yo la adoramos más de lo que hubiéramos podido imaginar. Dormía entre los dos o en una cuna junto a mí, y así los siguientes cinco años. Tenía tres meses de licencia de maternidad con goce de sueldo y, como madre primeriza, la enorme ventaja de tener ahí a mi madre, lo que no tenía precio. Raj no tenía permiso de paternidad y tenía que regresar de inmediato al trabajo. No lo pensamos dos veces.

Preetha fue la primera nieta de ambos lados y de inmediato se convirtió en el centro del universo de las dos familias. Enviamos a la India los detalles de su nacimiento —la hora, la longitud, la latitud— para que pudieran hacerle su horóscopo, que nos daría una idea de la vida que tendría. Nos llegó unas semanas después, y nos aseguraba que su futuro sería brillante.

Tomamos horas y horas de video de cada suspiro, de cada sonido con una cámara VHS enorme colocada en un tripié. Los padres de Raj vinieron desde la India seis meses después y se quedaron varios meses. Raj corría a casa después del trabajo para sacarla en la carriola a un parque que quedaba cerca de casa, mimándola todo el tiempo. Chandrika venía cada quince días para estar con Preetha y llamaba todo el tiempo solo para escuchar su vocecita. Nandu pasaba todas sus vacaciones con nosotros.

La vida me cambió por completo con la maternidad, con una sensación profunda de amor que nunca antes había sentido. Nuestra transición hacia convertirnos en una familia también fue muy profunda. Raj y yo debíamos ahora cuidar de nuestra hija, y ya nunca estaríamos solos. Siempre había alguien viviendo con nosotros, ya fueran familiares o alguien que cuidara de Preetha. Ya no había marcha atrás. Estaríamos tomando decisiones por todo este colectivo.

Nuestra familia creciente era una cuerda que nos ataba —sin duda, una hermosa cuerda, pero una cuerda, al fin y al cabo— y yo la deseaba tanto.

Nunca consideré renunciar a mi trabajo al nacer la bebé. Iba a regresar a trabajar al terminar la licencia de los tres meses. Punto. Fin del tema. No era una decisión emocional ni filosófica, era una decisión económica que nos beneficiaba a todos. Necesitábamos ambos ingresos para pagar los gastos de la casa y ahorrar en caso de emergencia y para el futuro. Mi regreso al trabajo fue posible gracias a una razón: mi madre estaba en casa para cuidar de Preetha. Ella se encargaba de todo y yo no tenía nada de qué preocuparme.

El apoyo familiar no se limitaba a eso. Los siguientes años, Raj y yo nos forjamos una gran carrera gracias a que contamos con una amplia red, tanto de su lado como del mío, que nos apoyó y que, además, nos impulsó hacia el éxito.

A pesar de todo esto, me sentía triste de estar lejos de mi niña. Dejé de amamantarla a los tres meses; no la vi dar sus primeros pasos ni pronunciar sus primeras palabras; pero esta era mi realidad. Regresé a la rutina en BCG, a viajar por todo el centro de los Estados Unidos, a reunirme con clientes y a hacer mi mejor esfuerzo.

Luego, un viernes por la tarde a finales de mayo de 1986, regresaba a casa en mi Toyota Camry rojo desde Hoopeston, Illinois, a unos ciento ochenta y cinco kilómetros al sur de Chicago y me detuve en la señal de alto en una colina donde la autopista se dividía en dos. Miré a ambos lados y giré a la izquierda. Lo siguiente que recuerdo es despertar en terapia intensiva en un hospital en Kankakee, Illinois.

5

Durante los tres meses siguientes, debí recuperarme de un accidente de coche que me dejó varias fracturas en la cadera y el cuerpo lleno de heridas. Tuve una hemorragia interna, hiperextensión cervical y una contusión cerebral. La primera semana, Raj fue a la estación de policía a recoger mis cosas y, cuando el policía le mostró cómo había quedado el coche, se le doblaron las piernas del susto. El coche no tenía bolsas de aire; el asiento del conductor estaba todo compactado. Mi portafolio de piel, que estaba en el piso de atrás, estaba aplastado. Fue un milagro que sobreviviera.

Los doctores en el hospital de Kankakee, intuyendo que había una hemorragia interna, querían extraerme un riñón, pero el tío de Raj se opuso y pidió que me trasladaran a un hospital más grande en Hazel Crest, Illinois. Las enfermeras me contaron después que me visitaba cada hora y que una noche se apareció en pijama para atender los espantosos espasmos musculares que me daban en el cuello y la espalda. El resto de la familia volvió a reunirse para apoyarme. Chandrika estaba trabajando en un proyecto en Puerto Rico y de inmediato tomó un vuelo a Chicago. Nandu llegó desde New Haven. Raj estaba ahí a toda hora. Cuando mi madre trajo a Preetha, quien ya tenía dos años, al hospital, mi niña se acostó junto a mí a llorar y no quería separarse de mi lado, estaba asustada por verme conectada a unos tubos en una habitación y una cama extrañas.

Regresé a casa al cabo de unas semanas, y mi familia me cuidó, día tras día. Me daban terapia física; la contusión cerebral hizo que tuviera que volver a aprenderme los nombres de ciertas personas y no podía ver la televisión o leer por mucho rato. Me dijeron que no podría tener otro hijo, que tendría que esperar unos años debido a las lesiones internas. Tomé la noticia muy bien, para mi asombro. Estaba tan feliz de tener a Preetha, y su vocecita me levantaba el ánimo.

El descanso intenso que necesité para sanar me forzó a bajar el ritmo de vida. Dormía mucho y, en los buenos días, ansiaba regresar al trabajo. En los días no tan buenos, estaba contenta de estar sana y salva. El accidente había sido mi culpa porque había dado la vuelta sin ver el coche que venía por la autopista. La señalización en el cruce no era buena, según dijo después el policía en su testimonio ante la corte. Había visto muchos accidentes en ese mismo lugar.

Una vez más, BCG me apoyó y me pagó mi salario por todo el tiempo que duró este calvario. Contábamos también con un buen seguro médico en la compañía, no sé qué hubiéramos hecho sin él. No obstante, el tiempo que pasé sin trabajar me hizo reevaluar mis prioridades. Tenía una hija; los viajes interminables y las horas extra que le dedicaba al trabajo ya no me parecían tan atractivos. Quería estar cerca de casa.

Entre tanto, un reclutador de personal no dejaba de llamar, me presionaba para que considerara un trabajo en la división de electrónica automotriz en Motorola. Por fin, llegué a una entrevista en las oficinas centrales de la compañía en Schaumburg, Illinois, y entré empujando una andadera.

Los coches y los camiones a finales de la década de 1980 estaban cambiando: dejaron de ser esas bestias mecánicas de acero pesado para ser las máquinas manejadas por computadora y mucho más ligeras que conocemos hoy en día. Motorola —compañía que jugó un papel muy importante en el desarrollo de radios de dos vías, localizadores, semiconductores, teléfonos móviles y satélites para uso gubernamental— estaba inventando nuevos sistemas para vehículos, desde los componentes electrónicos para los controles de los motores y los frenos antibloqueo hasta los sistemas de navegación inteligente. La persona encargada del área de electrónica automotriz era Gerhard Schulmeyer, un ingeniero y hombre de negocios alemán que había trabajado en Braun, Gillette y Sony en Europa y tenía un MBA del MIT. Se decía que era rudo como nadie. Necesitaba un nuevo jefe de Estrategia, alguien que le ayudara a pensar cómo se podían utilizar los grandes recursos con los que contaba Motorola para actualizar de manera radical la transportación personal.

Supe que Gerhard era una bala en cuanto lo conocí. La entrevista se centró en mis procesos de pensamiento como estratega comercial y no en electrónica o coches. ¿Cómo logro comprender lo que impulsa a una compañía de la que no conozco nada? ¿Cómo me mantengo actualizada en el mundo de la estrategia comercial? ¿Qué tan grande es mi red de contactos? Me simpatizó mucho. Tenía la gran habilidad de describir el futuro con palabras. Solo quería saber si congeniábamos. Poco después de la entrevista, Motorola me hizo una oferta.

Me sorprendió la rapidez con la que todo se dio y comencé a ponderar si debía dejar BCG y el mundo de la consultoría que tanto me gustaba. Así que involucré a Raj para que me ayudara a tomar una decisión. Fuimos a cenar con Gerhard y su inteligente y alegre esposa, Helga. La calidez y la intimidad con la que se trataban realmente nos dejó una muy buena impresión. Cuando llegamos a casa, Raj me dijo que si de verdad quería dejar BCG y trabajar con alguien a quien no le importaba si era hombre, mujer, migrante, madre o lo que fuera —alguien a quien lo único que le interesaba era mi inteligencia— debía trabajar para Gerhard. "Lo único que le importa son los resultados", me dijo. Acepté el trabajo.

Trabajé con Gerhard, sin descanso, durante ocho años. Fue mi maestro, asesor, crítico y promotor, y nutrió mi carrera con sabiduría y con muchas atenciones hacia mi familia, lo que fue fundamental para mi crecimiento profesional y mis habilidades para ser directora de una empresa algún día. Me enseñó a simplificar problemas complejos y a comunicarlos con efectividad, y estaba al tanto de las oportunidades que se me abrían. Una vez me envió a dar una clase que le habían pedido que diera en el MIT.

Y una vez más, tuve la fortuna de tener un jefe que fue mi mentor, defensor y amigo. A cambio, trabajé muchas horas. Mi lealtad hacia él era inquebrantable.

A finales de 1986, todavía con una cojera chistosa, comencé a transportarme en coche cada mañana desde nuestro departamento en el centro de Chicago hacia Motorola, a unos cuarenta y ocho kilómetros. Unas semanas después, mi madre nos dijo que no quería vivir otro invierno en Chicago, meses de gélidos vientos y temperaturas bajo cero. La nieve podía ser algo hermoso, dijo, pero se sentía encerrada y quería regresar a la India por unos meses. Raj y yo entendimos su situación y le compramos un boleto de avión. Preetha no estaba tan feliz con la decisión.

Nos quedamos sin alguien que pudiera cuidarla.

Mientras Amma vivió con nosotros —durante mi embarazo, mientras nos acoplamos a la paternidad y durante toda mi recuperación del terrible accidente— nunca tuve que preocuparme de que Preetha estuviera a salvo y amada. No me preocupé de lo que comía, de lo que vestía o de si la estaban cuidando bien. Le leían, le hablaban, la cargaban, la alentaban y la llevaban a clases de estimulación temprana. Siempre estaba en contacto con mi madre y sabía todos los detalles del día. Nuestra hija vivía en el centro de una comunidad devota y completa.

Ahora, por lo menos por la estación del frío y la oscuridad, Raj y yo teníamos que arreglárnoslas solos. Los siguientes cinco meses nos demostraron lo difícil que es, cuando tanto el padre como la madre trabajan y tienen hijos pequeños, lidiar con un entorno en el que el servicio de cuidado infantil de buena calidad y costeable no es tan fácil de encontrar y en el que no existen sistemas de apoyo para las familias trabajadoras.

Primero, corrimos la voz con familiares, amigos y vecinos de que estábamos buscando a una persona que pudiera cuidar de nuestra hija. Hicimos varias entrevistas. Sin embargo, como muchas otras parejas, no encontramos a nadie que nos inspirara confianza y con quien conectáramos, y la opción de encontrar una nana de alto nivel y bien capacitada era demasiado costosa.

Luego, por fortuna, una mujer llamada Vasantha, a quien habíamos visto en varios conciertos de música de la India, nos ofreció ayuda. Vivía con su esposo, tres hijas y un hijo, todos adolescentes, en una casa en Oak Park, Illinois, a unos veinte minutos de nuestro departamento y en el camino hacia la oficina de Raj. Se ofreció a cuidar a Preetha durante la mañana, nos dijo, y cualquiera de los dos podíamos recogerla de camino a casa. La mayor bendición de esta oferta, ahora lo veo en retrospectiva, es que Vasantha estaba dispuesta a que recogiéramos a la niña a cualquier hora por la tarde.

Así, todas las mañanas a las seis y media, vestíamos a Preetha en un mono de nieve completo, gorro, guantes y botas y preparábamos la pañalera con ropa extra, juguetes, cremas y algunos bocadillos. A las siete, Raj la llevaba en brazos hasta el coche para resguardarla del invierno de Chicago. La abrochaba en su sillita y la llevaba hasta Oak Park.

Por la tarde, por lo general Raj la recogía en casa de Vasantha, abriéndose camino por los grandes montículos de nieve afuera de la casa. Eran menos las veces que yo podía ir a recoger a Preetha porque, en mi primer año en Motorola, tenía que viajar a Phoenix con frecuencia a trabajar con los ejecutivos de Chicago que se establecían en Arizona por el invierno. Recuerdo haberme quedado unas cuantas veces varada en la pista del aeropuerto O'Hare, atemorizada por la posibilidad de no llegar a tiempo a recoger a mi hija las noches que me tocaba. Algunas veces no pude llegar a casa de Vasantha antes de las nueve o diez de la noche.

Preetha amaba a Vasantha, pero las salidas temprano en el frío de la mañana y las recogidas tarde en la noche la tenían exhausta. Algunas mañanas, se negaba a dejar la casa y hacía berrinches. Ese invierno no fue nuestro mejor momento. En la primavera, Raj y yo nos dimos cuenta de que estábamos agotados. Algo teníamos que hacer.

Elegimos mudarnos de nuevo a Glen Elly, a una casa con cuatro recámaras y un sótano semiacabado, con pórtico y doble estacionamiento, cerca de un parque y una escuela Montessori. La nueva casa, en un desarrollo residencial nuevo, estaba mucho más cerca de mi oficina y tenía espacio para acomodar a alguien que nos ayudara en casa, además de las visitas.

Nuestra vida estadounidense suburbana comenzó una segunda vez, ahora con muebles en casi todas las habitaciones y una vivaracha niña de tres añitos. Le encantaba explorar todos los rincones y las escaleras de la casa y chapucear en la tina. Tenía un par de amigos en la misma calle, Mark y David, y veían juntos el programa de televisión *Las tortugas ninja*. Nunca entendí ese programa, pero Raphael, Donatello, Michelangelo y Leonardo, los cuatro personajes principales, se volvieron mis nuevos mejores amigos.

Raj y yo les preguntamos a nuestros padres y tíos en la India si alguno de ellos podría tomarse un tiempo libre y venir a los Estados Unidos a ayudarnos a cuidar a Preetha. Algunos accedieron, por lo que tuvimos que hacer un calendario de visitas. Usamos uno grande, de todo el año y planeamos con mucho tiempo de anticipación los viajes y boletos de avión, las visas y los documentos de viaje que necesitaban para entrar a los Estados Unidos y luego volver a la India.

Los siguientes años, mi madre, mis suegros y algunos otros familiares vivieron con nosotros por etapas. En ciertas ocasiones, también contratamos a una niñera local que nos ayudara a alistar a Preetha para ir al jardín de niños, hiciera de comer y realizara algunas tareas domésticas. En las noches, Raj y yo nos encargábamos. Seguíamos sin tener vida social. Nuestros vecinos eran amigables, pero, al igual que nosotros, tenían que lidiar con lo que implica mantener a la familia y el trabajo en equilibrio.

Los familiares de la India venían por dos o tres meses. Dormían en una habitación luminosa con baño en la planta principal, y nos ayudaban con las necesidades y actividades de Preetha. Para ser honesta, veían demasiada televisión y no salían a ninguna parte, excepto los fines de semana, cuando los paseábamos por la ciudad o los llevábamos al centro comercial o al cine. Les costaba trabajo el silencio de los suburbios y extrañaban el tener invitados que llegaran sin previo aviso y el barullo al que estaban acostumbrados en la India. Les compramos a cada uno un boleto de avión Visit USA, un paquete que vendían para extranjeros que deseaban viajar por todo Estados Unidos y visitar lugares. Pero nadie lo usó. Venían a Glen Ellyn solo para estar con nosotros.

En la India, los hombres tenían trabajos decentes de nivel medio en el Gobierno y nunca se habían tomado muchas vacaciones, así que lograron pedir permiso con goce de sueldo para hacer el viaje. Sus esposas nunca habían trabajado fuera de casa y no tenían muchos compromisos. Para ellos, ayudarnos era una responsabilidad intergeneracional y un placer. Sentían que eran responsables de nuestro éxito.

De manera crucial para mí, rechazaron la noción tradicional de la India de que la mujer de la familia, incluso si ganaba dinero fuera de la casa, fuera también responsable de mantenerlos a todos bien alimentados, vestidos, limpios y contentos. Si llegaba cansada a casa, me decían que descansara. Me había abocado a mi trabajo —como el mismo padre de Raj me había alentado a hacerlo después de la boda— y se sentían orgullosos de mí. Era una mujer preparada y vigorosa que se abría camino en el mundo de los negocios en los Estados Unidos y hablaban de mi carrera con sus amigos y conocidos en la India. Nooyi es un pueblo pequeño cerca de Mangalore, y mis suegros se sentían felices de que yo portara ese nombre en mis intentos por brillar en los Estados Unidos, poniendo su pequeño pueblo en el mapa.

No les pagábamos a los familiares o a mi madre por la ayuda. Raj y yo cubrimos todos los gastos de mi madre mientras vivió con nosotros, pero no le dábamos un sueldo por cuidar de la niña, cocinar, limpiar y todas las demás tareas que llevaba a cabo para mantener nuestro hogar en marcha. Se hubiera sentido ofendida si le hubiéramos ofrecido un pago.

Aunque Raj y yo hicimos malabares, nos preocupamos, discutimos y lidiamos con ese invierno, cuando tuvimos que llevar a Preetha a casa de Vasantha, sé que nuestros problemas eran bastante simples. El acuerdo era a corto plazo, y teníamos buenos empleos y una niña sana. Por lo demás, cuando nuestras hijas eran pequeñas, Raj y yo tuvimos la gran fortuna de contar con todo un ecosistema familiar —parientes que nos ayudaron en el cuidado de la casa— para que nuestro pequeño hogar saliera adelante. Y, por supuesto, eso nos permitió avanzar en nuestras carreras profesionales.

Pero ¿qué pasa con los millones de familias que no tienen este privilegio? Los grandes desafíos a los que se enfrentan las parejas que tienen que hacer esta danza todos los días durante años —atravesando tormentas de nieve, pero también enfrentando desempleo, divorcio, enfermedades y muchos otros obstáculos— me hace preguntarme por qué los programas de cuidado infantil de calidad, costeables y accesibles no son prioridad nacional.

La ayuda de confianza con la que conté me permitió dedicarme a mi trabajo en Motorola. En la primera semana, me senté en mi nueva oficina en el viejo edificio de electrónica automotriz para leer los informes más recientes sobre el trabajo estratégico de la compañía, y me di cuenta de que Gerhard había quemado a tres o cuatro estrategas en los dieciocho meses previos a mi entrada. ¡No era una buena señal! Le pregunté al jefe de Recursos Humanos qué había pasado.

"En efecto. Es porque es imposible trabajar con Gerhard —dijo—. Tiene una idea y al minuto la cambia, nadie puede seguirle el paso. Espero que tú sí aguantes."

Esta información resultó crucial. Gerhard necesitaba que yo fuera a su velocidad y le ayudara a colocar su visión en la organización. Llegaba cada mañana a mi oficina con nuevas reflexiones y yo las clasificaba en una de tres bandejas: *1)* para comenzar a trabajar de inmediato, *2)* está bien verla dentro de unas semanas, *3)* no vale la pena ahondar. Más adelante, reorganicé la lista y mi jefe vio progreso. Nunca cuestionó mi criterio para priorizar sus ideas.

Gerhard me había contratado, una completa extraña, porque había estado expuesta a muchas industrias distintas y podía aplicar un marco estratégico para entender qué genera valor en un negocio. No tenía miedo a expresar mis ideas y estaba dispuesta a retar el *statu quo*.

Con todo, no sabía nada de coches y electrónica. Así que comencé a tomar clases dos veces por semana con dos profesores universitarios en mi oficina: uno que me explicaba cómo funcionan los coches y el otro me enseñaba física del estado sólido y electrónica. ¿Qué es un microprocesador? ¿Qué es un semiconductor? ¿Qué son los controles de motor electrónicos? ¿Qué es una transmisión? ¿Qué es un carburador? Sin esta capacitación extra, no hubiera podido avanzar. Tenía que posicionarme como una mujer curiosa, que aprendía rápido, y que podía comprender la cartera completa de Motorola, en especial, la electrónica automotriz.

La compañía, que se fundó en Chicago en 1928, fue la primera en desarrollar audios para coches (de ahí el nombre *motor* y *ola*, un sufijo típico de la década de 1920 que significaba sonido en inglés). Seis décadas después, en Motorola había un montón de mentes brillantes que le ayudaban a ser líder en la revolución tecnológica. Trabajaron de la mano con la NASA para fabricar las radios que hicieron posible que Neil Armstrong le hablara al mundo desde la Luna. Diseñaron y construyeron microprocesadores y semiconductores para las computadoras creadas por Apple y otras compañías. Cuando llegué, el teléfono se había convertido en un DynaTAC 8000, el primer teléfono móvil viable comercialmente. Era un dispositivo del tamaño de un libro, que costaba 3 995 dólares y tenía una batería que duraba treinta minutos, y me sentía muy orgullosa del que me dieron por ser empleada de Motorola. También usaba un localizador que llevaba en el cinturón de mi falda, ya que los ejecutivos como yo necesitábamos estar disponibles todo el tiempo. Era una señal de importancia, aunque la gente que te mandara mensaje fuera tu familia o un amigo.

Durante dos años, trabajé con Gerhard para reposicionar la división de electrónica automotriz para que tuviera un crecimiento sostenido. Luego, a sugerencia de él, el CEO me pidió que liderara un proyecto para toda la compañía denominado *Control y comunicación para la gente y las máquinas que están siempre en movimiento*. Contábamos con tres equipos de trabajo que examinaban cómo la tecnología podía mover a una persona a lo largo del día: "El coche del futuro", "El camión del futuro" y "El hogar del futuro". Debíamos analizar cómo la gente podría lograr una transición con facilidad entre un hogar con tecnología avanzada y un coche o camión para que la vida fuera más sencilla y conectada.

Me fascinó el proyecto y el que la tarea fuera de gran alcance. Me asignaron un buen presupuesto y juntaron a un grupo de varios ejecutivos de Motorola y siete estudiantes de MBA que se tomaron un semestre de descanso para trabajar en el proyecto. Teníamos muchas ideas sobre cómo la tecnología podía y, de hecho, iba a moldear el futuro: tableros con pantallas de navegación y entretenimiento, teléfonos móviles integrados, gestión del hogar desde el coche. La lista iba creciendo. Teníamos que pensar cómo Motorola podía diseñar estrategias de inversión para los próximos años.

El momento más importante fue una junta de todo el día con diez ejecutivos de alto nivel que dijeron estar dispuestos a colaborar entre ellos para hacer que nuestras ideas cobraran vida. En lo personal, era muy gratificante ver que mi trabajo era bien recibido.

A finales de 1988, a los treinta y tres años, me ascendieron a directora de Estrategia Corporativa y Planeación de Motorola. Comencé a trabajar con la oficina del CEO y me sentí parte de ese círculo cerrado. Chris Galvin, que estaba a cargo de las funciones corporativas y que después llegó a ser CEO, me propuso para el puesto de vicepresidenta, algo inusual para una mujer.

Me mudé a una oficina en el sexto piso del gran edificio de ladrillo café y vidrio que era la sede de la compañía. Este puesto venía con un coche y un lugar en el estacionamiento techado, un lujo porque ya no tenía que pasar horas quitándole el hielo y la nieve a mi parabrisas cada invierno antes de irme a casa. Me dieron un pequeño aumento, pero el dinero no era lo fundamental; me entusiasmaba asumir un cargo más importante.

Mi trabajo era darle nueva vida a la estrategia corporativa, una función poco apreciada en la rama ejecutiva de Motorola. Contraté a media docena de personas, entre ellos, antiguos colegas de BCG y de otras áreas de Motorola, y me metí de lleno en el trabajo. Me encantaba estar a cargo de un equipo y explicarles cómo podíamos hacer crecer a Motorola y ganarles la carrera a las ágiles compañías de Silicon Valley.

Como líder, podía ser muy categórica en mi intención de tomar las decisiones correctas. En algunas reuniones, dictaba los planes directamente y algunas veces señalaba las razones por las que una estrategia no funcionaría. "Tu estrategia no tiene sentido —decía—. No hay forma de que puedas lograr el retorno que has proyectado en tu modelo financiero." Esta actitud no era popular, ni efectiva.

En algún punto, George Fisher, el CEO, notó mi estilo y me llamó para hablar en privado. "Ten cuidado con las granadas que estás aventando —dijo—. Puedes hacer que la gente se desaliente, aunque tus intenciones sean buenas." Me asesoró para que adoptara otra actitud, diciendo, por ejemplo: "Ayúdame a entender cómo puedes lograr esto. Como yo lo veo, esta plataforma tecnológica requiere mucha inversión y paciencia. ¿Te parece prudente implementarlo para lograr un retorno rápido?". Con todo lo que odiaba esta nueva forma, más suave de preguntar, me di cuenta de que obtenía mejores resultados. Aprecié mucho el que George me lo dijera de manera personal, directa y en un tono constructivo. Fue una buena lección al final.

Aun así, después de un tiempo, lidiar con la complicada oficina del CEO, con múltiples presidentes de división y otros gerentes bien intencionados que creían, como yo, que necesitaban cambiar la estrategia corporativa y de planificación de Motorola, hizo que el trabajo cotidiano fuera bastante tedioso. Encontré la manera de lograr mis objetivos como estratega trabajando en directo con la gente de menor jerarquía, pero parecía un trabajo innecesario y que requería mucho tiempo.

Un día, a finales de 1989, Gerhard me llamó para decirme que se iba de Motorola. Acababa de aceptar un trabajo en Zúrich para ASEA Brown Boveri (ABB), una nueva y ambiciosa compañía derivada de la reciente fusión entre ASEA AB, de Suecia, y BBC Brown Boveri, de Suiza. ABB competiría contra General Electric (GE), Mitsubishi y otras, para ser el fabricante más importante del mundo de equipo eléctrico pesado, como equipos de generación de energía y transmisión y controles industriales. Gerhard se trasladaría a Suiza. Por ahora, Helga se quedaría en Chicago con sus tres hijos.

Me sentí desilusionada, pero no me sorprendió. Gerhard llevaba algunos meses dirigiendo la división europea de Motorola y yo sabía que el área de productos globales detestaba su estilo y no estaban cooperando con él. Se sentía frustrado y decidió probar nuevos y mejores horizontes. Bajo su tutela, yo había crecido mucho. Le deseé lo mejor y le prometí seguir en contacto, aunque sabía que lo extrañaría mucho.

Entre tanto, en las oficinas centrales, el equipo de estrategia corporativa debía comenzar una nueva gran tarea: un análisis completo de la cartera de cada uno de los negocios de Motorola. Trabajamos día y noche para examinar las ventajas y las desventajas de la compañía, qué segmentos debían recibir más inversión y qué apuestas en tecnología a largo plazo tenían más futuro. Descubrí que todo el trabajo que hicimos de las cosas "del futuro" estaba dando frutos. Podíamos apostar a grandes ideas.

Después de casi un año, mi equipo hizo una presentación de seis horas ante los grandes ejecutivos de la compañía, un examen exhaustivo con un plan de acción muy claro. Me sentía muy orgullosa de nuestro trabajo. Era el trabajo más grande y completo que jamás había hecho. La discusión fue emocionante y reveladora. Todos nos felicitaron y los altos ejecutivos nos dijeron que nos darían retroalimentación en unas semanas para darnos ideas de cómo implementar el plan.

Gerhard me llamó de nuevo. Había llegado a Zúrich y había decidido que me quería con él en ABB. Le dije que de ninguna manera me mudaría a Zúrich y que tampoco estaba dispuesta a viajar constantemente al otro lado del océano. "Muy bien", me dijo, él lo entendió. Pero, ya que no estaba dispuesta a aceptar el trabajo, ¿podría ayudarle a encontrar a alguien más? Ya le había pedido a su reclutador que le encontrara una *Indra Nooyi*. El reclutador de personal no tenía idea de lo que eso significaba y tuvo que llamarme para crear la descripción del puesto.

Accedí a ayudarlo y comencé a ponderar candidatos. Incluso viajé a Londres solo para reunirme con cuatro o cinco nuevos potenciales estrategas a petición de Gerhard. Estoy segura de que les llamó la atención que alguien de Motorola les estuviera haciendo la entrevista para un trabajo en ABB. Pero no me importó. Gerhard los rechazó a todos. Su secretaria en Zúrich también me llamaba cuando no entendía lo que él le pedía. Incluso hacíamos la broma de que yo era la "intérprete de Gerhard". Le ayudé mucho en sus primeros días como asistente.

Pasaron varios meses. Estuve esperando alguna instrucción sobre los pasos a seguir en relación con mi análisis de la cartera de Motorola, pero los jefes seguían diciéndome que tuviera paciencia. Por las noches, Raj me escuchaba quejarme y, por primera vez, me vio ansiosa. Nunca me había visto así, nunca me había sentido así. Por lo general, era una persona determinada y segura, pero ahora me sentía frustrada.

Por la cultura en Motorola, quizá tendría que haber sabido que las grandes decisiones sobre el futuro de toda la compañía se tomaban sin prisa y con cuidado. Pero yo estaba impaciente y estresada, y no sabía si mi impaciencia era (y es) un vicio o una virtud.

Gerhard me llamó de nuevo. ABB se había ido de compras, dijo, y se había dado el lujo de adquirir compañías de fabricación de equipo e ingeniería más pequeñas en muchas partes del mundo. La compañía había aumentado su planta a doscientos mil empleados y sus ventas a 20 mil millones de dólares al año. Ahora, ABB era dueña de Combustion Engineering, una compañía con sede en Stamford, Connecticut, que fabricaba sistemas de generación de energía y otros equipos industriales. Gerhard se iba a hacer cargo de las operaciones de esta compañía en los Estados Unidos, además de lo que ya incluía su puesto. Se encargaría de un tercio de las operaciones de todo ABB. Él y Helga se mudaban a Connecticut.

¿Iría yo también?

En ese entonces, Raj estaba teniendo mucho éxito en Hewlett Packard. Se sentía muy contento en su trabajo como ejecutivo de Ventas y estaba entre los primeros ganadores del premio President's Club de la compañía, un reconocimiento otorgado a 0.1% de los mejores ejecutivos de Ventas. Veía a sus compañeros como amigos cercanos y le gustaban mucho el ambiente y el negocio.

Preetha ya estaba muy adaptada a su escuela Montessori en Glen Ellyn. Casi todas las tardes, llegábamos juntos a casa a una buena hora, cenábamos los tres juntos, jugábamos con nuestra hija y le leíamos cuentos. Algunos fines de semana, Raj la llevaba al Morton Arboretum, donde estrechaban su lazo viendo pájaros, árboles y flores. Otros fines de semana, íbamos al museo de ciencias o al Shedd Aquarium en el centro de Chicago. Nuestra vida era estable y divertida. Los árboles que habíamos plantado en el jardín se hacían cada vez más grandes. Y sí, me sentía frustrada en el trabajo, pero en lo personal todo estaba en equilibrio.

Con todo, Gerhard no dejó de insistir. Después de llamarme, habló con Raj sobre el plan de mudarnos a Connecticut y le expuso todas las razones por las que debíamos aceptar la propuesta: estaríamos cerca de Nueva York y de mi hermana, había mejores escuelas, casas hermosas, un sueldo más alto y un jefe y una compañía muy pragmáticos, decididos. Era un buen vendedor. Raj tomó la llamada y escuchó con paciencia: un verdadero ejemplo del príncipe que es.

Una noche, Raj me preguntó si pensaba que algo se iba a lograr con el análisis de la cartera de Motorola que había hecho. Le contesté que parecía que no mucho. El problema yacía en la estructura de liderazgo de Motorola: en última instancia, los presidentes de cada división tenían mucho más poder de lo que yo tenía sobre las decisiones de este tipo y la oficina de la dirección general tenía que lograr un consenso entre todos para tomar decisiones estratégicas importantes. Mi división siempre se consideraría una buena área para proponer soluciones, pero podría tomar años poner en práctica nuestras recomendaciones. ¿Qué tan frescas podrían ser esas soluciones en un mundo tecnológico de rápido avance?

"Muy bien —dijo Raj—, mudémonos. Quiero que seas feliz y está claro que ahí no lo eres."

El hecho de que mi marido colocara mi felicidad y mi carrera en el centro de todo sin duda fue muy conmovedor. Estaba claro que lo había reflexionado con seriedad y estaba dispuesto a que su esposa y su hija se mudaran a un lugar al otro lado del país mientras él se quedaría en Chicago y nos alcanzaría después, Dios sabía cuándo. Él sabía que tendría que pedir un traslado en HP o cambiarse de trabajo. Estaba dispuesto a hacer lo que pudiera para que yo me sintiera realizada.

Esa solidaridad y desinterés por parte de Raj es todavía más admirable si pensamos que iba en contra de muchas convenciones de la época. Era un hombre ambicioso e instruido que, en sus treinta, intentaba avanzar en el mundo corporativo, con un panorama financiero y profesional prometedor. También era inmigrante en los Estados Unidos, sometido a las expectativas de cómo debía comportarse según su familia y amigos en la India, y a lo que los hombres de este nuevo país hacían. Al elegir cambiar su vida para apoyar mi carrera, estaba imponiéndose a todo eso. Lo adoro por su coraje y devoción hacia mí y nuestra familia, y creo que es lo mejor que me ha pasado.

Cuando decidí renunciar a Motorola, fue notorio que Chris, nieto del fundador de la compañía e hijo del anterior director, estaba molesto. Vino a la casa una mañana en fin de semana a convencerme de que me quedara. El argumento más fuerte que esgrimió fue que no debía dejar una institución (Motorola) solo por una persona (Gerhard). Le dije que no me quería ir, pero que sentía que no lograba tener un impacto en la compañía con mis propuestas.

Lo único que quería era ver que mi trabajo daba resultados.

6

A finales de 1990, mi madre, Preetha y yo nos instalamos en un pequeño departamento de dos recámaras en la avenida Strawberry Hill, en la ciudad de Stamford en Connecticut. El edificio era un bloque gigante de cemento, las paredes eran delgadas, la alfombra estaba derruida y Preetha, de seis años, no tenía dónde correr. Me aliviaba que era algo temporal.

El plan era que Raj viniera desde Chicago dos fines de semana al mes mientras lograba que HP lo trasladara al noreste del país. Era muy eficiente y buscaba un ascenso, además de que adoraba su trabajo. Tenía esperanzas de lograrlo, pero, por desgracia, al cabo de dos meses, nos enteramos de que ese gran puesto no estaría disponible antes de un año. Aunque a Raj no le importaba seguir viajando, yo no quería que estuviera lejos por tanto tiempo. Preetha lo extrañaba y yo sentía que no podría lograrlo sin él.

Raj aceptó, no muy convencido, mudarse a Connecticut, sin saber cómo iba a funcionar. Era una decisión difícil y un sacrificio que hacía por amor. Renunció a un importante trabajo en una compañía líder en la revolución tecnológica justo cuando estaba en un buen momento en su carrera.

Por otra parte, nuestra casa en Glen Ellyn se vendió en unas cuantas semanas, y nos ilusionaba mudarnos cerca de Nueva York. Estaríamos más cerca de mis hermanos, y mi madre tenía más amigos de la India en esa zona. Nueva Inglaterra nos era familiar.

Estábamos a una hora de Yale y eso me permitía involucrarme más con la SOM e incluso visitar el estadio de los Yankees para verlos jugar.

Me emocionaba mucho volver a trabajar con Gerhard, experimentaba una sensación inmediata de satisfacción al estar en un ambiente donde podía consultarlo, tomar decisiones y llevarlas a la práctica. Nuestras oficinas estaban ubicadas en un edificio lujoso con pisos de madera, pasillos amplios y espacios grandes. Mi cargo era de vicepresidenta de alto nivel de Estrategia y Mercadotecnia Estratégica, y mi cartera incluía todos los negocios de ABB en Norteamérica y el segmento industrial global de la compañía. Me encontraba entre los cincuenta ejecutivos más importantes de ABB.

En esa época, ABB era una máquina de adquisición de empresas. En su apogeo, Combustion Engineering, una compañía adquirida por ABB en Connecticut, había sido una corporación estadounidense icónica que suministraba equipos de generación de vapor y transmisión eléctrica a casi todas las empresas de servicios públicos de los Estados Unidos. Ahora, era una compañía que vendía turbinas a vapor con miles de empleados y que perdía dinero. ABB quería aprovechar su prestigio en Norteamérica y completar su oferta de generación de electricidad. La verdad, yo pensaba que había sido una mala compra, que se había hecho sin una debida investigación. Presentaba problemas en todas las áreas. Gerhard tenía que optimizar toda la operación de la compañía y alinearla a la visión global de un conglomerado europeo muy ambicioso.

El CEO de ABB, ubicado en Zúrich, era Percy Barnevik, un joven ejecutivo sueco que había sido la mente maestra detrás de la fusión de ASEA con Brown Boveri tres años antes. El estilo de operación de Percy era único: descentralizó la compañía, la dividió en cientos de empresas y dio a los gerentes de alto nivel todo el control. Si no cumplían con su trabajo, les caía como un hacha. Percy había sido nombrado el CEO *del año* de Europa y su estilo era muy comentado en la prensa. Todos parecían muy impresionados y hasta asustados con Percy. Yo estaba a una distancia suficiente de él para observarlo y aprender.

Nuestro mayor competidor era GE, liderada por el legendario Jack Welch, el CEO, quien dirigía una enorme oficina central a unos treinta kilómetros de nuestras oficinas en Stamford. ABB estudiaba con atención cada movimiento de GE con envidia y miedo. La GE de Jack Welch era *la* compañía que queríamos ser. Lo único que nos causaba duda a todos en ABB era que la gran mayoría del ingreso de GE provenía de GE Capital, una estrategia riesgosa que podía desestabilizar a GE si los mercados financieros se volvían volátiles, lo que también significaba que la valuación de GE no tenía su base en el negocio de la fabricación. Nos estábamos comparando con la compañía equivocada.

Una vez más, me sumergí en las complejidades del negocio. Esta vez era el equipo industrial a nivel global para instalaciones de manufactura: textiles, papel, petróleo y gas, la producción industrial en general. ¿Cuáles son las preferencias de los clientes al comprar transmisiones y motores, controles lógicos de programación e instrumentación? ¿Compran sistemas o subsistemas? ¿O compran productos por separado para luego recurrir a sus propios ingenieros para integrarlos? El entrenamiento que había adquirido en BCG, en especial el trabajo con Trane en complejos sistemas HVAC, me ayudó a descifrar todo esto.

Comencé a estudiar los detalles y recovecos de los servicios de ABB. Empecé a visitar plantas de forma regular en Europa, sobre todo en Zúrich, Suiza; Mannheim, Alemania, y Västerås, Suiza, y a trabajar con colegas y clientes globales.

En Norteamérica, el trabajo era mucho más integral. Además de los clientes industriales, lidiábamos con empresas de servicios públicos. ¿Cómo será la demanda de electricidad los próximos veinte años? ¿Qué servicios públicos requerirían capacidad de generación? ¿Vapor o gas? ¿Qué tan antigua es la base instalada? Creé consejos consultivos para la industria y contraté expertos para que nos ayudaran a diseñar una estrategia. Los proveedores de equipo y los servicios públicos tenían una relación de mutua dependencia, y era muy útil conocer a los clientes desde este ángulo. Entre tanto, mi equipo se consolidaba como un grupo muy unido, productivo, genial.

Durante todo este proceso, conté con la ayuda de Anita Griffin, quien planeaba mis viajes, llevaba mi agenda y tenía una gran presencia en el trabajo. Me organizó una fiesta sorpresa en la oficina el día que recibí mi nacionalidad estadounidense: decoró con pequeñas banderas, un pastel y sombreros rojos, blancos y azules. Comprendió que era un día muy importante para mí. Me sentía muy emocionada por convertirme en estadounidense, pero tenía que renunciar a mi nacionalidad india, el país donde había nacido y un lugar central en mi identidad. Fue un momento de emociones encontradas.

Mientras estaba muy ocupada en mi trabajo estratégico, también era los ojos y los oídos de Gerhard. Por lo general, él estaba en las oficinas centrales en Zúrich porque era miembro del Vorstand de ABB, el consejo de administración. Me convertí en su intermediario en los Estados Unidos, pasaba y recibía mensajes de los gerentes que intentaban que sus grandes ideas se tomaran en cuenta. Hablábamos varias veces al día.

Gerhard se comunicaba en inglés, pero su estilo era alemán. Le gustaban los marcos de referencia simples, la información transparente y organizada con lógica y las presentaciones sucintas. Algunas veces, al final de una reunión se volteaba hacia mí y me decía, frente a todos, "Supongo que no revisaste este material antes de presentármelo". Presentía cuando iba a decir esto porque sus orejas se ponían rojas. Yo era la única que podía detectarlo.

Ese tipo de comentarios hizo que la mayoría de mis colegas me pasaran el trabajo antes de que llegara a Gerhard. Apreciaban mi opinión y era otra forma en la que yo me enteraba de los temas que no eran mi responsabilidad directa. Tenía que utilizar el poder de acceso que tenía con mucha cautela. Me aseguraba de que la gente supiera que no estaba hablando en nombre de Gerhard y que él supiera que yo no estaba intentando venderle historias.

No obstante, este papel tenía una desventaja. Chris Galvin de Motorola tenía razón. Mi lealtad hacia Gerhard era total, pero estaba trabajando para él, no para la institución. Mi éxito y mi longevidad en ABB seguirían la suerte de Gerhard.

Strawberry Hill no era de nuestro agrado y, al cabo de unos meses, comencé a buscar una casa en renta mientras ahorrábamos un poco de dinero extra para comprar una residencia. Raj y yo analizamos con detalle este siguiente paso. Rentaríamos en un lugar cerca de donde queríamos comprar una casa, así echaríamos raíces ahí.

Elegimos Fairfield County, en Connecticut, que es un suburbio habitado por gente que trabaja en la ciudad, rodeado de estaciones del Metro-North que traslada a cientos de miles de trabajadores que viajan hacia y desde la ciudad de Nueva York todos los días. El condado se extiende cuarenta y ocho kilómetros hacia el norte por la costa del Atlántico, desde Greenwich sobre la línea de Nueva York, y cuenta con enormes casas en serpenteantes calles rodeadas de árboles, hacia Bridgeport que, en 1990, estaba al borde de la quiebra. En medio se encuentran las comunidades más pequeñas de Darien, New Canaan, Norwalk, Fairfield, Westport y media docena más de pueblos que son el epítome de la vida suburbana de Nueva Inglaterra: buenas escuelas, bibliotecas públicas, antiguas iglesias y calabazas en cada casa en el otoño.

Después de dos intentos fallidos por encontrar una casa en renta, Gerhard me hizo una sugerencia. Helga y sus hijos se mudarían desde Chicago, pero tardarían dos semanas en llegar. Gerhard y Helga habían conseguido una casa temporal en New Canaan. ¿Por qué no ocupábamos Raj y yo esa casa? La familia Schulmeyer buscaría otra.

El lugar que Gerhard y Helga habían rentado era hermoso —y mucho más grande de lo que estábamos buscando— con árboles maduros y un jardín encantador. Está bien, pensamos Raj y yo cuando la vimos, nos costará un poco más, pero tomémosla. Sin embargo, cuando Gerhard informó a los dueños que la rentaría a una pareja de la India, ellos se negaron. "La casa ya no está en renta", contestaron.

Podíamos tratar de imaginar por qué los dueños se habían arrepentido, pero Raj y yo decidimos simplemente buscar otra. Necesitábamos encontrar una casa y no teníamos el tiempo ni la energía para dedicarle a este asunto. Gerhard y Helga tampoco la rentaron.

Encontramos un lugar en Darien, en un vecindario llamado Noroton Bay, rodeado de humedales llenos de aves y ardillas, a quienes Preetha perseguía todo el tiempo. La casa era grande, con un diseño contemporáneo que necesitaba algo de remodelación, pero perfecta para nosotros. El brillo del agua se podía ver desde casi todas las habitaciones de la casa.

Pronto, Raj consiguió un trabajo en el negocio de consultoría de KPMG, en las oficinas de Stamford, con enfoque en la gestión de la cadena productiva de la industria de la electrónica. Después de menos de un año, se mudó a PRTM, otra firma de consultoría afiliada a KPMG. Trabajó ahí durante nueve años y lo hicieron socio. El trabajo lo llenaba de energía.

Preetha cursó su primer año de la escuela en la New Canaan Country School, y mi madre vivía con nosotros y pasaba tiempo con mi hermana, quien se había casado, vivía en Nueva York y tenía una bebé. Mi hermano se había graduado de Yale y hacía su doctorado en MIT, en Cambridge, Massachusetts.

Pronto volví a quedar embarazada. Estábamos muy emocionados, aunque el ciclo de esas espantosas náuseas matutinas ya comenzaba de nuevo. En una ocasión, me desmayé en mi oficina y tuve que quedarme en casa unos días. Gerhard envió a su chofer, Frank, a que se quedara en nuestra entrada en caso de que necesitara llevarme al hospital. Cuando le dije a Frank que podía irse, se negó: "El Sr. Schulmeyer no me lo permitirá".

Y, una vez más en este punto, necesitábamos contratar a alguien de confianza y costeable que cuidara a Preetha, alguien que pudiera cuidar de una niña que comenzaba la primaria.

Esta vez, decidimos contratar a una nana que viviera con nosotros. Lo hicimos a través de una agencia reconocida, ya que queríamos encontrar a alguien que estuviera bien investigada y que fuera confiable, que pudiera llevar a Preetha a la escuela. Elegimos a una joven de veintitantos años originaria de la parte norte del estado de Nueva York. Nos agradaba, aunque sentíamos que Preetha veía televisión mucho rato cuando no estábamos. Hablamos con la nana para que hiciera más actividades con la niña, le leyera cuentos y jugara con ella, pero no hubo mucho cambio. Una noche, la nana se fue a Nueva York con una amiga a una fiesta y nos dijo al otro día que algo había pasado con su amiga en la casa donde había sido la fiesta. Ella no había estado involucrada, pero la policía podía venir a hacer preguntas. Le pedimos su renuncia.

Volvimos a llamar a la agencia, que cobraba una tarifa alta por cada solicitud, y elegimos a alguien más de la base de datos, esperando que esta vez nos durara más tiempo. Era una mujer del centro de los Estados Unidos y en su biografía y foto parecía una buena candidata. La entrevistamos por teléfono. Sonaba capaz y organizada. Después de dos semanas, nos dimos cuenta de que no podía cumplir con todo lo que el trabajo representaba. Era amable, pero todo el tiempo nos preocupaba si podría hacer todas las tareas del día. De nuevo, le pedimos que se fuera.

Nos sentíamos desesperados por encontrar a alguien que funcionara y teníamos los recursos para contratar a la persona adecuada para nuestra familia. Sin embargo, el proceso era tan tedioso y estresante, que, como millones de otros padres que trabajan, nos quedamos sin un plan formal. Amma se encargaba cuando podía, y contratábamos a una mujer jubilada del vecindario que cuidaba a Preetha cuando lo necesitábamos. Frank llevaba a Preetha a la escuela si Raj o yo no podíamos.

Para Raj y para mí, fueron tiempos de esperanza y a la vez estrés, exaltación e intranquilidad. A medida que mi embarazo avanzaba, pasé de las terribles náuseas a una fatiga intensa: trabajaba, viajaba y trataba de cumplir con mis expectativas de ser una alta ejecutiva, una gran madre, esposa e hija. El que mi madre viviera con nosotros traía muchas ventajas, pero a la larga, también algunas dificultades. Tenía su propio estilo de criar a Preetha. Era bastante laxa con los horarios de ir a la cama y cenar, y también de ver la televisión. Raj quería un poco más de estructura y disciplina en las rutinas de Preetha. Mi madre nos recordaba que había criado a tres hijos y que sabía cómo hacerlo. No quería hacerla enojar. Raj tenía razón en querer que la vida de Preetha fuera más organizada, pero yo no podía hacer que mi madre cambiara. Traté de intervenir, pero no tuve suerte. Había mucha tensión en la casa.

Vivir en una casa con muchas generaciones, algo que es muy normal en Asia y en muchas otras culturas alrededor del mundo, puede ser una gran ventaja para las familias que trabajan. Las madres y los padres cuentan con un par de manos extra cuando lo necesitan, y los niños y abuelos estrechan lazos, como la relación tan profunda y duradera que tuve con Thatha y que Preetha tenía con mi madre y los padres de Raj. Este modelo también funciona para cuidar de nuestros ancianos y permite que los adultos jóvenes tengan un apoyo en el seno familiar cuando se aventuran en el mundo.

También soy consciente de que no es fácil. Esta manera de vivir exige hacer algunos ajustes y concesiones de ambos lados. Limita la privacidad de todos y puede conducir a roces que lastiman a los mayores y causan conflictos en el matrimonio. Es claro que esto no es lo que todos desean. Todos los que viven bajo el mismo techo tienen que ponerse de acuerdo sobre los límites y los comportamientos aceptados para que la relación funcione.

En algunas culturas donde esta forma de vida multigeneracional es común, puede ser muy dura para la mujer que tiene que ser a la vez madre, hija y nuera. Estas mujeres trabajan fuera de casa, pero también tienen la tremenda carga de ser amas de casa perfectas, madres y cuidadoras de los mayores. Se analizan y critican todos sus movimientos. El sueldo de la mujer puede irse íntegro, contra su voluntad, al fondo familiar, y pierde el control de sus propios gastos. Termina sintiéndose culpable de no cumplir con las expectativas de todos y no tiene la libertad de tomar sus propias decisiones.

A nivel global, con el rápido envejecimiento de la población y una necesidad real de apoyar a las familias jóvenes, encontrar la mejor forma de establecer estos hogares multigeneracionales, en físico y en la práctica, se ha convertido en una necesidad urgente. Si logramos hacerlo bien —con diseños arquitectónicos y desarrollos urbanos creativos y conectados a una infraestructura comunitaria— puede ser una bendición para las familias trabajadoras puesto que reduce las presiones, pero aprovecha las grandes ventajas de vivir juntos.

Raj y yo empezamos a buscar una casa permanente en los alrededores de Noroton. Nos gustaba vivir cerca del agua, el vecindario era amigable y Preetha amaba su escuela. Un día, mientras viajaba a Europa, me senté al lado de una mujer ejecutiva de alto nivel que también vivía en los suburbios de Connecticut. Cuando le conté de nuestra búsqueda de casa, dijo, muy natural y tranquila: "Espero que no estén pensando en vivir en Darien o New Canaan, esos suburbios de blancos". Me sorprendió su comentario, pero no le pregunté a qué se refería.

Por casualidad, unas semanas después, cuando charlábamos con un vecino sobre nuestra búsqueda de casa, usó la misma frase: "¿Qué hacen aquí en Darien, un lugar lleno de blancos?". A la larga, dijo, nos sentiríamos extraños y nunca encajaríamos.

Estos dos comentarios, que nos llegaron con poco tiempo de diferencia, nos abrieron los ojos y nos hicieron darnos cuenta de que lo que había pasado con la casa de Gerhard era mucho más que un incidente aislado. Mi padre siempre me decía "piensa que la gente tiene buenas intenciones". Pero el mensaje estaba claro: estas comunidades no eran para gente como nosotros.

Empezamos a buscar en Greenwich, un pueblo más grande y más cerca del área metropolitana de Nueva York. Greenwich tampoco tenía tanta diversidad racial, pero nos habían dicho que ahí vivían familias internacionales. El agente de bienes raíces nos mostró todas las propiedades disponibles, y encontramos una casa encantadora a poca distancia de la zona comercial del poblado. Estaba más cara de lo que habíamos presupuestado, pero reunía todas nuestras expectativas. Cerramos la compra. Teníamos una nueva casa.

Cuando nos mudamos a Greenwich, sabíamos que estaríamos viviendo en una zona de gente rica, una especie de burbuja muy diferente a la casa y el vecindario poco pretenciosos que habíamos tenido en Chicago. Eso nos hizo dudar, pero la calidad de las escuelas, la seguridad del vecindario y nuestra creencia de que podíamos proteger a nuestras hijas nos hicieron tomar la decisión.

Poco después de la compra, contratamos a una persona para que nos hiciera algunas reparaciones antes de mudarnos. Unas semanas después, regresé de un viaje y fui a revisar los avances y me encontré con que habían abierto la mitad de las paredes de la casa. El contratista argumentaba que la construcción tenía más defectos de los que esperaba. Empezó demoliendo una parte y luego se siguió.

¡Era un desastre! No teníamos el dinero para una remodelación tan grande. Tenía cuatro meses de embarazo. Debíamos encontrar a otro contratista —nos pareció que el primero no había sido honesto— y sacar adelante este proyecto en poco tiempo. Raj y yo nos sentimos rebasados. Era una casa con estructura de madera, y nosotros habíamos crecido en casas cuadradas de cemento en la India. No sabíamos nada de vigas de madera ni de cómo elegir la inclinación correcta del techo para la nieve. Estábamos a merced de los contratistas. Por fortuna, ABB nos prestó algo de dinero como parte de un programa de préstamos que la empresa tenía en esa época. Y Helga, que era diseñadora y había remodelado muchas casas, sabía cómo hacerlo y se hizo cargo. Estaba remodelando su propia casa en Greenwich y agregó la nuestra a su lista.

Continuamos siendo dos familias que se apoyan para superar las dificultades que el amplio rango de obligaciones laborales y familiares implica, desde hacer de ABB una compañía global dominante, hasta asegurarnos de que teníamos un techo dónde vivir.

A mitades de diciembre de 1992, cuatro días después de mudarnos a nuestra recién remodelada casa, comencé la labor de parto. A la mañana siguiente, di a luz, a través de una cesárea, a una hermosa y sana niña: Tara Nooyi. Una vez más, el amor por la recién llegada me invadió. En el hospital, no quería perderla de vista y no dejaba que se la llevaran al cunero. La miraba con asombro y pedía a Dios que me diera la fuerza y la capacidad de ser una buena madre para ella y para Preetha.

Nuestra familia estaba completa. Raj y yo estábamos encantados de tener dos hijas. Las amábamos como a nadie y sentíamos el gran peso de la responsabilidad. Queríamos protegerlas y ahorrar para darles una buena educación y pagar sus bodas, como nuestras respectivas familias lo habían hecho. Queríamos asegurarnos de que podríamos darles alas para volar alto. Hablábamos de cómo crecerían para convertirse en mujeres generosas, ciudadanas que contribuyen a sus comunidades y al país y, quizá, madres responsables algún día.

Tener dos hijos es más difícil que uno. En los primeros meses de Tara, nos dimos cuenta de que el trabajo emocional, físico y organizacional de criar dos niñas iba a ser mucho más complicado de lo que pensábamos.

Ahora sé, por ejemplo, que debí haber puesto más atención a que Preetha se ajustara a la llegada de la nueva bebé. Siempre había sido el centro de la familia, y valoraba mucho nuestros momentos solas, cuando cantábamos y bailábamos juntas.

Ya había mencionado algunas veces que me extrañaba porque yo trabajaba mucho. Cuando tenía como ocho años, Gerhard le preguntó qué quería ser de grande. "Quiero tener tu trabajo —le dijo—, porque así podría estar todo el tiempo con mi mamá."

Cuando llegó Tara, Preetha estaba en tercer grado y en una nueva casa. Habíamos pasado meses en remodelación, un embarazo, nuestras obligaciones laborales y el ajetreo general. Pensé que le encantaría tener una hermanita. Pero ahora, en retrospectiva, comprendo que sintió celos y molestia de compartir la atención. Se portaba grosera y desobediente. Yo estaba preocupada, con poca paciencia y muchas veces ignoraba el hecho de que Preetha también me necesitaba.

Entre tanto, la pequeña Tara se negaba a quedarse dormida a menos que la tuviera acostada en mis piernas estiradas sobre la cama. Pronto, acabé pasando la noche en esta posición, una costumbre que no ayudaba a mi humor.

Muchas veces, mientras intentaba trabajar, con la bebé dormida sobre mis piernas y Preetha dormitando a mi lado, me pregunté qué estaba haciendo. Me dije: ¿Y si dejo de trabajar? ¿Qué pasaría si renuncio? ¿Me arrepentiré y viviré con el resentimiento, afectando a toda la familia?

No sabía cómo tomarme un descanso del trabajo y regresar al cabo de unos años. No encontraba ejemplos de mujeres que lo hubieran hecho. Me preocupaba que una pausa me volviera irrelevante y que me costara trabajo regresar al mercado laboral, contribuir al bienestar económico de mi familia y mantener la mente activa. Tampoco conocía mujeres jóvenes que trabajaran desde casa, aunque fuera por un tiempo. Era indispensable ir a la oficina.

Todo esto me preocupaba y me quitaba el sueño, pero seguí adelante.

Mi trabajo en ABB seguía siendo muy desafiante. Contaba con licencia de maternidad de tres meses, pero como ejecutiva de alto nivel, sentí que no podía desentenderme de mis funciones para estar con mi familia. El trabajo no se detuvo.

De hecho, el día después del nacimiento de Tara, Gerhard me llamó al hospital para contarme de un proyecto que necesitaba mi contribución. Le recordé que acababa de tener un bebé y que me estaba recuperando de una cirugía. "Pero fue tu cuerpo el que tuvo al bebé, tu cerebro sigue trabajando", bromeó.

Gerhard me demostró que me necesitaba y me apreciaba y que yo era importante para su trabajo. También sabía que tener un bebé no era cualquier cosa y me dejó decidir cuándo podría regresar.

Sin embargo, cuando me contó del proyecto, de inmediato junté a mi equipo para platicarlo. Eran puros hombres, pero también sabían lo que era tener un bebé y me dijeron que estaba loca de querer regresar tan rápido. Me dijeron que me llamarían si me necesitaban. No obstante, les pedí que vinieran a casa unos días a la semana durante mi licencia de maternidad para hablar del proyecto. Era mi decisión.

Me pregunto por qué tengo esta vocecita interna que me dice siempre que debo continuar con mis obligaciones laborales, no importa la situación. Si siento que puedo ayudar a que algo salga mejor, tengo que participar. Tengo un estricto sentido de obligación y me cuesta trabajo decir *no* cuando alguien me pide ayuda.

Amo a mi familia, pero este impulso interno de ayudar cada vez que puedo sin duda ha hecho que sacrifique tiempo con ellos, a pesar suyo.

Algunas veces me gustaría no ser así.

A estas alturas, teníamos más presupuesto para pagar ayuda en casa, lo que facilitó que pudiera regresar al trabajo sin tantas trabas. Contratamos a una enfermera retirada para que cuidara a Tara y nos ayudara a supervisar las actividades de Preetha, y de paso que cocinara un poco. También contábamos con alguien que nos ayudaba con la limpieza. Nuestra vecina de al lado, Mary Waterman, que se volvió nuestra amiga y tenía un hijo de la edad de Preetha, Jamie, llegó a conocer a la enfermera, a los padres de Raj y a nuestros demás parientes, que venían de visita muy a menudo, y a todos los ayudaba mucho, les contestaba dudas y me daba el reporte.

Poco a poco, en el primer año de Tara, este enorme grupo de gente comenzó a funcionarnos muy bien. Entramos en una rutina donde sentía que había un equipo cuidando de las niñas, y que no había nadie soportando toda la carga sola. Sentí que eso era algo sano y que me resultaba conocido.

Durante casi veinte años, Raj y yo tomamos pocas vacaciones, aunque cada año hacíamos un viaje familiar a la India. Íbamos a Madrás y a Mangalore, y a Preetha y a Tara les encantaba este viaje. Se divertían mucho, jugaban y se reían con otros niños, lo que me recordaba mis veranos de la infancia. Merodeaban por el jardín sin los adultos y nunca se quejaban de los mosquitos, de que se iba la luz, del ruido constante. Al instante en que aterrizábamos en la India, parecía que se asumían como indias. Se sentían cómodas vistiendo como indias, comiendo en hojas de plátano. Les parecía una gran aventura.

En cuarto de primaria, cambiamos a Preetha a la escuela pública de North Street en Greenwich, cerca de la casa. Al cabo de seis meses, nos llegó una nota de la maestra que decía que Preetha no entregaba las tareas. Era una niña inteligente, vivaz y graciosa, y le gustaba la escuela. Nos habíamos tomado muy en serio su educación. Estaba rodeada de libros y siempre sacaba excelentes calificaciones. Tenía apenas diez años —no tenía tanta tarea—, pero nos preocupamos mucho cuando recibimos esta nota.

Al revisar su habitación, vimos que sí había hecho las tareas, pero no las había entregado. Le preguntamos por qué, y no tenía una respuesta clara; solo se encogió de hombros. Dada nuestra tendencia a confiar en los maestros y en la escuela sin reservas, nos molestamos con ella y le pusimos un castigo que nos pareció adecuado a la falta.

Le comenté lo sucedido a Mary, nuestra vecina, y dijo que consideraba que Preetha era una niña muy disciplinada y mencionó que podría haber algo en la escuela que la estuviera alterando. Nos recomendó que consultáramos a una psicóloga infantil y, con el permiso de la escuela, ella asistió como observadora a las clases de Preetha.

En solo un día supimos cuál era el problema. Según la psicóloga, Preetha levantaba la mano cada vez que hacían una pregunta en clase, pero en todo el día nadie le daba la palabra. Nos dijeron que uno de sus maestros la ignoraba. Sin embargo, esa era apenas una parte del problema. A la hora del almuerzo, Preetha se sentaba sola, dijo la experta, mientras que los demás niños se reunían en grupos, platicaban y jugaban. Preetha intentaba juntarse con otros niños, pero la hacían a un lado y, cuando terminaban, le pedían que limpiara. Después supimos que este acoso escolar llevaba semanas, y que los maestros encargados de supervisar a la hora del almuerzo no habían intervenido.

Nos sentimos devastados. Raj y yo lloramos, ahí en el consultorio de la psicóloga, cuando nos relató con lujo de detalle todos estos acontecimientos. No podíamos creer que habíamos puesto a nuestra hija en una situación en la que la molestaran así, al parecer solo porque era una de dos estudiantes con la piel oscura de toda la escuela. No habíamos protegido a nuestra hija en esta burbuja de gente rica, que era mucho más excluyente de lo que pensábamos.

Sabíamos que necesitábamos tomar una decisión de inmediato. Llamamos al Sacred Heart, una escuela católica de niñas en Greenwich, y pedimos hablar con la directora, la hermana Joan Magnetti. Dos días después, Preetha ya estaba inscrita y asistiendo a clases. Entre Preetha y Tara, fuimos parte de esa escuela durante dieciocho años. Uno de los momentos más emotivos de mi vida fue el discurso de inauguración en la graduación de Tara en 2011. Las había dejado en el Sacred Heart muchas mañanas y había visto a sus amigas crecer. Fue un hito para mí ver a la generación de Tara salir del colegio hacia el mundo ese día.

Gerhard era incansable. Era un extraordinario líder y tenía mucho éxito en ABB, pero la política en los niveles altos de la compañía —una lucha de egos e ideas de los ejecutivos suecos contra los suizo-alemanes— lo frustraba. Quería dirigir él mismo a la compañía y, a finales de 1993, salió de ABB para convertirse en el CEO de Siemens Nixdorf, la rama encargada de los sistemas informáticos de Siemens AG, la empresa con sede en Múnich.

Sabía que nuestra aventura de siete años juntos había llegado a su fin. Como tentando el terreno, me preguntó si quería seguirlo, lo que implicaría llevarme a la familia a Alemania, pero le dije que no. Era demasiado alboroto. Me sentía triste, pero muy cómoda con esa decisión.

Seguí en ABB unos meses más, pero la atmósfera acabó por hartarme. El nuevo jefe, quien venía de una compañía estadounidense de generación de electricidad, no se sentía cómodo trabajando con mujeres y solía llamarme "cariño". Por primera vez en mi carrera, sentí que no encajaba. Comencé a planear mi salida y a ayudar a la media docena de gente que trabajaba para mí a encontrar empleo en otras compañías.

Luego, tuve una reunión con el jefe. Le relaté la forma en que Gerhard y yo trabajábamos como equipo y cómo podía ayudarlo a gestionar la gran empresa que ahora estaba a su cargo. "Pero no estoy acostumbrada a que me llamen *cariño*, palabra que usted y su equipo usan al referirse a mí —dije—. Creo que es mejor que me vaya a trabajar a otro lado."

Nuestra conversación fue en términos amigables, pero me dijo que él no podía cambiar, que me tocaba aceptarlo, pues él se había mostrado tal como es.

Me sentí contenta de renunciar.

Mi salida de ABB en estas condiciones no fue un acto de valentía. Tenía una buena reputación fuera de la compañía y los reclutadores de personal no dejaban de ofrecerme empleos. Sabía que encontraría otro trabajo en poco tiempo. Además, Gerhard siempre me respaldaba. Pronto arregló una cita para que comiera con Jack Welch.

En esa época, Jack estaba a punto de cumplir veinte años como CEO de GE y de crear la compañía más valorada de los Estados Unidos. Había despedido a miles de empleados y era conocido como "Neutron Jack".

Durante dos horas, nos sentamos en el comedor privado de GE a hablar de los negocios a nivel mundial, el futuro de la industria de generación y transmisión de electricidad y de los retos que enfrentaban los líderes. Al final del almuerzo, me dio una lista de cargos para que eligiera uno para mí, todos ellos como ejecutiva de operaciones de GE. Los cargos administrativos eran en ciudades pequeñas como Schenectady, Nueva York, o Lexington, Kentucky. Me dijo que podía regresar a Connecticut en unos años y ser parte de la oficina del CEO.

Ahí mismo rechacé todas las ofertas. Le expliqué que tenía dos hijas pequeñas y que mi esposo acababa de empezar un nuevo empleo. No me mudaría. Entonces, Jack me sugirió que hablara con Gary Wendt, el CEO de GE Capital, quien estaba comprando instituciones financieras alrededor del mundo para crear una potencia global del otorgamiento de créditos. Podía serle útil ahí también, me dijo, y el empleo es en Stamford, Connecticut. Eso sonaba más factible. Salí de ahí y empecé a pensar en esa posibilidad.

Luego recibí una llamada de Bob Shapiro, el CEO de Monsanto, la compañía de agroquímicos con sede en San Luis, Misuri. Conocí a Bob cuando trabajaba en BCG; era cliente de G. D. Searle en el proyecto de aspartame. Quería que me fuera a trabajar con él a Monsanto en San Luis, pero rechacé su oferta, de nuevo porque no quería mudarme. Habría aprendido mucho con Bob.

El patrón estaba muy claro. Me había ganado un lugar en las grandes ligas del mundo ejecutivo y me estaban cortejando varios líderes que sabían que podía ayudarles a expandir sus compañías. Tenía una red devota de otras personas importantes, todos hombres, que avalaban mi trabajo. En este juego, a nadie le importaba mi apariencia ni qué tanto tendrían que pagarme.

Al mismo tiempo, todos los trabajos exigían que alterara mi vida personal, y lo mismo se esperaba de mi esposo y mis hijas. Era el costo de entrada, y muchos hombres elegían pagarlo. Sus familias habían tenido que aguantar la decisión.

Yo no podía ni quería hacerlo.

Volvió a sonar el teléfono. Esta vez, era un reclutador que quería saber si me interesaba entrevistarme para el cargo de vicepresidenta de alto nivel de Estrategia Corporativa y Planificación de PepsiCo, la compañía de bebidas, *snacks* y restaurantes. El puesto implicaba estar a cargo de cincuenta ejecutivos de alto potencial, nuevos empleados que entraban al Área de Planeación por dieciocho meses o más y luego enviaban a cargos administrativos en otras áreas de la compañía. Actuar como mentora y capacitarlos sería una buena parte de las obligaciones a mi cargo.

Dudé en entrar al negocio de consumo. Aunque sabía que podía aprender cualquier cosa, después de ocho años en Motorola y ABB, me sentía fuerte en temas de ingeniería, tecnología y proyectos masivos de infraestructura. Cuando escuché que PepsiCo también era dueña de KFC, Taco Bell y Pizza Hut, me pregunté si el trabajo era para mí. No como carne. ¿Cómo podría identificarme con esos restaurantes?

Sin embargo, las oficinas de PepsiCo estaban en Purchase, Nueva York, cerca de casa, y la naturaleza del trabajo me intrigaba. Fui a conocer a Bob Dettmer, el director de Finanzas, y a Ronnie Miller Hasday, el jefe de Contratación Corporativa. Bob y yo conectamos de inmediato.

Unos días después, conocí a Wayne Calloway, el CEO de Pepsi-Co. Wayne era muy callado; escuchaba y asentía con la cabeza, no decía mucho. Así era él. Creo que, en la entrevista inicial de una hora con él, hablé durante cincuenta y siete minutos y él tres, pero escuchó con atención todo lo que dije. El tiempo que me dio para hablar y sus breves intervenciones hicieron que pudiera explayarme.

Poco después, tanto GE como PepsiCo me presionaban con atractivas ofertas de trabajo. Estaba evaluando mis opciones, con Raj y con mi amigo Orit Gadiesh, el director de Bain and Company, como mis asesores de cabecera. Preetha y Tara se inclinaban por PepsiCo, que nos había enviado una enorme canasta llena de regalos y playeras. Ronnie sabía exactamente cómo captar el interés de la familia.

Necesitaba tiempo para pensar, y les pedí a Jack y a Wayne, que se conocían entre sí porque Wayne estaba en el consejo de administración de GE, que me dieran una semana para darles una respuesta.

Entonces recibí una singular llamada de Wayne. Comenzó diciendo que había asistido a la junta de consejo de GE y que Jack le había contado la posibilidad de que me uniera a la empresa. "Entiendo muy bien por qué querrías trabajar con ellos —me dijo—. Es una excelente compañía, y Jack es un buen director. Pero —agregó—, quiero darte un par de argumentos más a favor de PepsiCo ya que dijiste que decidirías la próxima semana. Te necesito más que Jack. Nunca hemos tenido a alguien como tú en nuestras filas. Sé que tu contribución sería muy valiosa para PepsiCo. Tendrás todo el apoyo que necesites para tener éxito."

Colgamos. Me sentí abrumada. Wayne había mostrado tanta humildad. Además, nunca lo había escuchado hablar tanto.

Esa tarde, esta madre de dos hijas —Preetha de diez años y Tara de uno y medio— y esposa de un consultor que viajaba mucho fue a PepsiCo y aceptó el trabajo.

Estaba ansiosa de empezar.

PARTE III

Los años en PepsiCo

7

Las oficinas mundiales de PepsiCo en Westchester County, Nueva York, son un referente corporativo chic y de estilo moderno de mediados de siglo: un grupo de siete edificios de concreto de color gris claro, diseñados por el arquitecto Edward Durell Stone, que forman una U y cuentan con tres jardines.

El complejo corporativo se sitúa en un terreno de sesenta y siete hectáreas de áreas verdes, con arbustos bien cortados y árboles, un enorme estanque, jardines de flores, una alberca reflejante llena de lirios, un bosque de robles y abedules y un camino llamado el Golden Path, todo creado por el diseñador británico Russell Page y luego remodelado por el paisajista belga François Goffinet. Esculturas monumentales de Auguste Rodin, Barbara Hepworth, Alberto Giacometti y una docena más de maestros de los siglos XIX y XX que pintan el paisaje. Los jardines están abiertos al público. Miles de turistas y visitas escolares llegan para estudiar el arte y la flora.

Entré a PepsiCo en mi nuevo trabajo el 30 de marzo de 1994, pero no caminé por el Golden Path ni pasé cerca de las esculturas hasta el 2014.

Durante veinte años, no tuve tiempo.

En esos primeros meses de primavera, me instalé. Me reuní con mi equipo y otros jefes de área. Mi jefe, el gracioso y disciplinado Bob Dettmer, respondió a cientos de preguntas que le hice sobre la estructura, las finanzas y las prioridades de PepsiCo. Para ser honesta, de inmediato me enamoré del lugar. PepsiCo era una empresa donde se respiraba optimismo y vitalidad. Un ambiente idóneo para mi espíritu alegre.

De alguna forma, no sabía lo que me había estado perdiendo. Disfruté el reto que representó ABB, donde trabajé en proyectos grandes de infraestructura que duraron años. Me fascinaba mi carrera en la consultoría, aunque nunca estuve suficiente tiempo en la compañía de mis clientes para ver mis ideas volverse realidad. Ahora tenía la oportunidad de ver, oler, tocar y saborear el negocio. Nuestras marcas eran nombres conocidos en todos los hogares; nuestros consumidores eran personas comunes; mis hijas se identificaban con lo que hacía. Tara intentó alguna vez explicarle mi trabajo a una compañerita de la escuela y lo simplificó todo diciendo que trabajaba en KFC. "¡Genial!", exclamó su amiga. Mi trabajo era muy reconocible.

PepsiCo era una empresa muy ambiciosa, amigable y divertida. Me sentía muy emocionada y estaba enamorada, como nunca.

Pepsi-Cola, la bebida gaseosa, fue creada originalmente en 1898 por un farmacéutico de Carolina del Norte llamado Caleb Bradham. Para la década de 1930, después de atravesar dos bancarrotas, la compañía Pepsi-Cola le hizo frente al líder de las bebidas de cola, Coca-Cola, con un *jingle* de radio: *Pepsi-Cola hits the spot, twelve full ounces, that's a lot. Twice as much, for a nickel too. Pepsi-Cola is the drink for you* (Pepsi-Cola da en el blanco, doce onzas enteras, ya es tanto. Toma el doble, por cinco centavos también. Pepsi-Cola es la bebida para ti).

Empezó la guerra mercadológica. En 1963, en una ráfaga publicitaria que celebraba el estilo de vida de Pepsi, imágenes de muchachos y muchachas bronceados declaraban el inicio de la *Generación Pepsi*. Cuando Coca-Cola le hizo la competencia a Pepsi con su propia campaña gráfica, Pepsi le respondió con el *Reto Pepsi*, pruebas a ciegas de las bebidas en tiendas y centros comerciales, que Pepsi, ligeramente más dulce que la Coca, tendía a ganar.

Luego, a finales de 1983, otro golpe: un contrato de cinco millones de dólares con Michael Jackson y los Jackson 5, la primera ola de contrataciones de celebridades del más alto nivel, que han ligado a Pepsi y Diet Pepsi con Britney Spears, Beyoncé, las Spice Girls, David Bowie, Tina Turner, Shakira, Kylie Minogue, David Beckham, Sachin Tendulkar y decenas más de estrellas de todo el mundo.

Pepsi también adquirió relevancia como emblema de la Guerra Fría. Nikita Khrushchev sorbió el refresco en un evento en Moscú que mostraba los productos innovadores de los Estados Unidos en 1959, y Don Kendall, CEO durante veintitrés años, logró un contrato de la bebida de cola que inauguró la industria de embotelladoras en la antigua Unión Soviética. Pepsi se convirtió en el primer producto capitalista vendido en ese país.

Para 1994, PepsiCo era la decimoquinta compañía más grande de los Estados Unidos, con ingresos anuales de 25 millones de dólares. Vendía bebidas y alimentos en más de ciento cincuenta países y contaba con cuatrocientos cincuenta mil empleados. Las campañas publicitarias de Pepsi y Diet Pepsi presentaban ahora a Shaquille O'Neal y a Ray Charles. Cindy Crawford, la modelo, apareció estudiando nuestros estados financieros en la portada del informe anual de ese año con la leyenda *A typical investor looks us over* (Una inversionista típica revisa nuestros números).

Desde el punto de vista estructural, la compañía era un banco de tres patas. Una pata eran las bebidas, es decir, Pepsi-Cola, Diet Pepsi, Mountain Dew, Mug Root Beer y algunas recientes asociaciones con Starbucks y Lipton para vender café en botella y bebidas a base de té. Los ingresos de la división ascendían a casi nueve mil millones de dólares.

Una segunda pata eran los *snacks*, con ingresos de siete mil millones de dólares. Esta división incluía las papas fritas Lay's, los Fritos, Doritos, Cheetos, Tostitos, los pretzels Rold Gold, las SunChips y Smartfood. Teníamos Sabritas en México, Matutano en España, y Smith's y Walkers en el Reino Unido. Frito-Lay, la rama estadounidense del negocio de los *snacks*, tenía sus oficinas en Plano, Texas.

Pepsi-Cola, la compañía original de soda, y Frito-Lay, una compañía de papas fritas con sede en Dallas, se habían *casado* tres décadas antes para establecer la idea principal de PepsiCo: los *snacks* salados necesitan una bebida que los acompañe. Ambos son productos de *alta velocidad* que vuelan de los estantes en las tiendas y necesitan reabastecimiento constante. La fusión disparó importantes ventas y eficiencia en la distribución, y generó muchos negocios fuera de los Estados Unidos.

La tercera pata de la compañía en 1994 eran los restaurantes. PepsiCo compró las cadenas de comida rápida Pizza Hut y Taco Bell a finales de la década de 1970 y, unos años después, añadió Kentucky Fried Chicken, que luego se convirtió en KFC. Éramos dueños de marcas de restaurantes casuales como California Pizza Kitchen y East Side Mario's, y de una compañía de servicios de comida que distribuía materia prima a todas las cadenas. La compañía operaba o franquiciaba veintiocho mil restaurantes en todo el mundo, y servía más de seis mil millones de comidas al año. Los ingresos de la división de restaurantes eran de unos nueve mil millones de dólares.

Docenas más de operaciones y actividades hacían que todo eso fuera posible: granjas de semillas, una red de contratistas agricultores de papas, investigación y desarrollo (I+D) y cocinas de prueba, un sistema de entrega directa a tienda (*Direct Store Delivery*, DSD, por sus siglas en inglés) que se encontraba entre los más grandes del mundo, con miles de camiones y centros de distribución. La fuerza de ventas de la compañía de alrededor de veinticinco mil personas llevaba las relaciones con los clientes, desde el CEO de Walmart hasta los gerentes de cada 7-Eleven o tienda de la esquina. Todo era muy complejo y estaba bien coordinado.

Wayne Calloway, el pelirrojo y alto CEO, era justo el líder lacónico que había conocido en mi entrevista. Pero también era un feroz competidor que había sido jugador de basquetbol y le gustaba andar en motos Harley-Davidson. Antes de ser vendedor de Frito-Lay, había estado un tiempo en el ejército estadounidense. PepsiCo era conocida como una academia de talentos, en la que se les asignaban proyectos difíciles a ejecutivos en ciernes, que se hundían y dejaban la compañía o nadaban y ascendían. Wayne se enfocaba en contrataciones y desarrollo de personal. Tenía la determinación de duplicar los ingresos cada cinco años. Hasta ese momento, lo había logrado.

Wayne pensó que PepsiCo me necesitaba más que GE. Era astuto. Yo contaba con una perspectiva internacional poco común y con la experiencia para ayudarlo a alcanzar sus objetivos. También intuyó, creo, que ya era hora de incluir a una mujer en las filas de ejecutivos.

Cuando llegué, hombres blancos estadounidenses ocupaban quince de los quince cargos más altos en PepsiCo. Casi todos usaban trajes azules o grises con camisa blanca y corbata de seda y llevaban el pelo corto, o no tenían pelo. Tomaban Pepsi, bebidas combinadas y licores. La mayoría jugaba golf y tenis, pescaba, escalaba y hacía *jogging*. Algunos iban juntos a cazar codornices. Muchos estaban casados, tenían hijos. Me atrevería a decir que ninguna de sus esposas tenía trabajo remunerado fuera de casa.

No detallo estas características para enfocarme en estos hombres específicos. Mis colegas eran inteligentes, creativos y dedicados, y tenían muchas responsabilidades y una buena dosis de estrés. Habían construido una empresa muy querida. El hecho es que el liderazgo de PepsiCo era un reflejo de cómo estaba compuesto el nivel ejecutivo de alto nivel en los Estados Unidos en 1994. Incluso las mujeres más capacitadas seguían rondando puestos administrativos de nivel medio. El número de directoras generales en las quinientas compañías más grandes ese año era CERO.

Los hombres de este tipo florecieron en la economía estadounidense posterior a la Segunda Guerra Mundial porque eran los llamados empleados ideales. En una sociedad que giraba en torno a familias con un solo ingreso, con una mujer *ama de casa* y un hombre *proveedor*, los hombres eran, sin duda, los empleados ideales para las compañías. Estaban disponibles en horario regular, sin distracciones externas durante sus horas de trabajo que, por lo general, eran de lunes a viernes, de nueve de la mañana a cinco de la tarde, pero los turnos variaban en las plantas de fabricación, donde los sindicatos comenzaban a tener auge en el país.

Los hombres que subían por la escalera de los puestos administrativos, que buscaban mejores cargos, salarios, propiedad accionaria y un lugar en el consejo de administración, siempre podían trabajar más, viajar más, estudiar por las noches y pasar horas y horas conviviendo con clientes, competidores y amigos. Tenían flexibilidad porque sus mujeres se encargaban de la casa. Podían empacar una maleta e irse a cualquier lugar donde se les necesitara, con la esposa y los hijos a bordo. La sociedad fue pavimentando el camino para que estos hombres ganaran dinero y tuvieran una influencia importante en compañías, en el Gobierno y en el mundo de los negocios internacionales. Todos los demás los apoyaban.

Cuando llegué a la compañía, en el piso donde estaba el CEO de PepsiCo no se esperaba que nadie fuera un padre comprometido, y menos una gran madre y esposa. Lidiar con maestros, doctores, dentistas, la lista del supermercado, la ropa, la comida, la limpieza, la lavandería, la decoración de la casa, el jardín, los invitados, los cumpleaños, las vacaciones y los días feriados no era su área. Quizás estaban comprometidos (un poco) con la salud emocional, el éxito académico y el buen comportamiento de sus hijos.

Incluso si tenían interés en alguna de estas áreas, estos hombres simplemente no tenían tiempo.

Y lo más importante, los hombres con los que trabajaba no juzgaban la forma en que cada uno combinaba el trabajo y la vida familiar. Eran bastante competitivos, pero también se cuidaban y apoyaban unos a otros en momentos de crisis, como divorcios, enfermedades o problemas con los hijos.

Nada de esto me cruzó por la mente cuando los conocí. Era consciente de que era una extraña: todavía me sentía la niña de dieciocho años del IIM de Calcuta; la inmigrante de la India que usaba un traje de poliéster en Yale; la vegetariana, madre embarazada en La Crosse, Wisconsin. En BCG, había estado en las entrañas de muchas industrias, pero nunca me había topado con una clienta. No me parecía raro estar en reuniones con docenas de hombres y ni una mujer. En Motorola y ABB, mi mundo era de ingenieros, científicos, robots y maquinaria. Nunca había tenido una colega cercana con un trabajo como el mío y nunca había visto a una mujer que ocupara un cargo superior al mío.

Cuando llegué a PepsiCo, recibí una calurosa bienvenida. Mi nueva oficina estaba en el codiciado "4/3" (el apodo que le habían dado al edificio 4, piso 3), en una oficina al final del mismo pasillo donde estaba la del CEO y el resto de los ejecutivos más altos, y tenía cinco enormes ventanas, un símbolo de estatus en el reglamento informal de la organización.

Me ofrecieron un presupuesto razonable para amueblar mi espacio, aunque no lo gasté todo. Elegí una credenza de madera de cerezo muy funcional y un escritorio que llegó en una caja, una mesa de juntas con seis sillas, un pizarrón blanco y un rotafolio.

Ese junio, unos tres meses después de haber llegado, 4/3 estaba que bullía. Pizza Hut USA, que tenía cinco mil cien restaurantes, dijo que probablemente no alcanzaría los objetivos de ingresos del segundo trimestre y que los resultados para el resto del año eran pesimistas. Los resultados para Taco Bell, KFC y otras tantas cadenas de comida tampoco se veían bien.

El que no alcanzaran los objetivos de ingresos representaba una crisis importante: las acciones de PepsiCo podrían caer, y de hecho cayeron. Cuando se supo la noticia, el mercado accionario cayó 15%, y se vendió el triple de acciones que normalmente se vendían. Wayne actuó rápido. En unos cuantos días, creó un nuevo puesto —CEO de restaurantes a nivel mundial—, y convenció a Roger Enrico, un astuto ejecutivo veterano de PepsiCo que se había retirado después de un ataque cardiaco, de que aceptara el trabajo.

Conocí a Roger esa misma semana cuando entró a mi oficina. No sonrió. "Hola. Soy Roger Enrico —me dijo—. Normalmente, era yo quien entrevistaba al nuevo jefe de Estrategia. Eres la primera persona que contratan sin que diera mi opinión."

"Hola, Roger —contesté, alegre—. He escuchado mucho sobre ti. Ya tenía ganas de conocerte."

"Necesito saber todo sobre el negocio de los restaurantes y saber qué demonios está pasando en nuestros restaurantes —dijo—. Te veo en Dallas en diez días. Eres ahora mi jefa de Estrategia. Dettmer lo aprobó."

Esa fue toda la conversación. Se fue.

Así que ahora tenía el trabajo para el que originalmente me habían contratado de Estrategia Corporativa y Planificación, le reportaba a Bob, y un segundo trabajo, como jefa de Estrategia del grupo de restaurantes, y le reportaba a Roger. Mi trabajo era el doble y nadie había comentado nada sobre mi salario.

Roger Enrico era un líder impresionante y un pensador que llegó a ser el CEO de PepsiCo dos años después. Creció en las minas de acero del norte de Minnesota, combatió en la guerra de Vietnam y se unió a Frito-Lay en 1971 para ayudar a comercializar Funyuns, los aros de maíz con sabor a cebolla. Veinte años después, trabajaría en Japón y Sudamérica, dirigiría la división de bebidas de Pepsi-Cola y supervisaría una reorganización masiva de Frito-Lay. Su estilo, que se volvió famoso en PepsiCo, era hacer grandes cambios en cosas grandes.

El día de Roger comenzaba a las diez de la mañana, y no leía nada relacionado al trabajo después de las nueve de la noche. Tenía casas muy hermosas en Montana, Dallas y las Islas Caimán, y pasaba los fines de semana en una u otra, practicando la pesca con mosca, montando a caballo, buceando, jugando golf o visitando museos. Era hábil y político, y mucha gente pensaba que era de trato seco y áspero, pero en el fondo era un hombre al que le encantaba el protagonismo. Fue idea suya contratar a Michael Jackson y a sus hermanos para promocionar Pepsi a principios de la década de 1980 y, cuando la campaña incrementó nuestra participación de mercado, Coca-Cola se tambaleó al cambiar su receta a la New Coke. Roger escribió un libro llamado *La guerra de las colas*, en el que declaraba la victoria en esa guerra.

Ahora, Roger hablaba de restaurantes porque esa parte de la operación total de PepsiCo se estaba tambaleando de manera abrupta y sorpresiva.

El problema era que el negocio de los restaurantes de servicio rápido (*Quick Service Restaurant*, QSR, por sus siglas en inglés) era más grande que la demanda. En palabras simples, cada nuevo restaurante que abría se comía el mercado de los demás. Pero PepsiCo no podía dejar de expandirse porque nuestros competidores se seguían expandiendo. Por ejemplo, si rechazábamos poner un Pizza Hut en un nuevo centro comercial, Domino's Pizza o algún otro restaurante del mismo concepto tomaría el lugar. De cualquier manera, los restaurantes Pizza Hut y otros QSR de la zona sufrirían.

Este lío se reflejaba en las cifras, aunque todavía no lo habíamos descifrado. El negocio era enorme y muy complejo, e involucraba bienes raíces, franquicias, restaurantes con comedor, servicio de entrega a domicilio, *drive-through*, complicadas iniciativas de contratación de empleados, sistemas de seguridad alimentaria, mercadotecnia y un largo etcétera.

No sabía casi nada de restaurantes el día que Roger se presentó de manera abrupta en mi oficina, pero quería demostrar que podía manejar cualquier desafío que me lanzara. Durante la siguiente semana y media, mi equipo estratégico de restaurantes, compuesto por siete personas, trabajó todo el día para preparar nuestra reunión en Dallas.

La presentación —unas cuantas diapositivas y gráficos en la gran sala de juntas junto a la oficina de Roger— fue un análisis detallado que exponía los factores de valor del negocio, analizaba la historia de PepsiCo en el sector de los restaurantes de los últimos cinco años y consideraba las perspectivas a futuro. Concluimos con una lista de preguntas que necesitaban respuestas inmediatas. Roger estaba impresionado, pero no dijo mucho. No creía en los cumplidos. Mi equipo regresó a Nueva York y, poco después, su secretaria me llamó y me pidió que me reuniera con él a las once de la mañana del lunes siguiente, en el hangar de aviones privados de Atlanta. La presioné un poco para que me diera detalles, pero no los sabía. Me sugirió que hiciera la maleta para tres o cuatro días.

Llené mi portatrajes y mi portafolio una vez más, volé a Atlanta por Delta Air Lines, y me dirigí a donde estacionan los aviones de la compañía. Roger llegó en un jet PepsiCo Challenger. Nos subimos a un coche con chofer y, diez minutos después, empezamos a detenernos en todos los QSR de una concurrida carretera llena de comercios cerca del aeropuerto. Entrábamos en el restaurante y Roger pedía algo, tomaba la comida, la miraba, probaba un poco y la tiraba y volvía al coche. Como alguien que creció sin desperdiciar comida, este enfoque de muestreo me horrorizaba un poco. Me guardé mi opinión.

Después de cuatro paradas, se volvió hacia mí y me preguntó: "Y bueno, ¿cuál es la calificación?". Estaba claramente desconcertada. "¿Qué crees que estamos haciendo aquí? —preguntó—. ¡Estamos visitando el mercado! Tenemos que entender el negocio desde la base." Salió del coche para tomar un descanso.

De inmediato llamé a Richard Goodman, director financiero de Taco Bell, a quien apenas conocía, y le expliqué la situación. Richard me dijo con genialidad que hiciera un seguimiento de los tiempos de los pedidos, de los tiempos de espera, de la temperatura de los alimentos, de la limpieza, del personal de la parte trasera y delantera de la empresa y de cualquier otra variable que pudiera afectar la experiencia del cliente. Utilicé esta información para elaborar un cuadro de mando en una hoja de papel. Durante el resto del día, clasifiqué los criterios que se me iban ocurriendo en una escala del uno al cinco. Esta fue mi primera experiencia con la cultura de PepsiCo de nadar o hundirse. No me hundí.

A eso de las cinco de la tarde, volvimos al avión de PepsiCo y volamos a Chicago. Al día siguiente, volvimos a la carga, visitando restaurantes informales como Olive Garden, California Pizza Kitchen y Cracker Barrel: ordenábamos, nos íbamos y tomábamos notas. El tercer día, hicimos lo mismo en los suburbios de Washington, DC. Me sentí cómoda con este proceso de descubrimiento y empecé a disfrutarlo.

Mientras Roger y yo volábamos de vuelta al aeropuerto del condado de Westchester, abrí por casualidad el periódico local y me encontré con la sección de horóscopos. Soy escorpión. Mi horóscopo decía: "Hoy viajarás con alguien que es muy difícil y que seguirá siendo una parte importante de tu vida durante los próximos años". Era Roger en pocas palabras. Lo subrayé y se lo di. Lo leyó y, con una sonrisa, me lo devolvió, diciendo: "¡También soy escorpión!".

Nuestra incursión de tres días en la comida rápida consolidó mi relación con Roger para los años venideros. Apenas hablamos en ese viaje, pero vio mi curiosidad tanto por los detalles operativos como por la visión general. Ambos sabíamos que él estaba bajo presión para conocer el negocio.

En los meses siguientes, Roger y yo trabajamos juntos para descifrar qué era lo que impulsaba a los mejores restaurantes del sistema. Descubrimos que la respuesta era que los comensales necesitan atención a un nivel muy personal. Los restauranteros de toda la vida que amaban su trabajo tendían a innovar para sus propios mercados, con promociones locales y otros incentivos. Sus locales eran más limpios, más alegres, más queridos. A los gerentes les gustaba la gente y trataban a cada cliente como a su familia. PepsiCo era una empresa de productos envasados que se acercaba a este negocio personalizado de una manera impersonal. Éramos buenos añadiendo unidades, contratando personal y elaborando menús, y, mientras el negocio de los restaurantes creció de esta manera, nos fue bien. Pero cuando tuvimos que conseguir aumentar las ventas de los restaurantes existentes, nos costó trabajo. No éramos tan buenos como debíamos ser en la parte del *tacto*.

En una estrategia audaz, Roger redujo la construcción de nuevos restaurantes y franquició los ya existentes de todas nuestras marcas QSR a nuestros mejores operadores. Esto mejoró inmediatamente nuestra liquidez y el rendimiento del capital. Con los franquiciatarios gestionando mejor los restaurantes, las ventas y los beneficios empezaron a aumentar. Roger quedó como un héroe. Aprendí mucho en este proceso sobre un negocio de servicios y lo diferente que era de los productos envasados. También tuve mi primera experiencia real de responder a los inversionistas en la línea de combate. Roger me impulsó a empezar a hablar con los analistas de Wall Street que cubrían PepsiCo —docenas de ellos— y disfruté conocerlos. Los consideré inteligentes y bien informados sobre el modelo de negocio en general, aunque para mi sorpresa no tenían conocimientos operativos, no profundizaban en los matices de lo que impulsaba las ventas o la competencia.

A principios de 1995, PepsiCo presentó su informe anual 10-K, el informe detallado sobre el rendimiento financiero ante la Comisión de Valores de los Estados Unidos. En el apartado de *directivos ejecutivos*, aparecía mi nombre: Indra K. Nooyi, treinta y nueve años. Estaba nerviosa y orgullosa de estar en esa lista. Recuerdo que sentí el peso de la responsabilidad del puesto cuando la vi.

Además de todo el trabajo estratégico en los restaurantes, seguía dirigiendo la planificación corporativa. Ese equipo estaba compuesto ahora de cuarenta y cinco personas identificadas como líderes emergentes, que trabajarían en las oficinas centrales durante algunos años y que luego avanzarían a puestos directivos en otras partes de la empresa. Algunos acababan de llegar a PepsiCo, otros llevaban uno o dos años con nosotros. Alrededor de un tercio eran mujeres. Cada tres o cuatro meses, algunas personas entraban y otras salían.

El equipo que contraté carecía de diversidad internacional. Trabajaban duro y tenían una gran presencia, pero me preocupaba un poco que fuera un programa de capacitación sin mucha representación internacional en el grupo. Después de todo, PepsiCo estaba invirtiendo mucho en los mercados internacionales y necesitábamos talento para esas operaciones. Pedí a nuestro reclutador interno una mayor diversidad en el siguiente grupo. Cuatro meses después, me presentó con orgullo a los últimos contratados. Me dio risa y a la vez consternación. Todos eran canadienses.

Daba la impresión de que a nuestro reclutador le preocupaba más que el equipo de planificación corporativa supiera jugar *softball*. El área había ganado el trofeo de PepsiCo varios años seguidos y quería que siguiera siendo así. Al menos, los canadienses conocían las reglas del juego y estaban listos para jugar.

Tras mi decepción inicial, me senté con el equipo de contratación y especifiqué lo que entendía por diversidad. Al año siguiente cumplieron, con un excelente grupo de gente de muchas partes del mundo, pero el equipo de planificación corporativa perdió el trofeo de *softball*. Aun así, PepsiCo salió ganando.

A principios de 1996, después de casi dos años de trabajar como loca en Estrategia y Planificación, estaba lista para mis propias funciones operativas con la responsabilidad de las ventas, las ganancias y las pérdidas. Esta era la trayectoria profesional de los que ascendían en PepsiCo, y era fundamental para mi éxito, según me dijeron. Wayne me pidió que dirigiera la División de *Snacks* de Europa occidental, con sede en Londres, y Raj y yo estábamos felices con la idea de mudarnos por unos años. Estuvimos de acuerdo en que Preetha, ahora de doce años, y Tara, de tres, tendrían una experiencia increíble viviendo en el extranjero. La empresa de Raj tenía oficinas en el Reino Unido, y podía trabajar desde allí. Fui a Londres, encontré casa y visité y seleccioné colegios para las niñas. Decidimos alquilar la casa de Greenwich; PepsiCo hizo todos los trámites para trasladarnos.

Por desgracia, en el transcurso de esas semanas, Wayne Calloway se enteró de que el cáncer contra el que había luchado unos años antes había vuelto. Decidió hacerse a un lado, y el consejo de administración de PepsiCo votó para que Roger tomara el lugar de CEO.

Para prepararme para Londres, también analicé a los candidatos que me sustituirían en el puesto de Estrategia, una contratación que requería la aprobación de Roger. Entonces, al igual que Gerhard cuando buscaba *una Indra Nooyi*, Roger rechazó a todos los que le envié. Por fin, le dije: "Mira, Roger, me mudo a Europa para dirigir la División de *Snacks* de Europa occidental. Tienes que aceptar a alguien".

Y, sin pestañear, me dijo que la mudanza estaba cancelada. "Tengo muchos ejecutivos de operaciones, pero nadie tan estratégico como tú para ayudarme", dijo. Fue un gran elogio del Sr. Gruff. Hubo que dar marcha atrás en nuestros preparativos para Londres, cancelar el alquiler de la casa, avisar a los colegios y detener a los encargados de la mudanza.

Raj y Preetha se tomaron la noticia con calma, pero yo estaba decepcionada y no estaba tan segura de cómo me afectaría a largo plazo: por un lado, estaría más involucrada en ayudar a Roger a reposicionar la empresa; por otro, perdería la oportunidad de gestionar un negocio. Era estupendo que me apreciaran por mi pensamiento estratégico, pero la gente en el área que tenía responsabilidad sobre los beneficios y las pérdidas siempre era la más respetada. Quedarme aquí limitaría sin duda el crecimiento de mi carrera.

En los puestos de alta dirección de la mayoría de las empresas, la permanencia en el puesto o un movimiento lateral puede ser una señal de que no eres promocionable y, muy a menudo, que eres prescindible. Una vez que pasas a esos célebres cargos, no hay que bajar el ritmo. También sabía que, como mujer, tenía que superar a los hombres.

Raj y yo lo hablamos y acordamos que no era el momento de preocuparme por mi carrera, sino por el bien de toda la empresa. El nuevo CEO había tomado su decisión; era hora de ponerse a trabajar.

Sin duda, fue un momento muy difícil para que Roger se hiciera cargo. Había estabilizado los restaurantes, pero tenía que determinar sus perspectivas a largo plazo dentro de PepsiCo.

También se estaba gestando otra crisis. Pepsi-Cola Internacional, que representaba un tercio de las ventas totales de bebidas, fue la siguiente división que no cumplió con los objetivos de ventas. Nuestro embotellador venezolano se había pasado a Coca-Cola, poniendo en peligro nuestra participación de mercado de 85% en ese país. Nuestro embotellador en Brasil y Argentina enfrentaba dificultades financieras. Un par de ejecutivos clave, incluido Bob Dettmer, decidieron retirarse. Roger se vio obligado a resolver estos asuntos durante los seis meses siguientes.

Al mismo tiempo, me pidió que comenzara una revisión estratégica completa e independiente, confidencial, de la industria de los restaurantes y nuestras perspectivas de negocio. Reuní a un equipo experimentado y me sumergí en ese trabajo.

En ese momento no tenía una función oficial de pérdidas y ganancias, pero estaba muy involucrada en las finanzas de toda la empresa porque mi área realizaba múltiples modelos matemáticos para proyectar las ventas trimestrales y las proyecciones de crecimiento de cada división. Este trabajo era independiente de las previsiones financieras de cada división, lo que provocaba algunas fricciones. A veces, las cifras de mi área eran un poco diferentes de las suyas y, a menudo, más precisas.

Todas las previsiones se revisaban en forma trimestral con Roger y los once ejecutivos más importantes de la empresa en una gran reunión que me parecía muy estresante. Yo era la única mujer en la mesa. Presentaba nuestro análisis desde la sede central, que se utilizaba para gestionar las expectativas de los inversores, y luego los presidentes de las divisiones opinaban con sus propias perspectivas.

Cuando las cifras diferían, las críticas a mi área podían ser muy mezquinas. Me sentí insultada en especial por las acusaciones de que "la división de Planificación Corporativa intentaba dirigir la empresa". En realidad, todo era una farsa: algunos presidentes de división expresaban su enojo si los modelos de mi área sugerían que podían hacerlo mejor, pero también se quejaban en silencio si decíamos que eran demasiado optimistas. En términos simples, no querían que el CEO se diera cuenta de que se habían equivocado, en uno u otro sentido.

Trimestre tras trimestre, sentí la hostilidad de algunas personas en estas reuniones, y cada vez me irritaba más que nadie más en la sala me apoyara. En una ocasión, celebramos la reunión en Londres y, al repetirse el mismo escenario, me marché a mediodía y regresé a Nueva York. Esto era completamente fuera de lo normal para mí. Roger se dio cuenta, pero no dijo nada. Con el paso del tiempo, su falta de intervención empezó a molestarme también.

En septiembre de 1996, terminamos la revisión completa del negocio de restaurantes y la resumimos para presentarla ante el consejo de administración. Esta sería mi primera exposición real ante el consejo de administración de PepsiCo, y no tenía idea de cómo me verían estos incondicionales de la industria.

Un día antes de la reunión del consejo, el día que tuvimos una de las reuniones trimestrales de los presidentes de división, fui a ver a Roger a su oficina. "Roger, estoy lista para la junta de mañana —le dije—. Y después de eso, dejaré PepsiCo. He soportado innumerables reuniones en las que me han humillado. No puedo aguantar más. No quiero nada de PepsiCo. Me voy."

Aunque siempre había estado dispuesta a esforzarme al máximo por mis empleadores, sentía que tenía que trazar una línea cuando se trataba de que los demás respetaran la sinceridad de mi trabajo.

Aquel día, no pensé en qué haría después; solo quería acabar con una situación que me parecía inaceptable.

Roger se estremeció. Tenía una pluma en la mano y la movía nerviosamente de un lado a otro del escritorio. Me di cuenta de que se había inquietado. Pero entonces dijo: "Te llamo después".

No sé qué hizo luego de nuestra charla. La reunión de ese día se retrasó varias horas y, cuando por fin se llevó a cabo al final de la tarde, me vi en un entorno por completo diferente. Todo el mundo me apoyó sin reparo.

Al día siguiente, presenté ante el consejo nuestra revisión estratégica del negocio de los restaurantes y quedé muy satisfecha por la acogida que tuvo mi trabajo. Todavía recuerdo a Ray Hunt, que entonces era CEO de Hunt Oil, diciendo que era la mejor presentación estratégica que había visto en PepsiCo, o en cualquier otra empresa. Me sentía en las nubes.

Teníamos dos meses para presentar opciones precisas para el negocio, incluida la posibilidad de abandonar el negocio de los restaurantes. Eso significaría desprenderse de un tercio de los ingresos de PepsiCo. Culturalmente, sería duro para mucha gente en PepsiCo: nuestras tres divisiones eran una familia, y yo sabía que la división de restaurantes se sentiría traicionada. Sin embargo, consideraba que cualquier forma de separación suponía desligar a los restaurantes de una empresa de productos envasados que los frenaba. Los restaurantes tenían que ser una empresa pública independiente.

Fue un momento de brutal objetividad. Es una situación en la que me encontré en varias ocasiones durante muchos años. Los buenos negocios exigen decisiones difíciles basadas en un análisis riguroso y un seguimiento inquebrantable. La emoción debe quedar a un lado. El reto al que todos nos enfrentamos como líderes es dejar que las emociones se acumulen dentro de ti, pero luego presentar una calma exterior, y yo había aprendido a hacerlo.

Después de aquella reunión del consejo de administración, Steve Reinemund, presidente de Frito-Lay y exrestaurantero, vino a mi despacho lleno de entusiasmo. Roger también apareció. "Vamos a ponernos en marcha", dijo. No mencionó nuestra conversación. Sin duda, pensó que el apoyo explícito de los presidentes de división y del consejo de administración durante las veinticuatro horas anteriores era suficiente para demostrar que yo era valiosa para la empresa. No era necesario hablar más.

Nueve meses más tarde, escindimos el negocio de los restaurantes en una empresa que cotizaba en bolsa llamada Tricon Global Restaurants. Más tarde, la empresa cambió su nombre a Yum! Brands y sigue siendo propietaria y operadora de las prósperas cadenas Pizza Hut, Taco Bell y KFC.

Junto con un joven ejecutivo de finanzas que me impresionó en una reunión de la división, Hugh Johnston, vendimos nuestro negocio de restaurantes y todas nuestras cadenas de comida informal. El trabajo era agotador e intenso, pero así fue como aprendí cómo funciona la banca de inversión y el proceso de encabezar desinversiones, escisiones, separaciones, ofertas públicas iniciales y otras transacciones financieras. Observé el estilo de vida y el *modus operandi* de los banqueros de inversión y los abogados corporativos durante todo este proceso. Me alegré de no ser uno de ellos.

En enero de 1998, PepsiCo celebró el centenario de Pepsi-Cola con una enorme gala en la Gran Isla de Hawái. La fiesta fue magnífica: brisa marina, comida deliciosa y cientos de ejecutivos de la empresa y sus cónyuges que bailaron hasta entrada la noche, mientras los Rolling Stones cantaban en un escenario íntimo.

Sin embargo, el trabajo no se detuvo. Una mañana, Roger me llamó y me comentó que la relación precio-beneficio de Coca-Cola era de alrededor de cuarenta y cinco y la de PepsiCo rondaba los veinte. Quería otro análisis a profundidad, ahora de Coca-Cola.

Regresé a Nueva York y, con un equipo de unas diez personas, me sumergí en el negocio global de las bebidas. Leímos todos los documentos internos y públicos que pudimos encontrar. Contratamos a Mars & Co., una consultora especializada en análisis de la competencia y, durante cuatro meses, analizamos la forma en que ganaba dinero Coca-Cola y por qué los inversionistas valoraban sus acciones más que las nuestras. El informe final de Mars constaba de trescientas páginas, y yo tuve que asimilarlo todo, resumirlo y presentar las conclusiones al consejo de administración.

Después de mucho debate, sintetizamos el mensaje en seis láminas con gráficos y fáciles de entender y las colocamos en caballetes en la sala de conferencias. En otra importante reunión del consejo de administración, llevé a los directores de PepsiCo de gráfico en gráfico para explicarles todo y luego expuse mis argumentos: el precio de las acciones de Coca-Cola era insostenible. El crecimiento de las ganancias de nuestro competidor se sostenía en gran medida por elementos puntuales, incluidas las ventas regulares de partes de sus participaciones minoritarias en sus compañías embotelladoras. Coca-Cola, muchos años antes, había separado su sistema de embotellado y distribución de refrescos en empresas públicas independientes que mezclaban el jarabe con agua y otros ingredientes para hacer el producto final embotellado. Esta tenencia podía aumentar o disminuir, dentro de un rango, prácticamente a voluntad.

En la reunión, mostré que el rendimiento sobre el capital invertido de Coca-Cola, que impulsaba la relación precio-beneficio, era mayor que el de PepsiCo porque Coca-Cola se centraba casi por completo en la fabricación y venta del jarabe.

PepsiCo era dueña de nuestras embotelladoras, pero a Roger le intrigaba la ingeniería financiera de nuestro competidor. Comenzamos a hablar de cómo podríamos escindir nuestras embotelladoras norteamericanas. Me sentía nerviosa al respecto porque pensaba que ceder el control de nuestra distribución de bebidas en los Estados Unidos podría ser difícil: las embotelladoras independientes querrían establecer sus propios objetivos de crecimiento, y me preocupaba que esto pudiera acabar perjudicándonos en los próximos años.

Sin embargo, yo no estaba al mando. Roger sopesó toda la información y decidió que PepsiCo debía crear una nueva compañía embotelladora que cotizara en bolsa, en gran parte con nuestros activos norteamericanos. Conservaríamos 20% de esa compañía.

Nuestra revisión estratégica de Coca-Cola les reveló mucho a nuestros ejecutivos y al consejo de administración sobre la forma en que nuestro competidor lograba sus resultados. También resultó acertada la conclusión a la que llegamos. Una vez que Roger decidió seguir la misma estrategia, se informó a los inversionistas. El precio de las acciones de Coca-Cola cayó hasta 34% durante el tercer trimestre de 1998.

En este periodo, la negociación fue incesante. En medio de la transacción de las embotelladoras, los banqueros de Seagram llamaron a Roger y le preguntaron si queríamos comprar su filial de jugos de frutas, Tropicana.

Me pareció una gran idea. Ahora conocía a PepsiCo por dentro y por fuera y podía ver las lagunas. Una de ellas era que los consumidores no se interesaban por nuestras bebidas o *snacks* antes de las diez de la mañana. PepsiCo había probado una vez un producto para el consumidor de café llamado Pepsi A.M., pero había sido un fracaso. Tropicana, el fabricante número uno de jugo de naranja, era una gran marca de productos comestibles con un creciente negocio internacional.

Tras un análisis intenso de tres semanas, donde viajé como rayo a Florida, Bélgica e Inglaterra para completar la auditoría, compramos Tropicana en julio de 1998 por 3 300 millones de dólares en efectivo.

Empecé a pensar más en cómo debíamos prestar más atención al valor nutricional de los productos ofrecidos por PepsiCo. Las ventas de refrescos estaban disminuyendo. Los consumidores estaban cambiando a bebidas no carbonatadas y más saludables. Aquafina, nuestra agua embotellada, ganaba terreno poco a poco, y nuestros tés y cafés iban bien. Ya no teníamos restaurantes, y nuestro balance general estaba preparado para hacer un cambio sustancial.

La salud y el bienestar, para mí, eran sin duda una categoría que ofrecía una gran oportunidad. Lo había visto venir en mi casa. Me pareció muy curioso que un par de niños en la fiesta de cumpleaños de Tara preguntaran si podían llamar a sus madres para que les dieran permiso de beber Pepsi. Eso me puso en alerta roja.

Un día, le pedí a nuestro equipo de mercadotecnia que me ayudara a reflexionar sobre esto. Decidimos crear un consejo asesor de salud y bienestar de seis expertos ajenos a la empresa y añadimos al grupo a un par de profesores y expertos en nutrición. En algún momento, ocupamos una sala de conferencias poco utilizada y simulamos una tienda de comestibles con estantes llenos de productos más saludables que imaginábamos para nuestra cartera en el siglo XXI. Roger recorrió el montaje, estaba intrigado. Steve lo vio y se mostró escéptico, en parte porque pensó que era una distracción. Quitamos la tienda y disolvimos el consejo asesor de salud y bienestar.

Durante varios meses, me pregunté si había cedido demasiado pronto. ¿Debía haber insistido con datos y cifras que la salud y el bienestar eran importantes para la empresa? La realidad era que, dadas todas mis demás prioridades, esta era una montaña que debía escalar más adelante.

De 1994 a 1999, trabajé sin cesar. Iba a casa de noche, me daba un baño, me ponía mi pijama de franela para mostrarles a las niñas que me quedaría en casa, las acostaba y me sentaba a leer mis correos y a revisar documentos hasta la una o dos de la madrugada. Casi nunca cenaba con ellas.

No hacía ejercicio. Apenas dormía.

Al menos dos veces al mes, viajaba de ida y vuelta a las empresas que teníamos en otras partes del mundo. Fui a China al menos ocho veces en ese periodo —entre esos viajes, algunos los hice con Henry Kissinger, pues su firma, Kissinger Associates, nos estaba ayudando en el extranjero— para determinar cómo debíamos invertir en un mercado donde la Coca-Cola tenía tres veces la participación en el mercado de Pepsi. Roger me pidió alguna vez que lo acompañara a Asia en un viaje de dos semanas. Teníamos juntas de trabajo de lunes a jueves y pasamos largos fines de semana estrechando lazos con los ejecutivos locales. Roger sintió que era importante conocer a estas personas en ambientes informales. Yo lo único que quería era estar en casa con mi familia.

No paré. La responsabilidad derivada de mi propio cargo era enorme, pero me sentía obligada a asegurarme de que el trabajo de los demás también cumplía con los estándares. Asesoraba y orientaba a docenas de colegas, y revisaba y reescribía sus presentaciones.

De todos los días en los que me sobrecargué, todavía uno me sigue atormentando. Mary Waterman, nuestra encantadora vecina de al lado, murió de cáncer de seno, pero no fui a su funeral porque me quedé en el trabajo reescribiendo una presentación sobre la escisión de la división de restaurantes para el consejo de administración, cuando en realidad era responsabilidad de dos de los integrantes de nuestro equipo. Estos dos hombres me habían endosado la tarea diciendo: "Tú lo haces mejor, Roger confía en ti".

Debí haber dicho que no. Nunca me he perdonado haber puesto mi trabajo por encima de mi querida amiga Mary ese día.

Fuera cual fuera el costo de mi vida laboral en mi hogar, seguía teniendo el bote salvavidas de Raj. Ahora era socio en la consultoría, trabajaba y viajaba como loco, pero era una fuente de apoyo constante. También teníamos un ama de llaves, que conducía y cocinaba para nosotros, y una niñera, y entre las dos mantenían la casa en funcionamiento y a las niñas a salvo. En estos años, mi madre pasaba más tiempo con las familias de mi hermana y mi hermano en Nueva York, aunque siempre estaba disponible para ayudar cuando se necesitaba. Los padres de Raj también ayudaban siempre que les pedíamos.

Tara empezó a ir a la escuela Montessori antes de cumplir los dos años y en preescolar la cambié al Sacred Heart cuando tenía tres. Estaba ocupada y cuidada durante el día y también venía a menudo a PepsiCo por las tardes y pasaba el rato en la planta ejecutiva, corriendo por ahí y charlando con quien se encontrara. A nadie parecía importarle. A veces se acurrucaba y dormía bajo mi escritorio.

Preetha me echó mucho de menos en estos años. Era una adolescente, y lo que veía era una madre ocupada y estresada. Todos esos momentos en los que habíamos cantado y bailado juntas en Chicago, y nuestros primeros días en Connecticut, se habían convertido ahora en lo que ella sentía como una competencia con Tara. Yo era cariñosa y estaba presente en los momentos difíciles, pero no estaba realmente presente en el día a día. Su angustia se expresaba en arrebatos verbales, y yo hacía un esfuerzo por sobrellevarlos.

Tara era una niña más tranquila, más callada. Una vez me escribió una nota, que todavía guardo en el cajón de mi escritorio y que demuestra las emociones de esos años. En una gran hoja de cartulina, decorada con flores y mariposas, me ruega que vuelva a casa. "Te volveré a querer si, por favor, vuelves a casa", dice la nota. La palabra *por favor* está escrita siete veces con su dulce y torcida letra.

Durante muchos años, cuando viajaba, escribía notas y cartas a Preetha y Tara y las dejaba en casa para que las abrieran cuando yo no estuviera. Aprovechaba el tiempo siempre que podía para redactar estas misivas: en mi escritorio, sentada en el coche o en el avión, o por la noche en el hotel antes de acostarme. Siempre buscaba en las tiendas de regalos de los aeropuertos *stickers* o pequeños juguetes y chucherías para meter en los sobres. Acabamos teniendo una gran colección de muñecas con trajes nacionales: de Finlandia, de Japón, de Brasil. Estas notas y recuerdos eran un pequeño proyecto continuo y privado para mí, mientras seguía con mis demás obligaciones. Me mantenía más cerca de mis hijas, aunque sé que nada reemplazaba el que estuviera ahí. Durante muchos años, el sentimiento de culpa por no haber sido una madre de tiempo completo para mis hijas en sus primeros años me carcomía. En cierto modo, pienso en esos días con gran tristeza.

A menudo me preguntaba por qué seguía adelante. El trabajo era muy estimulante para el intelecto y de verdad amaba lo que hacía. Estaba segura de que me sentiría miserable si renunciaba, y no estaba dispuesta a dejarlo del todo. Desde un punto de vista más práctico, todavía estábamos pagando algunas deudas de la remodelación de la casa, y nuestros gastos eran elevados con dos colegiaturas de colegio privado.

También nos fijamos un objetivo económico: una cantidad de dinero para ahorrar para nuestra jubilación y más para asegurar que las niñas pudieran ser independientes. En el fondo, siempre nos preocupaba qué pasaría si uno de nosotros se quedaba sin trabajo. El hecho de que Raj y yo trabajáramos era nuestra red de seguridad; quizás era la mentalidad típica de los inmigrantes.

Un día, en la primavera del 2000, Roger entró por casualidad en mi despacho y me dijo que Mike White, CFO de PepsiCo, se trasladaba a Europa para dirigir el negocio de los *snacks*. Roger me iba a nombrar su sucesora, añadiendo este cargo a todas las demás responsabilidades que ya tenía. Le dije que tenía que pensarlo. Ya me ocupaba de demasiadas y me resistía a tomar más.

Dos días después, un viernes, vino y me dijo que iba a anunciar mi nombramiento la semana siguiente. Y añadió: "En realidad, ya estás haciendo ese trabajo. Solo falta que te mudes a esa oficina".

Poco tiempo después, tomé mis cosas y me trasladé al despacho de la Dirección de Finanzas, contigua a la del CEO. Tenía seis ventanas. Ahora nueve áreas dependerían de mí: Control, Impuestos, Tesorería, Relaciones con los Inversionistas, Gestión de Riesgos, Compras Globales, Tecnología de la Información, Fusiones y Adquisiciones y Planificación Corporativa.

Ese fin de semana, desenterré mis viejos libros de finanzas del MBA y empecé a repasar todo lo que tenía que volver a aprender para ser directora financiera. Siempre había mucho que hacer.

El tiempo era la moneda crucial en mi vida, y lo gasté casi todo en PepsiCo. Para tener éxito entre los empleados ideales, yo misma tenía que ser una.

El Área de Recursos Humanos de PepsiCo ofrecía programas de trabajo a distancia para algunos empleados junior, y mis dos primeros asistentes administrativos compartían un puesto de trabajo. Nadie más, por lo menos no en mi nivel, parecía pedir un horario reducido, probablemente porque les preocupaba lo que llamamos el estigma de la flexibilidad.

Más o menos en esta época, otra mujer ascendió a los rangos más altos de PepsiCo. Brenda Barnes se convirtió en CEO de Pepsi-Cola Norteamérica en 1996, tras veinte años en la empresa. Tenía tres hijos menores de doce años y, tras menos de un año en su nuevo cargo, renunció. Se trasladó a Chicago, pasó ocho años en casa con sus hijos y participó en consejos de administración. Seguía siendo una gran ejecutiva. En el 2005, asumió el cargo de CEO de Sara Lee.

La decisión de Brenda, como la de miles de mujeres con talento y ambición que han salido de las grandes empresas, tenía mucho sentido. Las reglas del juego en el liderazgo corporativo eran implacables. Cambiarlas para conciliar el trabajo y la vida personal era impensable.

Brenda no tenía el mismo apoyo familiar que yo. Y, en un trabajo en el que se viaja sin cesar, no teníamos tecnología para conectarnos con las actividades cotidianas de nuestros hijos desde la distancia. "Todo se reduce al tiempo —dijo a la prensa en 1997, cuando la entrevistaron por su salida—. Esperemos que algún día el mundo corporativo en los Estados Unidos resuelva esto."

Nuestros días siguen siendo de veinticuatro horas, y debemos utilizarlas con sabiduría. Cuando asumimos responsabilidades adicionales, como el cuidado de los hijos o de un familiar enfermo, lo mejor que podemos hacer es utilizar las horas que tenemos de forma más eficiente, sin sacrificar nuestro rendimiento en el trabajo.

Ahora que disponemos de herramientas para la comunicación a distancia y sin interrupciones, creo que la flexibilidad laboral y el trabajo a distancia para todos los que lo necesiten debería ser rutinario. Esto les daría a las familias la oportunidad de ocuparse de las obligaciones de la vida doméstica durante la jornada laboral sin sentir la carga emocional.

Los trabajadores por turnos han tenido que lidiar durante demasiado tiempo con llamadas de última hora o cambios en sus horarios que afectan su capacidad de planificar sus días y semanas. Un horario de trabajo estable, con la ayuda de la tecnología de programación disponible en todas partes, debería ser la norma para todos los trabajadores por turnos, especialmente para los que tienen a alguien a su cuidado. No hay una buena razón para que los empresarios les nieguen esta cortesía.

La solución al problema del tiempo debe incluir un factor más: hacer frente a la cultura de la urgencia que consume nuestra economía y nuestro trabajo. Los plazos son, sin duda, esenciales, pero muchas veces son arbitrarios.

Participé en cientos de proyectos con plazos ajustados, que sin duda podrían haberse alargado unos cuantos días más. ¿Habría supuesto eso una diferencia para el proyecto? La mayoría de las veces, no. ¿Habría cambiado la vida de mis colegas en su casa, como cuidadores o como miembros de su comunidad? Creo que la respuesta es un sí rotundo.

Acababa de instalarme en el puesto de CFO, en septiembre del 2000, cuando Roger recibió una llamada de Bob Morrison, CEO de Quaker Oats, preguntándole si PepsiCo podría considerar comprar su empresa.

Era algo grande.

La Quaker Oats Company, con sede en Chicago desde hace casi un siglo, era sin duda un nombre familiar, una marca conocida por sus botes cilíndricos rojos y azules con una imagen reconfortante de un cuáquero de pelo largo con un sombrero de ala ancha. Quaker era una empresa de alimentos, pero a través de los años también hizo mucho dinero en otros negocios, como los juguetes Fisher-Price, que vendió en 1991.

Ahora, con ventas de unos cinco mil millones de dólares al año, sus marcas eran Quaker Oats y las barritas de granola Quaker, los cereales Life y Cap'n Crunch, la mezcla para hot cakes y el sirope Aunt Jemima, y el arroz de sabores, el cuscús y los cereales Rice-A-Roni y Near East. Sin embargo, lo más intrigante para los inversionistas —y la razón por la que las acciones de Quaker duplicaron su valor ese año— fue la creciente popularidad de su bebida deportiva: Gatorade.

PepsiCo había codiciado durante mucho tiempo la empresa Quaker Oats. Habíamos tenido conversaciones casuales para fusionarnos dos años antes, pero no se llegó a nada. Queríamos la increíble participación de mercado que Gatorade nos daría en el mercado de las bebidas isotónicas, pero también nos encantaba la marca Quaker, que combinaría muy bien con Tropicana para nuestra línea matinal. Nuestros esfuerzos por crear opciones para el desayuno no iban muy bien: algunas barritas experimentales de Frito-Lay eran blandas, no tenían buen sabor y no eran nada atractivas.

La venta de Quaker no fue una subasta abierta. PepsiCo debía escuchar, en secreto, la propuesta. Roger, Steve y yo, junto con algunos de nuestros ejecutivos operativos, volamos a Chicago para asistir a un día completo de presentaciones. Bob Morrison y su equipo se reunieron con nosotros en la sala de juntas de un hotel y nos impresionaron con su historia. Habían estabilizado la empresa después de unos años difíciles y creían que Quaker necesitaba la escala de una empresa más grande para crecer fuera de Estados Unidos.

Lo hablamos y, unos días después, presentamos una oferta. A las pocas horas, se filtró la noticia de que PepsiCo y Quaker estaban negociando, y entonces la presión fue enorme. Quaker aceptó nuestro precio, pero añadió una condición al convenio que protegería a sus accionistas si las acciones de PepsiCo caían por debajo de un precio determinado.

Nos reunimos con nuestros banqueros y volvimos a comentar los pros y los contras. Roger había decidido que los tres —Roger, Steve y yo— debíamos estar de acuerdo en todo lo relacionado con esta transacción. Steve se sentía incómodo con la condición que nos pedían y nos opusimos, pero Quaker no cedió.

Tras dos semanas de negociación, retiramos la oferta, para sorpresa de Bob.

A la semana siguiente, con el mundo al tanto de que Quaker quería venderse, Coca-Cola hizo una oferta. Pensamos que nuestro rival se quedaría con Gatorade y vendería las demás marcas de Quaker. Estábamos un poco preocupados, pero decidimos no mirar atrás.

Pasaron algunas semanas más. Entonces, a finales de noviembre, la semana de Acción de Gracias, Roger, Steve y yo estábamos en Dallas en las reuniones anuales de presupuesto de Frito-Lay. El asunto de Quaker parecía haber quedado atrás, pero sabíamos que el consejo de administración de Coca-Cola iba a votar ese día la compraventa transformadora de Quaker. Esa noche, volamos de vuelta a Nueva York, sin acceso a las noticias durante tres horas. Cuando aterrizamos, nuestras BlackBerry se encendieron. El consejo de administración de Coca-Cola, que incluía al escéptico Warren Buffett, había votado en contra del plan de gastar 14 mil millones de dólares en Quaker. Supusimos que era porque no querían un negocio de alimentación del que no sabían nada.

Los tres nos quedamos boquiabiertos unos cinco segundos. Esto significaba que el CEO de Quaker, Bob Morrison, se había quedado sin opciones y que era probable que volviera a PepsiCo. Necesitaba un comprador. Decidimos volver a casa con nuestras familias para pasar el día de Acción de Gracias y pensar en todo ello.

Roger manejó la situación a la perfección. En las largas llamadas telefónicas de ese fin de semana, nos hizo ver que, si volvíamos con una oferta inferior a la anterior, haríamos quedar mal a Bob. Si de verdad queríamos comprar Quaker —las marcas, la gente, los clientes, la imagen del tipo sonriente con el enorme sombrero— necesitábamos al CEO en nuestro consejo de administración para que nos asesorara en el proceso de integración de las empresas. Roger propuso que mantuviéramos nuestra oferta original, pero que le pidiéramos a Quaker que modificara la condición financiera que tanto ruido nos hacía.

Una semana después, anunciamos que PepsiCo compraría Quaker por 13 400 millones de dólares.

De manera inesperada, Roger añadió una reorganización de la dirección. Cuando se cerrara el trato, dejaría de ser CEO y presidente de PepsiCo, y Steve tomaría el relevo. Roger y Bob Morrison formarían parte del consejo de administración como vicepresidentes. Steve y Roger también decidieron juntos que yo me convertiría en presidenta de PepsiCo y me uniría al consejo. Estaba en mi oficina a última hora del viernes 1 de diciembre, cuando Steve me llamó desde Dallas para darme la noticia.

Me invadió la emoción. Era algo muy importante. Presidenta de PepsiCo. El consejo de administración. ¡Wow!

Decidí terminar mi día en la oficina de inmediato.

Conduje hasta mi casa. Eran cerca de las diez de la noche, y las carreteras invernales estaban tranquilas y oscuras. En esos quince minutos al volante, me permití disfrutar de mi logro. Había trabajado mucho, había aprendido mucho y me había ganado el puesto.

Entré en la casa por la puerta de la cocina y dejé caer las llaves y el bolso sobre la encimera. Estaba muy emocionada, ansiosa por contárselo a todo el mundo. Y entonces apareció mi madre. "¡Tengo una noticia increíble!", exclamé.

"Las noticias pueden esperar —dijo ella—. Necesito que salgas a comprar leche."

"¿Por qué no le pediste a Raj que fuera por leche? —pregunté—. Lleva en casa ya un rato."

"Se veía cansado, así que no quise molestarlo", dijo.

Tomé las llaves, volví al coche, conduje hasta el Stop & Shop que estaba a unas cuadras de distancia y compré un litro de leche entera. Cuando volví a entrar en la cocina, estaba muy enojada. Azoté la botella de plástico contra la encimera.

"Acabo de convertirme en presidenta de PepsiCo, y no podías tomarte un minuto para escuchar mi gran noticia —dije, en voz alta—. ¡Solo querías que fuera por leche!"

"Escúchame —respondió mi madre—, puedes ser presidenta o lo que sea de PepsiCo, pero cuando vuelves a casa, eres una esposa y una madre y una hija. Nadie puede ocupar tu lugar. Así que deja tu corona en la cochera."

8

La compra de Quaker Oats Company por 13 400 millones de dólares fue como subirse a una montaña rusa a toda velocidad, con Roger, Steve y yo abrochados juntos a través de los giros y las vueltas: un poco de miedo, pero, al final, estimulante y muy satisfactorio.

Los accionistas de PepsiCo se centraron por completo en Gatorade, la bebida deportiva número uno en un mercado en auge y en expansión. Vieron brillantes posibilidades de vinculación con superestrellas mundiales del deporte. Michael Jordan, el mejor jugador de basquetbol, ya aparecía en la televisión como imagen de la marca, inspirando a los jóvenes atletas a "Ser como Mike" con una melodía que todo el mundo cantaba. La incorporación de Gatorade a nuestra línea de bebidas sin gas, junto con el agua Aquafina y los tés helados Lipton, duplicaría con creces la participación de PepsiCo en esa categoría, hasta alcanzar 30% de las ventas en los Estados Unidos.

También me encantó la parte de Quaker de la ecuación. Harina de avena, barritas de granola, hotcakes, cereales, me imaginaba cada uno de ellos emparejado con Tropicana Pure Premium en la mesa del desayuno de la familia estadounidense. Pensaba en una alimentación más sana. Preetha y Tara, de catorce y seis años, se apresuraban para ir a la escuela cada mañana con sus uniformes, bajo el peso de sus mochilas llenas, y tomaban una barrita para el desayuno o pequeñas bolsas de cereal a la salida. Sabía muy bien cuáles eran las comidas que una familia ocupada y en crecimiento podría querer: convenientes, nutritivas, deliciosas y costeables, y pensé que PepsiCo podría sin duda ayudar a alimentar a más personas en más momentos del día.

Anunciamos el acuerdo con Quaker con bombo y platillo en la sede de PepsiCo. Roger hizo una presentación exhaustiva a los inversionistas, que yo había perfeccionado con nerviosismo durante toda la noche. Luego, a diferencia de todos los CEO que reivindican movimientos multimillonarios como su propio logro personal, habló de cómo nuestro trío lo consiguió. Me celebró como miembro del círculo interno y crucial para el futuro de PepsiCo. Fue la primera vez que estuve en el centro de un evento tan importante para la empresa.

Posamos para las fotos con Bob Morrison, de Quaker Oats, detrás de una fila de botellas de Gatorade y Pepsi. Roger sostenía con orgullo las barritas de granola Chewy, Steve los Fritos y yo un cartón de medio galón de jugo de naranja. ¿Era una imagen de la evolución del mundo de los negocios en Estados Unidos: una mujer inmigrante de color ocupando un lugar en las filas más altas? ¿Presagiaba esto más oportunidades para las mujeres en el liderazgo?

La negociación y el anuncio de nuestro gran acuerdo fue la parte más emocionante. Ahora teníamos que hacer que funcionara. Habíamos prometido al mundo que la incorporación de Quaker Oats a PepsiCo generaría una enorme eficiencia, con al menos 350 millones de dólares de ahorro en gastos en los próximos cinco años. Esto amortiguaría nuestros compromisos financieros a corto plazo y ayudaría a PepsiCo a invertir en ideas más grandes, incluyendo la expansión de nuestro negocio de *snacks* fuera de los Estados Unidos.

De regreso en el 4/3, todos sabíamos que una integración posfusión mal llevada podía condenar el éxito de la adquisición, ya lo habíamos visto en el sector. Una mala ejecución quedaría reflejada en nuestro balance general y en la mente de los inversionistas por años, lo que afectaría nuestra credibilidad. Calculamos que teníamos unos tres meses para elaborar un plan muy detallado para combinar las empresas, y teníamos que hacerlo bien. También necesitábamos la aprobación del Gobierno de los Estados Unidos, para lo cual había que demostrarle a la Comisión Federal de Comercio (FTC, por sus siglas en inglés) que Gatorade, respaldada por el peso de PepsiCo en mercadotecnia y distribución, no bloquearía la entrada de competidores en el mercado de las bebidas deportivas ni perjudicaría a los consumidores con precios más altos. El mayor obstáculo parecía ser que poseíamos otra bebida deportiva, All Sport, que era pequeña y estaba en declive. Coca-Cola poseía el único competidor real de Gatorade: Powerade.

Si la FTC bloqueaba el acuerdo, Quaker seguiría siendo un rival de PepsiCo. Así que nuestro equipo de planificación tenía que operar en privado. Contratamos a Brian Cornell, que dirigía Tropicana Europa, y a John Compton, jefe de Ventas y Mercadotecnia de Frito-Lay, para que trabajaran con un puñado de consultores, aislados del resto de la empresa. Hablaba con Brian y John varias veces al día. Todos los viernes, a las siete de la mañana, teníamos una teleconferencia para revisar los posibles ahorros de costos y cómo los conseguiríamos. Fue una época intensa.

Mientras tanto, Roger Enrico, un hombre con un estilo muy protagónico que resumía con la frase "Hacer grandes cambios en las cosas grandes", se preparaba para su salida. Como CEO, había arreglado el negocio de los restaurantes y lo había escindido, había separado las embotelladoras norteamericanas en una empresa pública y había iniciado el camino de PepsiCo hacia una cartera de productos más equilibrada. No creo que este amplio replanteamiento se hubiera producido sin Roger al frente, ya que contaba con toda la confianza del consejo de administración. Además, PepsiCo se encontraba en una buena posición financiera.

Aprendí mucho de Roger; era intuitivo y valiente. Se llevaba bien con muy poca gente —sus estándares eran *interesantes*, por decir lo menos—, pero se llevaba bien conmigo. Fue mi mentor y, para otros, eso demostró que yo estaba destinada a cosas más grandes. Aunque el estilo de Roger era confuso y molesto a veces, lo admiraba mucho y nos entendíamos. Su inteligencia y su amistad me impulsaron.

Steve Reinemund, que sustituyó a Roger como CEO, era un personaje muy diferente: un tipo serio, recto y religioso que llevaba zapatos brillantes tipo Oxford y camisas blancas almidonadas con el monograma de sus iniciales en los puños. Se había unido a Pepsi-Co a través de Pizza Hut a mediados de la década de 1980 y había creado un servicio de entrega a domicilio que confrontó a Domino's, nuestro rival, y transformó el negocio de la pizza en Estados Unidos.

En siete años como CEO de Frito-Lay, Steve se había centrado con ahínco en las operaciones. Sabía todo sobre la fabricación y distribución de *snacks* salados, con el crujido perfecto y entregados a tiempo a los minoristas. Era un excelente vendedor, que visitaba a los directores generales de los minoristas y a los gerentes de las tiendas y se subía a los camiones de reparto. La construcción de la marca y la publicidad nunca fueron su prioridad. Mientras Pepsi-Cola se ocupaba de firmar un contrato multimillonario con las estrellas del pop británicas, Spice Girls, los Tostitos de Frito-Lay ganaban participación de mercado con anuncios en los que aparecían los Beverly Hillbillies haciendo nachos en el microondas.

Aunque ahora iba a dirigir la empresa completa, Steve odiaba gastar mucho en funciones corporativas, como informática o investigación y desarrollo. Creía en la descentralización y en la clara independencia de cada división. Steve era tan consciente de los costos que se rumoraba que hizo que el servicio de limpieza de la sede de Frito-Lay se redujera a dos veces por semana y que el papel higiénico pasara de ser de dos capas a ser de una. Roger, en todo su estilo, le apodó el "Una Capa".

Steve nació en Queens, Nueva York; fue criado por su madre soltera y se graduó de la Academia Naval de Estados Unidos en Annapolis, Maryland. Sirvió en los Marines durante cinco años, periodo en el que realizó tareas en uniforme de gala en la Casa Blanca y en Camp David para los presidentes Nixon y Ford. Un día le pregunté en broma si alguna vez se relajaba y se soltaba el pelo. Una hora más tarde, entró en mi despacho con la corbata desordenada, el pelo revuelto y una amplia sonrisa. Steve podía ser divertido y modesto, pero tenía que hacer un esfuerzo.

Al mismo tiempo, siempre trataba de hacer lo correcto. Consideró que la celebración del centenario de Pepsi-Cola en Hawái era demasiado extravagante y decidió no asistir. Cuando Roger llevaba a los altos ejecutivos en el jet de PepsiCo a Montana o a las Islas Caimán para pasar el fin de semana de trabajo en equipo, Steve solía optar por quedarse en casa con su esposa, Gail, y sus cuatro hijos.

Yo, por supuesto, nunca recibí invitación a los viajes de Roger porque siempre eran solo para hombres. Para mí, eso estaba bien porque quería pasar más tiempo en casa. Confiaba en que Roger no emprendería nada importante sin consultarme o implicarme.

El enfoque frugal de Steve y su atención a los detalles eran justo lo que PepsiCo necesitaba cuando asumió el cargo en el 2000. Ahora éramos una empresa de productos envasados (sin restaurantes) y teníamos que obtener mayores ingresos de nuestro nuevo y optimizado núcleo.

En 1999, cuando Steve estaba en el proceso de ocupar las oficinas corporativas, me presionó para que aprendiera más sobre lo que él llamaba "el lado derecho del punto decimal" (los centavos) al pedirme que supervisara un importante proyecto logístico de Frito-Lay. Hizo bien en hacerlo. Sabía que yo había negociado docenas de transacciones de miles y millones de dólares y que manejaba con facilidad las grandes cifras del lado izquierdo del punto decimal. Pero no había contado con la forma en que las fracciones de centavo, en volúmenes enormes, impulsaban la rentabilidad de PepsiCo. De hecho, no había puesto atención en los incrementos minúsculos en los negocios desde que anduve de tienda en tienda vendiendo hilo y tela impresa para Mettur Beardsell en la India.

El proyecto de Frito-Lay me llevó a Plano cada semana durante siete meses. Salía de casa hacia el aeropuerto a las cuatro y media de la madrugada los lunes y vivía en una habitación del hotel Marriott hasta el jueves por la noche. Echaba muchísimo de menos a mi familia y, por supuesto, no existía la tecnología que nos conecta hoy en día con los teléfonos inteligentes, los mensajes de texto, FaceTime o Zoom. Hablaba con Raj o con las niñas por teléfono, pero esas llamadas de final del día solían ser breves y nuestra comunicación no era inmediata ni espontánea. Contábamos con los servicios de una niñera y un ama de llaves, y Raj estaba en casa casi todas las noches que yo estaba fuera. Habíamos acordado no dejar nunca a las niñas sin que un miembro de la familia pasara la noche con ellas, fueran cuales fueran las circunstancias. Esto requería mucha planificación por nuestra parte. Preetha acababa de empezar la preparatoria y Tara estaba en primer grado; para mí era un periodo muy valioso y no quería tener que dejarlas durante varios días seguidos.

Me lancé a la tarea de replantear masivamente el sistema de entrega directa en tienda, que era un sello distintivo de la puesta en el mercado de los productos de Frito-Lay.

Lay's, Doritos, Walkers y la mayoría de los demás *snacks* salados se envasan con aire para que no se rompan, y eso hace que el cargamento sea grande y ligero. Además, los productos se venden rápido, por lo que las estanterías de las tiendas necesitan reabastecerse todo el tiempo. Todo esto significa que la mejor manera de trasladar millones de bolsas de papas fritas desde la fábrica donde se elaboran hasta el consumidor es entregarlas directo en la tienda siempre que sea posible, sin manipulación intermedia. Frito-Lay tiene el mayor y más sofisticado sistema de DSD del mundo, con cuarenta plantas de fabricación solo en Norteamérica, a las que dan apoyo doscientos treinta grandes almacenes, mil setecientos sesenta almacenes de contenedores más pequeños y una gran flota de camiones con representantes de Ventas que llevan dispositivos portátiles para registrar los pedidos.

A lo largo de la década de 1990, Frito-Lay sacaba docenas de nuevos sabores, formas y otras extensiones de línea, con lanzamientos de productos cada tres o cuatro meses. A los consumidores les encantaba la variedad, y ofrecer nuevos condimentos no nos resultaba caro a nivel de fabricación. Casi todo se basaba en alguna variante de las papas fritas o las frituras de maíz. Además, *lo nuevo* significaba *más ventas*: cuando lanzábamos un nuevo sabor y lo colocábamos en un lugar destacado del estante, mucha gente lo probaba.

Todo esto suponía una carga para el sistema DSD. Cada tipo de tienda necesitaba un envase diferente, y cada nueva variante aumentaba la complejidad de la distribución. Las tiendas de conveniencia, por ejemplo, querían vender Doritos de queso Jumpin' Jack en paquetes de noventa y dos gramos para el público que los compra y los come en el momento; las tiendas de club como Costco, por su parte, preferían los empaques con varias unidades para la gente que los compraba a granel una vez al mes. Tuvimos que crear y trasladar cientos de opciones.

Steve quería duplicar la capacidad del sistema DSD y reconfigurarlo para manejar 30% más de variedades. Tuvimos que eliminar los residuos de la operación actual para abrir ese espacio y luego actualizarlo todo, desde las computadoras de mano hasta el sistema de preparación de pedidos en el centro de distribución y la forma de adaptar los surtidos de los estantes por tienda y zona de venta. Fue una tarea hercúlea.

Por supuesto, mientras sudaba con los detalles de Frito-Lay, ignoraba por completo que un año después compraríamos Quaker. En retrospectiva, la experiencia en Plano fue crucial porque me enseñó cómo ahorrar hasta el último centavo. Para cuando trabajé en la planificación de la integración posfusión con Brian y John, ya tenía experiencia en encontrar los pequeños detalles.

Brian y John, que trabajaban en su burbuja secreta, encontraron la manera de aprovechar la escala combinada de PepsiCo y Quaker para pagar menos por todo: desde el material de empaque hasta muebles y llantas de camión e ingredientes como trigo y avena. Planificaron cómo consolidar las oficinas y ciertas funciones como recursos humanos, contabilidad y jurídico. Detallaron la forma en que el equipo de Ventas de los almacenes de Quaker podía asumir la marca Tropicana y artículos de menor volumen de Frito-Lay que no funcionaban bien en el sistema DSD. Encontraron casi doscientos proyectos que nos ahorrarían desde unos cuantos cientos de miles de dólares hasta miles de millones. Teníamos que examinar, evaluar, orientar y aterrizar cada uno de ellos. Y la mayoría, en los primeros cuatro meses.

Con estos esfuerzos, logramos ahorros de más de 700 millones de dólares en las finanzas de PepsiCo por cinco años, duplicando los 350 millones que habíamos calculado.

Por desgracia, la autorización por parte del Gobierno no fue tan fácil como pensábamos. Después de un análisis inicial, los comisionados de la FTC decidieron echar un segundo vistazo a la posibilidad de que la compra de Gatorade por parte de PepsiCo le diera a la empresa demasiado poder en la industria de los refrescos. Tuvimos que proporcionar más información, modelos econométricos detallados y análisis para argumentar a nuestro favor.

Un día, Steve entró en mi oficina y me pidió que me hiciera cargo del proceso ante la FTC, junto con el Área Jurídica. Una granada, pensé. El ejecutivo a cargo de este proyecto se sentiría desconcertado e insultado, y con toda razón. Yo no tenía experiencia lidiando con los funcionarios de Washington y ya tenía mucho trabajo, sin mencionar a mi familia en casa. Traté de convencer a Steve de que no era buena idea, pero él, también, era nuevo en esto y dijo que se sentiría más cómodo si yo me involucraba. Si se nos caía el trato con Quaker que tanto trabajo nos había costado, dijo, al menos los dos podremos decir que hicimos nuestro mejor esfuerzo.

Tenía que elevar mi eficiencia un nivel más.

Convencí a mi madre de que viniera a vivir con nosotros de tiempo completo otra vez, porque Raj estaba muy ocupado en su trabajo. Durante los siguientes meses, llegaba a mi escritorio a las seis de la mañana. Luego, al menos tres veces por semana, a las nueve. Me subía al avión de PepsiCo que estaba ahí esperándome para llevarme a Washington junto con los abogados. Nos reuníamos con los funcionarios de la FTC, hablábamos del caso, nos hacían preguntas. A las tres de la tarde, ya estábamos de nuevo en el aire, y de regreso a la oficina a las cuatro y media. Asignaba tareas para contestar las preguntas, revisaba las preguntas del día anterior y continuaba con mis otras tareas. Regresaba a casa a eso de las diez de la noche, y de nuevo me sentaba en la cama hasta pasada la medianoche revisando correos y haciendo listas de pendientes. Todo el equipo trabajó arduamente esos meses.

En agosto de 2001, cuatro comisionados de la FTC votaron sobre el plan de PepsiCo de comprar Quaker Oats. El resultado fue un empate: 2-2. Eso significaba que la transacción quedaba aprobada. Steve y yo nos sentimos muy aliviados.

Salí de este proceso muy impresionada con el equipo de la FTC. Eran personas dedicadas, enfocadas y que aprendieron con rapidez las complejidades de nuestro negocio. Al principio, no entendían el negocio, pero leyeron todo lo que les enviamos e hicieron preguntas difíciles, perspicaces. Estos funcionarios del Gobierno federal no reciben grandes salarios como en el sector privado y, en esos meses húmedos de verano, la gente con la que trabajé ni siquiera tenía aire acondicionado, porque el edificio de oficinas estaba en plena remodelación. Con todo, peinaron casi doscientas cajas de documentos, con el único propósito de proteger al consumidor estadounidense de los efectos adversos de una competencia reducida. Analizaron la transacción a gran profundidad.

En algún punto, recuerdo haber deseado que todos los estadounidenses pudieran ver sus impuestos en acción en la FTC porque se sentirían orgullosos de este trabajo bien intencionado. Años después, con gusto acepté una invitación para dar el discurso de apertura del centenario de la FTC. Relaté mi experiencia con la FTC y agradecí, aunque ya habían pasado años, a cada uno por su esfuerzo sobrehumano y leal a esta transacción.

Un mes después, cerramos el trato y me mudé de oficina una vez más: un enorme espacio en la esquina que tenía diez ventanas, siete de un lado y tres del otro. Era magnífico en todos los aspectos, espacioso, con espectaculares pisos de madera y, a mi insistencia, los mismos muebles que había comprado al entrar a PepsiCo. El espacio era tan grande y abierto que tuvieron que traer algunos de los antiguos muebles de Roger (un par de sofás y sillas) para llenarlo. Sentí que había *aterrizado*, lo que sea que eso signifique.

También me dieron un aumento importante de sueldo. Cuando Steve se convirtió en mi jefe y yo en presidenta, notó que no habían ajustado mi remuneración para reflejar todas las demás responsabilidades que tenía además de ser CFO. Roger no se había ocupado de esto; el Área de Recursos Humanos nunca lo mencionó y yo tampoco.

Me gustaba mucho mi trabajo y me sentía privilegiada de estar sentada en esa oficina. Sentí que todo mi trabajo se lo dedicaba a PepsiCo. No era el dinero lo que me impulsaba, y mi salario era sin duda alto, pensé, si tomamos en cuenta lo que ganaba en BCG cuando empecé. No me comparaba con los hombres a mi alrededor, algunos de los cuales, luego me enteré, llevaban años recibiendo generosos bonos especiales en acciones. En mis primeros seis años en la compañía, no me ofrecieron nada parecido. Ahora, el nuevo CEO me dio un incremento significativo de mi salario base y le pidió al consejo de administración que me otorgara un bono accionario especial.

Todavía me pregunto por qué, durante tantos años, me pareció normal que el Área de Recursos Humanos no mencionara el tema de que las mujeres no recibieran la misma remuneración que los hombres. ¿Por qué lo toleraban? No hacía diferencia que esa área la encabezara un hombre o una mujer. Hablaban con entusiasmo de sus programas de diversidad racial, pero se ponían a la defensiva si les preguntaba por qué una mujer joven ejecutiva no obtenía el mismo salario que un hombre del mismo rango.

Sabemos que, en general, el salario promedio de las mujeres en los Estados Unidos es alrededor de 80% del de los hombres. En mi mundo, la disparidad salarial se expresaba en incrementos más pequeños: una mujer obtenía 95% del pago base de un hombre con el mismo puesto. Si preguntaba por qué ella obtenía 5% menos, me contestaban: "Es una diferencia mínima, no te preocupes". Algunas veces, intenté mostrar mi inconformidad y decía: "Entonces, ¿por qué no les pagamos a ellas 105% de lo que ganan ellos?". Siempre era una batalla cuesta arriba cuando, en realidad, el Área de Recursos Humanos debía señalar estos casos y resolverlos en forma sistemática.

En todo caso, descubrí que la misma gente encargada de los presupuestos salariales mantenía la idea de que los hombres debían ganar más. Me pregunto si es porque las Áreas de Recursos Humanos en forma intrínseca ven a los hombres todavía como el ideal. He hablado de esto con amigos en muchas industrias y este patrón persiste, no importa lo indignados que digamos estar con el hecho de que las mujeres ganen menos.

El cierre del trato con Quaker con la aprobación de la FTC también nos trajo un periodo más tranquilo en la vida familiar. Las niñas ya se estaban haciendo mayores y más independientes, y Raj estaba trabajando en una empresa nueva y vivía entre los Estados Unidos y la India, y yo estaba ocupada en proyectos en los Estados Unidos. Ahora, tenía la ventaja de que contaba con el avión de la compañía.

Esto era nuevo para mí. Durante toda mi gestión en PepsiCo y hasta ese momento, había sido testigo de cómo otros ejecutivos de alto nivel usaban el avión corporativo para viajes de negocios y, en ocasiones, personales. Hasta que llegó el proceso ante la FTC, siempre había volado en aviones comerciales. Ni siquiera cuando estuve visitando sola fábricas de jugos en Europa y Florida durante dos semanas para la auditoría en el proyecto de Tropicana, Roger me ofreció el avión de la compañía. No se lo pedí, y quizás hubiera tenido que hacerlo. Nadie parecía notar o considerar mi situación como madre de dos niñas que apreciaban tanto el tiempo.

Sé que hay algo más que una pizca de elitismo en el tema del uso de aviones de empresa, pero la realidad es que miles de aviones transportan a empresarios por el mundo todo el tiempo, y más si dirigen empresas globales. Cuando era presidenta de PepsiCo y tenía esa comodidad, era mucho más productiva en los viajes. Podía trabajar tranquilamente, con la privacidad necesaria para leer documentos confidenciales o discutir información exclusiva mientras viajaba. El avión era una oficina en el aire. Podía hacer muchos viajes de un día con varias escalas.

Estaba en casa a la hora de la cena más a menudo que al principio de mi carrera y ayudaba a mis hijas con los deberes. Una vez que se iban a la cama, leía y repasaba cosas del trabajo en nuestra sala familiar, muchas veces con el partido de los Yankees de fondo.

Preetha era una estudiante superdotada, semifinalista de la National Merit Scholar de su escuela, y una joven vivaz e ingeniosa, pero su adolescencia no fue fácil. Es un periodo difícil para las chicas en general, pero que su madre, a la que estaba tan unida, viajara todo el tiempo —y no tuviera flexibilidad para tomarse tiempo libre para trabajar desde casa cuando lo único que ella quería es que estuviera cerca— fue duro para ella. Además, ya no le gustaba ir al Sacred Heart después de tantos años; se sentía frustrada por la dinámica de los grupitos y las peleas insignificantes que pueden surgir con chicas que llevan toda la vida juntas.

Para colmo, me di cuenta de que Raj y yo la estábamos limitando al intentar aplicar nuestro antiguo sistema de valores, arraigado en la India de la década de 1970. La ropa de moda para las chicas de la edad de Preetha en aquella época implicaba llevar los hombros desnudos, lo que no nos gustaba; queríamos que llegara a casa los sábados por la noche a las ocho; le preguntábamos por qué no podía hacer (siempre) planes de estar en casa con sus amigos. Todo nos parecía muy razonable en aquel momento. Mirando hacia atrás, quizá no.

Era demasiado para Preetha. Decidió ir a un internado a unas horas de distancia, en Connecticut, para terminar la preparatoria. Después de graduarse, fue al Hamilton College para especializarse en Geología y Ciencias Ambientales y desarrolló un afán por proteger el planeta para el futuro. Estamos muy orgullosos de ella.

En la primaria, Tara era feliz en el Sacred Heart, y la llevaba a la escuela muchas mañanas de camino a la oficina. Cuando se bajaba del coche, yo le gritaba muy alegre: "¡Te quiero más que a nadie en el mundo entero!". Creo que le encantaba, aunque, a medida que crecía, empezó a darse la vuelta y a susurrar en voz alta: "Mamá, no hagas eso. Me estás avergonzando". Eso nunca me detuvo.

Durante varios de estos años, también tuvimos un joven profesor de la escuela que venía a pasar las tardes con Tara y la ayudaba con las tareas. Ese arreglo funcionó muy bien.

Raj ayudó a Tara con las matemáticas a lo largo de los años, con resultados dispares. A menudo, recibía llamadas de pánico: "Mamá, ayuda. La forma en que papá me enseña matemáticas no es la que nos enseñó mi profesora. Cada vez estoy más confundida". Podía oír a Raj murmurar en el fondo: "Estos profesores no tienen ni idea…". Era claro que el enfoque adoptado por su escuela en la India era muy diferente del enfoque del Sacred Heart.

Las pequeñas frustraciones de la típica madre trabajadora persistían para mí, y seguía sintiendo esa molesta y profunda culpa. La escuela, por ejemplo, tenía un Café de Clase para las madres a las nueve y media de la mañana algunos miércoles. Me perdí casi todos. Preetha lo había aceptado a regañadientes, pero Tara empezó a expresar que le gustaría que yo también pudiera ser una "madre de verdad" y acudir al Café de Clase como las demás. ¿Qué podía hacer? Llamé a un profesor de la escuela con el que llevaba una relación amistosa y le pregunté cuántas madres asistían en realidad. Entonces me di cuenta de quiénes no iban. La siguiente vez que Tara lo mencionó, le dije los nombres de las otras madres de su curso que no habían asistido. Era mi forma de afrontar la situación, pero puede que no fuera una respuesta satisfactoria para mi hija.

A pesar de todo el estrés del trabajo, los viajes y los horarios imposibles, intenté ser una madre atenta e involucrada en la medida de lo posible. Cada una de las fiestas de cumpleaños de mis hijas se planificaba y llevaba a cabo con mucho amor y atención a cada pequeño detalle, porque era consciente de que esos días eran especiales y fugaces. Acudía a todos los actos y competiciones escolares en los que participaban mis hijas y, durante cinco años, fui miembro activo del consejo de administración de la escuela. Creo que nunca me perdí una reunión.

Si alguien enfermaba o sufría un accidente, siempre estaba allí, lo cual está en mi naturaleza. Desde mis primeros años como madre, cuando Preetha tuvo varicela, me infectó y me dejó la cara con costras durante meses, consolé a mis hijas más allá de lo que Raj pensaba que era necesario. Una vez lo dejé todo y corrí a la escuela cuando Preetha se lesionó el tobillo en la clase de gimnasia y acabé a un lado mientras esta hija, al igual que la otra, me decía que dejara de avergonzarla. No me importó. Quería asegurarme de que estaba bien. En otra ocasión, estaba en California y me llamó Tara histérica. Tenía dos conejos en una conejera en el patio trasero y uno había muerto. Hice lo que pude para consolarla. Media hora después, volvió a llamar. El segundo conejo también estaba sin vida. Estaba fuera de sí. Cancelé el resto de mis reuniones y volé a casa.

Tampoco puedo exagerar lo mucho que me apoyé en mi asistente de PepsiCo del 2000 al 2006, Barbara Spadaccia, una mujer inteligente, cariñosa e increíblemente generosa de unos cincuenta años, sin hijos propios, que nos tomó a mis hijas y a mí como si fuéramos su propia familia. Fue mi apoyo incondicional y una voz tranquila en medio del barullo de lo que tenía que hacer, que muchas veces era todo a la vez.

Siempre les dije a las niñas que podían llamarme al trabajo en cualquier momento, y eran asiduas a la oficina. También recibía llamadas que no podía atender, y entonces Barbara intervenía. Resolvía todo tipo de pequeñas crisis, desde material escolar perdido hasta tareas olvidadas. A veces se llevaba a Preetha a tomar un café a última hora o a dar un paseo para hablar de las presiones de la vida escolar. Barbara formaba parte de nuestra familia y se esforzaba por facilitarme la vida.

En una ocasión, Barbara me sustituyó con Tara en la Liturgia Madre-Hija de la escuela, una misa especial en la capilla con una procesión, cantos, reflexiones de una madre del grupo y un sermón. Luego, todas las madres e hijas se intercambiaban cartas y almorzaban. Siempre me gustó ese día y me aseguré de estar allí, pero aquella vez tenía una reunión de inversionistas a la que no podía faltar. Cuando llegué a casa esa noche, me disculpé mucho con Tara, la abracé y se me saltaron las lágrimas por haberme perdido esa experiencia juntas. Tara no estaba molesta. "El día estuvo maravilloso—dijo—. ¿Puede ir Barbara el año que viene, mamá? Estuvo increíble."

Steve y yo también nos acercamos como amigos cuando él era CEO y yo presidenta de PepsiCo, en parte porque él tenía gemelos de la misma edad que Tara. Hacía un gran esfuerzo por prestarles toda su atención cada fin de semana. Recuerdo que una vez fui a ver a Preetha al internado y que Steve recogió a Tara después de la escuela para llevarla a casa. No conozco a ningún otro CEO que fuera tan comprensivo.

Nuestros sustitutos —todas esas personas especiales en la vida de nuestros hijos que los apoyan, animan y quieren también— desempeñan un papel muy importante para todos nosotros. Al fin y al cabo, se necesita todo un pueblo para criar a un niño.

Mi trabajo en PepsiCo era casi interminable. Nunca me iba a la cama por la noche pensando: "¿Qué debo hacer mañana?". Siempre estaba poniéndome al día, respondiendo preguntas, avanzando. Una vez, volé a Moscú un viernes por la noche para ayudar a un recién creado equipo europeo a elaborar argumentos convincentes para una adquisición rusa que querían proponer. Al subir al avión de vuelta a casa dos días después, un domingo por la tarde, exclamé: "¿Se dan cuenta de que he renunciado a mi fin de semana y he volado hasta Moscú para ayudarlos a preparar una presentación para *mí* el próximo viernes?".

"Lo sabemos —respondió uno—. Gracias por ser Indra Nooyi, nuestra maestra. Ahora nos sentimos mucho mejor sobre cómo nos irá con Indra Nooyi, presidenta y CFO de altísimo nivel."

En esos mismos años, inicié una enorme actualización de todo el sistema informático de PepsiCo. El proyecto surgió de una crisis. Un día de primavera del 2002, el sistema de pedidos de Frito-Lay colapsó y tuvimos que contratar a cientos de trabajadores temporales para procesar los pedidos en medio del ajetreado fin de semana del Memorial Day. El retraso era enorme: en un periodo de máxima actividad festiva, Frito-Lay tenía más de ciento cincuenta mil pedidos al día, y las personas no podían hacerlo todo. Teníamos que lidiar con viejos sistemas heredados, y la mayoría de las personas que sabían cómo funcionaban (y cómo solucionarlos) estaba jubilada. Tuvimos que localizar a algunas de ellas y llamarlas.

En PepsiCo, teníamos muchos sistemas como este: tecnología fragmentada que era cada vez menos fiable y más cara de mantener. No éramos los únicos con este dilema. Muchas grandes empresas se enfrentaban al mismo problema y, para pagar las actualizaciones tecnológicas, hacían cargos puntuales independientes de los gastos corrientes para que se consideraran temporales y no afectaran las ganancias operativas subyacentes.

Llegué a la conclusión de que necesitábamos un sistema empresarial nuevo que pudiera manejar el crecimiento de PepsiCo, una inversión importante que involucraría cada parte de nuestra operación. Necesitábamos establecer como principio que la tecnología de la información de vanguardia era fundamental para el éxito de la empresa. También tenía una razón personal para solucionar esto. Las nuevas normas financieras federales, la Ley Sarbanes-Oxley, exigían que los directores financieros y los directores generales firmaran cada año documentos que garantizaran la integridad de las finanzas de su empresa. Le dije a Steve que necesitábamos sistemas informáticos sólidos para poder firmar con tranquilidad.

Steve se mostraba reacio. Esto sería muy caro y tomaría mucho tiempo, pero me dijo que, si conseguía el dinero, lo hiciera. Durante varios meses, trabajé con informáticos y consultores externos en un plan que acabaría costando 1500 millones de dólares —300 millones al año durante cinco años— solo para la fase 1. Un par de meses después tenía sobre mi mesa un documento de aprobación de veinticinco páginas en el que se exponía todo.

Veinte personas ya habían firmado, y yo era la penúltima persona que tenía que aprobarlo. Steve era el último. Sabía que, si veía mi nombre, firmaría.

No pude hacerlo. No podía firmar un gasto de capital de 1500 millones de dólares, que era tan técnico que no acababa de comprenderlo del todo. Así que, al igual que en los viejos tiempos, me metí en los libros. Compré todo lo que pude encontrar sobre sistemas empresariales, mapeo de procesos, almacenamiento de datos y gestión de datos maestros. Y durante las seis semanas siguientes —hasta las vacaciones de diciembre y Año Nuevo— lo estudié todo. Cancelé nuestro viaje anual a la India, lo que provocó que la familia protestara, pero acabaron aceptando. En enero, reuní al equipo para presentarles una larga lista de preguntas y, una vez contestadas todas, añadí mi firma. Pagamos este sistema, que tardó más de siete años en implementarse, vendiendo algunas acciones que PepsiCo poseía en las empresas embotelladoras que cotizan en bolsa.

Creo que los líderes empresariales deben conocer los detalles de lo que aprueban antes de plasmar su firma en algo. No tiene nada que ver con la confianza en las personas que trabajan para ti, sino que es una responsabilidad básica. No se trata de ser solo un *aprobador*. Creo que la gente que trabajaba para mí llegó a apreciar que leyera todo lo que me enviaban, tanto por respeto hacia ellos y su trabajo como porque era mi responsabilidad. Sé que volvía loca a la gente con preguntas, pero ese era mi trabajo. Tenía la intención de hacerlo bien.

Pero ¿cómo dejar mi corona en la cochera?

Para ser honesta, ni siquiera pasaba tiempo suficiente en casa esos primeros años como presidenta de PepsiCo, así que no tenía que pensar demasiado cómo estaba manejando la relación entre mi éxito profesional y mi papel como madre, esposa e hija. No me sentía de la realeza, ya que iba de un proyecto a otro y viajaba con regularidad a Washington. Solo intentaba seguir el ritmo de las tremendas responsabilidades del trabajo en un mundo en el que no había nadie como yo.

Sin embargo, el comentario de mi madre de aquella noche se me ha quedado grabado, tan vago como para interpretarlo de varias formas.

En primer lugar, creo que dijo algo muy importante sobre cómo combinamos el trabajo y la familia. Tenía razón, por supuesto, en que no importa quiénes seamos o lo que hagamos, nadie puede ocupar nuestro lugar en la familia. Yo estaba teniendo mucho éxito, pero la estabilidad de nuestro hogar significaba que yo tendría el mismo valor y la misma importancia, aunque no me hubieran nombrado presidenta de PepsiCo, indicó mi madre.

Entonces, ¿debería mi madre haberme dejado compartir la gran noticia? Sí. Mi emoción esa noche no era por mi nuevo cargo en sí, sino que quería disfrutar del momento y de mi logro con las personas más cercanas a mí y sentir su orgullo. Tengo la sensación de que, si fuera un hombre, un marido, un padre, habría tenido un poco más de margen.

Creo que a las mujeres se les exige un nivel diferente al de los hombres cuando se trata de celebrar sus logros profesionales. Hagamos lo que hagamos, nunca somos suficiente. Conseguir un ascenso o un premio fuera de casa a veces parece significar que, o bien ese premio fue fácil de conseguir, o bien estamos dejando de lado nuestras obligaciones domésticas.

Este juego de suma cero para las mujeres cuando se trata de logros laborales o familiares es pernicioso. Es importante que los hombres, en particular, vean que esto nos frena a todos. ¿Por qué no dejar que las mujeres tengan éxito en todos los aspectos de la vida? ¿Por qué no celebrar lo que hacemos bien cuando lo hacemos? A todos nos gusta ver a nuestras hijas ganar en los deportes o en los concursos de ortografía cuando son niñas. Entonces, ¿por qué menospreciamos a las mujeres adultas que triunfan en el campo profesional haciendo comentarios sobre si son igual de fabulosas en casa?

Sin duda, las mujeres no se ayudan a sí mismas ni a las demás en este sentido. Sé que es más fácil decirlo que hacerlo, pero tenemos que dejar de lado la perfección. A menudo sentía que, aunque ganaba influencia y poder en el mundo empresarial, le estaba fallando a mi familia porque no estaba más tiempo en casa. En retrospectiva, me siento un poco desconsolada por haber gastado tanta energía preocupándome por esto. Una vez me sentí tan bombardeada por los comentarios de mis hijas sobre cómo mi trabajo lo consumía todo, que les dije: "Muy bien, voy a dejar PepsiCo. Mi corazón está con ustedes, y está claro que es demasiado y voy a renunciar para estar en casa". En ese momento, parecía ser una gran decisión. Pero entonces vino la reacción: "¡No, mamá! ¡No puedes renunciar! —exclamó Tara—. ¡Has trabajado mucho para llegar ahí! ¡Sueña a lo grande, mamá! ¡Sueña a lo grande!". Preetha deseaba tener dos mamás como yo: una madre dedicada y siempre presente con la que pudiera contar y una madre CEO de la que estuviera tan orgullosa. Ojalá hubiera sido posible.

De alguna manera, tuve que aprender a dejar pasar estas olas de emoción entre todos nosotros. Quizás esto también sea endémico del papel de una madre. Estoy muy comprometida y conectada con mi familia, y no importaba lo que estuviera haciendo fuera, seguía teniendo un papel importante en la vida emocional de todos. A veces me sentía como un saco de boxeo y que todos pensaban que sus problemas se debían a que yo fuera una alta ejecutiva de PepsiCo.

Aunque luché con estas emociones, sé que fui muy afortunada de estar casada con Raj. En los años más difíciles de la vida de una mujer trabajadora —los hijos en pleno crecimiento y un trabajo exigente—, creo que nuestros cónyuges pasan a un segundo plano, y tienen que ser capaces de soportarlo. A menudo, Raj me decía: "Tu lista es siempre PepsiCo, PepsiCo, PepsiCo; luego tus hijas [como si fueran solo mías]; luego tu madre; y, al final, estoy yo". Tenía razón, pero mi respuesta en broma era: "¡Al menos estás en la lista!".

En realidad, Raj trasciende las listas y estoy segura de que lo sabe. La única manera de que nuestro matrimonio haya funcionado y durado es porque estamos en este viaje juntos, para el éxito de la familia entera. No obstante, PepsiCo me exigía mucho, y sé que Raj solía sentirse bastante ignorado.

Para cualquier mujer trabajadora que tiene hijos, el apoyo de un cónyuge puede compensar toda esa culpa. Como he dicho a menudo, ser madre es un trabajo de tiempo completo, ser esposa es un trabajo de tiempo completo y ser ejecutiva es más que un trabajo de tiempo completo. Todo ello requiere asignar y reorganizar las prioridades en todo momento, a veces varias veces al día. Y, dependiendo de con quién estemos hablando, sentimos que nunca lo hacemos bien. En mi caso, el hecho de tener a Raj en cada paso me sirvió de base. Nunca me hizo sentir culpable por no estar en casa con las niñas.

También creo que un buen grupo de amigos puede marcar una enorme diferencia. Hay momentos en los que no queremos que nos digan que nos equivocamos, ni que nos digan qué tenemos que hacer diferente. Queremos desahogarnos y que nos escuchen, no que nos juzguen. Tengo buenas y muy queridas amigas —en la India, Israel y Estados Unidos— en las que puedo confiar plenamente para que me escuchen. No son parte de mi familia, ni de mi vida laboral, y de ninguna manera siento que tengo que impresionarlas o demostrarles quién soy. Se encuentran en varias zonas horarias, pero eso nunca es un problema.

El comentario de la *corona en la cochera* también habla de la relación más general entre el poder y la humildad. Se trata de una lección increíble para quienes ascienden en sus carreras y acaban desempeñando funciones que les confieren verdadera autoridad en el lugar de trabajo y en la sociedad.

Con los años, empecé a restar importancia a mi trabajo ante mi círculo familiar. Cuando era ejecutiva de nivel medio, les era más fácil hablar conmigo y dejarme ser yo misma. Una vez que ascendí a los rangos superiores, algunos empezaron a tratarme como una extraña. Suponían que estaba demasiado ocupada para hablar con ellos o que era demasiado importante para tratar con gente *normal*. Otros sentían celos de mi éxito. Todo esto creó cierto malestar en la familia.

Me adapté reservándome mis opiniones, experiencias y tensiones más de lo que habría hecho en otras circunstancias y asegurándome de estar de buen humor cuando llegaba a casa o estaba con la familia. Me era todavía más difícil cuando tenía que pensar en decisiones que afectarían a cientos de miles de empleados de PepsiCo o a los consumidores de todo el mundo, o en un informe de resultados que podría influir en los mercados mundiales. Sin embargo, creo que ese enfoque era necesario para mantener la cordura y el equilibrio en mi vida fuera del trabajo.

Al mismo tiempo, mi carrera era interesante, y yo era muy buena en lo que hacía, estaba tratando de ayudar a dirigir una empresa muy grande. Me encantaba PepsiCo y hacia dónde nos dirigíamos. Me encantaban nuestros productos y nuestras grandes ideas. Admito que a veces me sentía mal de no poder celebrar todo eso sin preocuparme de que la gente me tachara de ególatra.

Por ejemplo, en 2007, cuando el Gobierno indio me otorgó el premio Padma Bhushan, la tercera distinción civil más importante de la India, me sentí muy orgullosa. Imaginé lo contentos que estarían Thatha y mi padre al saber que yo estaba en una lista que incluía a destacados artistas, científicos, abogados y trabajadores sociales. El presidente A. P. J. Abdul Kalam me entregó el premio en el imponente Rashtrapati Bhavan, en Delhi. Era el mismo edificio que había visitado para tomar el té cuando era una niña de quince años, y ahora se me rendía homenaje allí. Raj voló desde los Estados Unidos para estar conmigo. Mi madre también asistió. Me entristeció que Preetha y Tara tuvieran que faltar al evento debido a la escuela. Nadie más de mi familia llamó para felicitarme.

Es fácil adaptarse y aceptar los adornos del liderazgo en nuestro mundo —el dinero, los viajes, las reuniones con gente famosa y fascinante, los hermosos espacios de vida y de trabajo—, pero los verdaderos líderes deben mantener los pies firmemente arraigados en la tierra y centrarse en las responsabilidades de su trabajo. Eso es lo que siempre he intentado hacer. Me sentía un modelo a seguir, el mundo me observaba. Tenía que cumplir con un trabajo muy difícil e intentaba tomar todo lo demás con calma.

Las mujeres líderes lo tienen mucho más difícil que los hombres porque el mundo del poder está diseñado para hombres. Las mujeres siempre están abriéndose camino cuando navegan por las altas esferas de los negocios, el gobierno o las finanzas. Tenemos que demostrar nuestra seriedad en un mundo en el que la autoridad y la inteligencia, para mucha gente, siguen teniendo el rostro de un hombre con canas. Tenemos que lidiar con docenas de pequeños y simples desaires que demuestran que las mujeres aún no han sido aceptadas del todo.

Cuando era presidenta de PepsiCo, una vez salí de un avión en México con un equipo de hombres. El funcionario de migración nos fue saludando a cada uno de nosotros: "Bienvenido, Sr. X", "Bienvenido, Sr. Y", "Bienvenido, Sr. Z", "Hola, Indra".

Sin duda, las mujeres tienen que dedicar mucho más tiempo a su aspecto y no pueden escatimar en esa área sin arriesgar toda su credibilidad. Pero hay mucho más. He intervenido en cientos de conferencias y siempre he tenido que preocuparme de si podía sentarme cómodamente en la silla que me asignaban porque podía ser demasiado profunda o demasiado alta para mí si llevaba vestido o falda. Llevé el mismo vestido azul a dos eventos de gala en Nueva York, con dos años de diferencia, y escuché comentarios de fotógrafos que deseaban que me hubiera comprado un vestido nuevo para poder aumentar su colección de fotos de mí. Es probable que todos los hombres que asistieron a ese evento llevaran el mismo esmoquin que habían usado durante años.

Una vez salí en la portada de la revista *Greenwich Magazine* con mi saco favorito de Armani, que me hacía sentir elegante y cómoda. Pensé que me veía muy bien. Entonces me llamó una vendedora de la tienda Saks Fifth Avenue más cercana y me sugirió que, en el futuro, acudiera a ellos para conseguir un *look* más actual antes de una sesión fotográfica importante. "No está bien llevar un saco de la temporada pasada", observó.

La voz de la mujer es demasiado alta o demasiado baja, o ella misma es demasiado baja o demasiado alta, o demasiado gorda o demasiado delgada, para ser una gran líder. Estos juicios nos desgastan. Sabemos que cuando los oímos sobre otras mujeres, también es porque se habla de nosotras. Creo que las mujeres no pueden escapar a los constantes recordatorios de que necesitamos sopesar nuestro poder —cualquiera que sea— frente a las expectativas de la sociedad, de que debemos, a toda costa, recordar que somos imperfectas.

No importa de cuántas formas se pueda analizar, tampoco puedo olvidar quién hizo el comentario de la *corona en la cochera*.

Aquella noche, en la cocina, mi madre era la misma mujer de siempre: dividida entre el deseo de ver a su hija despuntar en el mundo exterior y el de asegurarse de que yo estuviera a la altura de mi papel de esposa devota que podía contentarse con cuidar de todos los demás. Cuando era pequeña, me pedía que diera discursos fingiendo que era la primera ministra de la India, pero también se preocupaba por encontrarme un marido.

Un pie en el acelerador, un pie en el freno.

Ve y obtén la corona, pero déjala en la cochera.

En abril de 2006, Raj hizo una pausa en su trabajo para ir a la India y cuidar de su padre, que estaba enfermo de cáncer. Lo echaba de menos y me entristeció saber que su padre, que siempre me había apoyado tanto, se estaba muriendo. Como esposa del hijo mayor de la familia, se esperaba que interviniera para ayudar, pero mis suegros, siempre comprensivos, insistieron en que me quedara en casa para atender a las niñas y mi importante trabajo. Raj cuidó de su padre durante casi seis meses, hasta que falleció en noviembre del 2006.

En agosto de ese año, con Raj en la India, decidí tomarme una semana libre para pasar un tiempo en casa sola. Mi plan era relajarme, organizar un poco la casa y pasar tiempo con Tara. Preetha había ido a visitar a unos amigos a Maine. Yo no tenía nada más en mente y solo deseaba dormir —si es que podía hacerlo—, leer y reorganizar los clósets.

Sin embargo, el lunes 7 de agosto de 2006 por la mañana, llegó Steve, entró en la cocina, se sentó con el pequeño bloc de notas que siempre llevaba consigo y me informó que volvía a Dallas. Me dijo que el consejo de administración de PepsiCo iba a nombrarme CEO.

En tres meses, estaría a la cabeza del icónico proveedor estadounidense de Pepsi-Cola, la bebida que se sirvió por primera vez en 1898.

Entré en *shock*. Sabía que me estaban considerando para ocupar ese lugar algún día, pero no tenía idea de que Steve se iría tan pronto. Habíamos alcanzado un ritmo de trabajo cómodo y productivo, y con frecuencia bromeábamos que nos jubilaríamos juntos.

Steve me dijo que me esperaba un avión en el hangar de PepsiCo en el aeropuerto de Westchester, y a las diez de la mañana ya estaba en el aire rumbo a Nantucket, la isla que está frente a la costa de Massachusetts. Allí estaba tomándose unas vacaciones John Akers, el presidente del comité de nombramientos del consejo de administración, quien quería comunicarme de manera oficial la noticia. Cuando aterricé en Nantucket, John, vestido con sus pantalones cortos y su camisa polo, subió al avión, me comunicó la decisión del consejo, la cual sería ratificada oficialmente el sábado siguiente, me deseó suerte y dijo que estaba orgulloso de mí. Nos dimos la mano. Se marchó.

Volvimos a despegar y volé quince minutos a Cape Cod, para ver a Mike White, el jefe de Operaciones Internacionales de PepsiCo, en su casa de verano. Éramos buenos amigos y sabía que Mike era el otro candidato para el puesto. De hecho, unos meses antes, nos habían pedido que no asistiéramos a una reunión en la que el consejo estaba discutiendo un *asunto confidencial*.

Con unas cuantas horas libres ese día, nos dirigimos a Times Square para ver *Jersey Boys*, el espectáculo de Broadway. Luego fuimos a cenar y hablamos de todos los buenos momentos que habíamos pasado a lo largo de los años con nuestros colegas de Pepsi y Frito-Lay. Habíamos disfrutado de muchas fiestas, varias de ellas organizadas por mí, que se convertían en noches de karaoke o de cantar con Mike al piano. Había recopilado libros con las letras de doscientas setenta y cinco canciones pop, y todos teníamos una copia ya desgastada solo para esas fiestas. Nos reíamos de cómo Roger, cada vez que podía, insistía en cantar "My Way" de Frank Sinatra al menos tres veces y "American Pie" de Don McLean al menos dos veces. Nuestro exclusivo grupo había dedicado gran parte de su vida a trabajar en PepsiCo. A pesar de toda la presión, también nos habíamos divertido mucho.

Ahora, como futura CEO, realmente quería que Mike se quedara en la empresa, al menos durante un par de años. Se lo dije, y hablamos un poco sobre los posibles movimientos de liderazgo y la transición. Mike se sentó al piano y cantamos algunas canciones. Salimos a tomar un helado y a dar un paseo por la playa, y me llevó al aeropuerto, me dio un fuerte abrazo y me expresó todo su apoyo.

Cuando llegué a casa, todavía era media tarde. Llamé a Raj, a la India, y me dijo que estaría de vuelta en casa uno o dos días para poder estar conmigo en el anuncio. Entonces me senté sola, llorando, y dejé que me invadiera una oleada de emociones. Estaba emocionada, nerviosa y preocupada de ser el centro de atención. Pensé en todo: de dónde venía, lo que había logrado, lo que debía hacer con PepsiCo.

Pensé en mi hermosa familia y en que, para mí, no habría descanso durante mucho tiempo.

Veinticuatro horas después, todo se puso en marcha. Yo estaba a cargo del anuncio y tenía que ayudar a prepararlo. El cambio de CEO es extremadamente confidencial debido a la reacción de los mercados ante un cambio de liderazgo, y solo unas pocas personas podían saber lo que estaba ocurriendo. Invité a mi casa al consejero general, al jefe de Relaciones Públicas y al jefe de Recursos Humanos, y elaboramos las líneas generales del anuncio y las cartas a nuestros empleados, socios minoristas y afiliados. Pensamos cada palabra. Teníamos que celebrar los logros de Steve. Teníamos que demostrar estabilidad y una transición ordenada. Teníamos que ser optimistas y mostrar confianza.

El jueves, llamé a Preetha y le comuniqué que algo muy importante requería su presencia el lunes siguiente. Un poco a regañadientes, accedió a presentarse, vestida para la ocasión. Tara estaba en casa y sentía curiosidad por todo lo que ocurría. No pude compartir la noticia con ninguna de las dos.

El sábado se lo comuniqué confidencialmente a mi madre, que estaba en Manhattan con mi hermano. ¿Su reacción inmediata? "¡Ay, no! Déjame llamarle a Steve para convencerlo de que no se vaya —dijo—. Me escuchará. Tienes demasiadas cosas que hacer y tienes que ocuparte de las niñas. No necesitas más responsabilidades" La convencí con ternura de que esperara.

El lunes 14 de agosto del 2006, a las seis de la mañana, saltó la noticia: PEPSI SE LUCE AL NOMBRAR A UNA MUJER COMO CEO, decía un titular. PEPSI ELIGE A UNA MUJER PARA TOMAR LAS RIENDAS, declaraba otro. Mi familia en la India me dijo que ese día dominé las noticias, tanto en la prensa como en la televisión. Los tíos y tías que no dejaban de cantar "Yummy Yummy Yummy" en Mádrás hacía muchos años estaban muy orgullosos de su sobrina marimacha.

El día fue como un torbellino. Los empleados se agolparon en la cafetería de PepsiCo para asistir a una reunión mundial que se transmitió a toda la empresa. Steve dio un discurso sobre pasarme la batuta. Luego hablé yo. Dije que PepsiCo ya era una empresa fantástica y que íbamos a hacerla aún mejor. Vamos a ponernos manos a la obra.

Raj, Preetha y Tara se sentaron cerca, observando todo el evento y preguntándose qué significaría todo esto para ellos.

Sentí el peso del trabajo. Por fuera me sentía optimista y confiada, pero por dentro la realidad se apoderaba de mí.

No quería volver a vivir el fastidio de mudarme de oficina. Tenía una hermosa oficina en la esquina —mi casa lejos de casa— soleada por las mañanas, con vista a los árboles que cambiaban de color en el otoño y, a lo lejos, una enorme escultura roja de Alexander Calder llamada *Hats Off*. Me gustaba mucho la simpleza de mi escritorio, la gran mesa de juntas donde Tara hacía la tarea cuando venía y unas cuantas plantas en macetas de cerámica asiática. Las repisas de vidrio estaban llenas de fotos de mi familia y recuerdos de mis viajes.

A pesar de eso, Steve dejaba la *oficina del* CEO, un espacio del mismo tamaño en el otro extremo del pasillo, que también habían ocupado Wayne y Roger. Había asistido a tantas reuniones en esa habitación, siempre mostrando deferencia por la silla del poder. En un extremo, un pesado escritorio de caoba; en el otro, una especie de sala, con sillas tapizadas acomodadas alrededor de una mesita de vidrio, un tapete persa y una chimenea. El espacio era el epítome del estilo corporativo estadounidense tradicional, evocaba esos clubes privados de hombres con retratos en las paredes y esas *cuevas* inundadas de humo de cigarro y llenas de banqueros donde, por décadas, se dice que se tomaban las grandes decisiones.

¿Qué debía hacer? Tenía que darme mi lugar como CEO y presidenta del consejo. Por un momento, me pregunté si necesitaba esas convenciones sociales. Luego decidí quedarme donde estaba. Mandé quitar la chimenea y los paneles de madera de las paredes, y pedí que remodelaran el espacio para acomodar dos elegantes oficinas que ocuparía gente a mi cargo.

Sentí que conocía los ritmos y las responsabilidades del CEO de PepsiCo. Había trabajado con lealtad con los tres últimos líderes, involucrándome a fondo en todas las grandes decisiones, desde escindir la parte de los restaurantes a la compra de Tropicana, la transacción de separar las embotelladoras para formar una empresa pública y la actualización de todos los sistemas informáticos. Era consciente de las presiones que representaba administrar una compañía en expansión y famosa y de los movimientos y ánimos de la economía global.

Por mi personalidad, me había preparado en exceso. En doce años como estratega corporativa en PepsiCo, directora de Finanzas y presidenta, había viajado con los conductores de camiones, caminado a través de hectáreas de plantas de manufactura y visitado a los socios minoristas en cada rincón del mundo. Había probado cientos de sabores de papas fritas y salsas experimentales, saboreado decenas de mezclas de bebidas y podía describir todo tipo de sensaciones en la boca. Estaba aprendiendo a cultivar papas en Mongolia Interior y a recortar el uso del agua en los campos de arroz. Conocía cada renglón de nuestros estados financieros y gozaba de credibilidad ante nuestros inversionistas y analistas. Sentía más pasión que nunca por el espíritu PepsiCo e intimidad con su estructura y sus debilidades.

Lo más importante: era soñadora y a la vez ejecutante, podía pintar una imagen muy vívida del futuro de PepsiCo y guiar a la gente para que la hiciera realidad. En retrospectiva, ahora comprendo por qué me eligió el consejo de administración como CEO.

Sin embargo, sentía mariposas en el estómago. Cuando entré al edificio como la nueva CEO, el 2 de octubre del 2006, tenía esa extraña sensación que muchos líderes han tratado de describir:

yo las traía, como en el juego de niños. Sentí que todos me observaban y estaban esperando que les dijera qué hacer.

Enseguida me catapultaron al escenario público. Era la decimoprimera mujer en convertirse en CEO y entrar en la lista Fortune 500, un club muy selecto en el que estaban Meg Whitman de eBay, Anne Mulcahy de Xerox y Patricia Russo de Lucent Technologies. También era inmigrante, de piel oscura, que provenía de un mercado en desarrollo para hacerse cargo de una compañía estadounidense de productos de consumo muy conocida. Eso me convertía en un objeto curioso.

Los primeros meses, la atención de la prensa era constante y un tanto molesta. Tuve una plática con un periodista de alto nivel de Nueva York, a quien conocía socialmente, que recordaré por siempre. Dijo que sería el foco de atención por un tiempo. La prensa crearía toda una imagen mía de una nueva CEO, brillante y diferente, para que cuando se presentaran los (inevitables) problemas, yo tuviera un colchón donde caer. Así es este juego, me advirtió.

Hasta ese momento, mi relación con los medios había sido bastante buena. En mis primeros días en PepsiCo, no era imagen pública, pero sí hablaba de nuestra estrategia y nuestras finanzas con los analistas de Wall Street para sus informes a los inversionistas sobre el panorama de las acciones de PepsiCo. Como directora de Finanzas, presenté los números de PepsiCo cada trimestre en conferencias telefónicas con los mismos analistas y con los gestores de fondos de inversión. Todo de manera muy cordial y rutinaria.

Después del trato con Quaker, mi perfil se hizo más visible. La revista *BusinessWeek* publicó una historia que comparaba el estilo de liderazgo de Steve con el mío. Mirando atrás, me doy cuenta de que fue la primera probadita de que siempre me percibirían y presentarían como alguien diferente a los hombres poderosos. Éramos una "pareja rara", decía la nota. Steve era un antiguo marine de los Estados Unidos que corría maratones. Yo era una mujer con "la inquietante costumbre de canturrear durante las reuniones para calmarse a sí misma". El artículo describía mi vestimenta

206 | MI VIDA PLENA

como de "gente de negocios de la India", lo que incluía desde "una mascada fluida hasta un sari". Y continuaba diciendo: "Hace comentarios poco convencionales que nunca esperarías de un ejecutivo de alto nivel" y "tiene una especie de apariencia inocente, sin compromisos".

En 2003, la revista *Forbes* estaba preparando un reportaje especial sobre el PepsiCo de Steve y organizaron una sesión de fotos de última hora donde aparecía yo en el estacionamiento, fotos que aparecerían en un recuadro en la barra lateral de la página. Luego decidieron usar mi fotografía en la portada de la edición. Indra Nooyi tiene un "candor aguerrido", decía el reportaje. Incluía una cita de Roger: "'Indra es como un perro con un hueso', dice Enrico. Lo dice como cumplido". Me sentó muy mal ese reportaje de *Forbes* porque Steve, el CEO, se merecía la atención. No me explicaba por qué me habían puesto en primer plano.

Este episodio afectó mi trato hacia los periodistas para siempre. Siempre estaba a la defensiva. Aprendí que no importa cuánto se esfuercen las compañías como la nuestra por redactar mensajes claros con nuestras áreas de Comunicaciones y Relaciones Públicas, el camino es cuesta arriba. Los medios escriben lo que quieren, para bien o para mal.

Muchas veces leí artículos en periódicos, revistas y otros medios que eran bastante honestos y apegados a los hechos sobre PepsiCo, aunque llevaban titulares que podían ser sensacionalistas y alejados de nuestras noticias. Algunos reporteros publicaban historias basadas en rumores que no eran verdad, y estas a su vez daban lugar a rumores en la compañía que luego era difícil acallar. Aun así, con todos los retos que los medios presentan a figuras públicas como yo, sigo convencida de que la prensa es un elemento fundamental de la democracia y debe celebrarse y respetarse.

Invito a los periodistas que cubren noticias corporativas a que se comprometan con su misión original de informar y analizar a detalle, y de invertir su tiempo en aprender de los complicados negocios e industrias que les toca cubrir. Los redactores no deben sacrificar la esencia de una noticia por un titular dramático. La precisión es fundamental para que nuestro sistema funcione.

Cuando me erigí como CEO en 2006, la prensa estaba de nuevo entusiasmada de celebrar mi exotismo como mujer e inmigrante de la India. Me presentaron en un sari y algunas veces con los pies descalzos para tener un mayor impacto. No había usado un sari para ir a trabajar desde mi pasantía en Booz Allen Hamilton en Chicago, hacía veinticinco años. De vez en cuando, me quitaba los zapatos en la oficina después de las seis de la tarde, como muchas mujeres ejecutivas que usan zapatos de tacón alto.

Un reportaje publicado en el *Wall Street Journal* cuando asumí el cargo, con el titular LA NUEVA CEO DE PEPSICO NO SE GUARDA SUS OPINIONES, me describe en el primer párrafo vestida de sari y celebrando a Harry Belafonte, cantando "Day-O". Lo que realmente sucedió fue que presenté brevemente a Belafonte y cantamos todos en grupo "Day-O" en un evento de diversidad e inclusión del 2005. Llevaba un traje sastre con mi habitual mascada fluida. Tal vez pensaron que eso era un sari.

Para ser clara, desde la desgarradora conversación que sostuve con Jane Morrison en su oficina en Yale después de esa entrevista tan incómoda, había acogido la idea de que todos —yo incluida— debemos llevar ropa limpia y respetable, pero que nos haga sentir cómodos. Había adoptado la filosofía de que la gente debe poder mostrarse tal como es en el trabajo. Lo considero fundamental para lograr la inclusión en una organización. Sin embargo, admito que me desalentaba que, mientras me preparaba para liderar la segunda compañía más grande del mundo de alimentos y bebidas, me describieran muchas veces como una especie de estrafalaria forastera con una predilección por las vestimentas tradicionales de la India.

Por otro lado, recibí una oleada de apoyo por parte de la comunidad india e indiaestadounidense. Por mucho tiempo se había visto a los inmigrantes de la India, como yo, como ratones de biblioteca dedicados a la ciencia, que solo servían para impulsar las empresas emergentes de Silicon Valley. Un amigo que trabajaba en un banco de inversión me dijo que él y otros indioestadounidenses dentro del mundo de los negocios en los Estados Unidos llevaban la frente en alto y sentían que los tomaban más en serio como líderes potenciales en sus propios ámbitos porque, por primera vez, una persona indioestadounidense encabezaba una compañía icónica del sector de consumo estadounidense.

En mis primeras semanas como CEO, tuve que conformar mi equipo. Era un asunto delicado. Quería rodearme de líderes fuertes para asegurarme de que siempre recibiría comentarios honestos. Por otra parte, la salida de Steve vino aparejada de varias jubilaciones, lo cual estaba bien.

Algo que me tomó por sorpresa fue que mi asistente, Barbara, se fue. Tristemente, su madre había muerto unos meses antes y ella había renunciado para cuidar a su padre enfermo. Por un tiempo, sentí que había perdido a mi mano derecha, aunque luego tuve la fortuna de contratar a Ann Cusano, una veterana de PepsiCo que había trabajado en esta empresa durante más de veinte años y había sido la asistente ejecutiva de Steve.

Ann realmente sabía cómo lidiar con las prioridades a veces encontradas y cambiantes de la oficina de la Dirección General. Siempre tenía una sonrisa para quien se acercara, pero desempeñaba el rol de guardiana con mucho aplomo. Sus hijos ya eran mayores y había logrado equilibrar la maternidad con las presiones del trabajo; de forma natural, se ganó el cariño de Tara y Preetha. A su cargo estaba Jan Niski, una persona amorosa y atenta que parecía una extensión de la eficiencia de Ann. Juntas, atendían la oficina de la Dirección General de ocho de la mañana a siete de la noche, y atendían cantidades exorbitantes de correos y llamadas al día. Ann estuvo conmigo hasta que salí de PepsiCo. No puedo resaltar lo suficiente cómo estas mujeres mantuvieron mi vida en orden y contribuyeron a mi salud mental por más de una década.

Ascendí a Richard Goodman, el CFO de nuestra unidad de negocios internacionales, para que fuera el de PepsiCo. Era un hombre respetado, meticuloso y temerario al expresar sus opiniones. En la misma línea, persuadí a Cynthia Trudell, una antigua ejecutiva de General Motors que estaba en el consejo de PepsiCo para que se uniera como directora de Recursos Humanos. Quería un ejecutivo de operaciones que me ayudara a repensar muchos de los procesos y prácticas de recursos humanos de las siguientes décadas. Cynthia tenía grandes ideas, que con frecuencia expresaba en las juntas de consejo. La necesitaba cerca de mí.

Era importante que retuviera a Larry Thompson, un antiguo fiscal de los Estados Unidos, como nuestro consejero legal general. Sin embargo, tenía que ser elección mía y no una herencia del equipo de Steve, quien lo había contratado. El abogado general de una compañía pública es el consejero más cercano al CEO, está al tanto de todo y muy involucrado en todos los asuntos del consejo. Larry era bastante callado, siempre escuchaba y absorbía todo a su alrededor, pero en las sesiones *one on one* conmigo, me decía si estaba en lo correcto o no, y nunca se guardaba sus opiniones.

Un día, fui a la oficina de Larry y, sin planearlo, le dije que estaba despedido. Se sintió confundido. Diez segundos después, con una enorme sonrisa, lo volví a contratar como consejero general. Sé que le cayó como bomba y que probablemente no haya sido la mejor técnica de una CEO. Aun así, me dijo después que, aunque había quedado en *shock* esos segundos, comprendió lo valioso que era para mí *volver a contratarlo* para ese puesto. A partir de ese momento, Larry fue mi consejero general y le entusiasmó ser parte de mi nuevo equipo.

Por último, para mantener el funcionamiento óptimo de la oficina de la Dirección General, mantuve una práctica que Steve había implementado: rotar a ejecutivos prometedores para que trabajaran como jefes de personal, en periodos de dieciocho meses. Comencé con John Sigalos, con quien había trabajado en la oficina de Estrategia Corporativa y quien estaba ahora en Bangkok.

Se había mudado nuevamente a Nueva York, y su llegada trajo un orden y una estructura muy necesarios para seguirle el paso a todas las demandas de mi puesto.

Durante los siguientes doce años, me apoyé en un grupo muy valioso de líderes destacados y en ascenso para este puesto. Desde el principio, mi intención era viajar mucho y esperaba que mi jefe de personal viajara conmigo. En estos viajes pasaríamos tiempo en nuestros negocios, claro, pero también quería que sostuviéramos mesas redondas con empleados jóvenes, con mujeres, visitas a funcionarios gubernamentales locales y, a menudo, a solicitud de nuestros equipos locales, compromisos con cámaras de comercio o grupos de mujeres.

Para cada reunión, le pedía a esta persona que preparara un documento informativo breve. Además, todos mis discursos debían incluir mis comentarios al respecto y luego pulirlos con un experto en oratoria para asegurarnos de que cada palabra fuera culturalmente correcta. Esta persona también debía mantener una lista de los pendientes para asegurarnos de que se atendieran.

Por si fuera poco, mi jefe de personal tenía otra tarea muy importante: preocuparse por mí en entornos públicos. ¿Es adecuada la silla para una mujer? ¿Debía llevar vestido o pantalón en el estrado? ¿Cuál era el color de fondo para que no me perdiera o resaltara demasiado? ¿Podría conseguir que me sirvieran comida vegetariana? Y, lo más importante, también necesitaba tomarme descansos para no saturarme por la actividad constante. Creo que todos acababan exhaustos al finalizar su periodo, pero se llevaban un gran aprendizaje y comprensión de cómo funciona una oficina de un CEO global.

Al asumir el cargo, pude intuir quiénes serían mis detractores y mis partidarios, detecté entusiasmo, resentimiento y algo de escepticismo. El equipo internacional de la compañía estaba contento de que yo representara una visión global y de que Mike White siguiera siendo su jefe. Me aceptaron bien los ejecutivos de Pepsi y Frito-Lay, con quienes llevaba años trabajando. Roger y Steve estaban a la mano, aunque me dejaban a mis anchas. Siempre aprecié mucho eso de ellos.

Por supuesto, algunas personas se mantuvieron leales a su propia concepción de PepsiCo. Una de ellas le escribió a Steve, furiosa de que el consejo hubiera elegido a alguien tan diferente de los CEO anteriores. Steve le respondió con una maravillosa carta en la que describía todas las razones por la que yo era la mejor persona para dirigir la empresa.

En mis sueños, creé una nueva era para PepsiCo. Imaginé una corporación que definiría el siglo XX, una que trascendería hacia el futuro, orgullosa de sus raíces estadounidenses, pero al mismo tiempo global y con la habilidad de reflejar el cambio de los tiempos. Ese tipo de longevidad corporativa no es común. De las quinientas empresas estadounidenses más grandes en 1965, cuando Frito-Lay y Pepsi-Cola se fusionaron, solo setenta y siete, 15%, seguía en la lista cincuenta años después. Quería que PepsiCo se asentara como una empresa exitosa por décadas, no solo durante mi gestión como CEO. Mi instinto era que PepsiCo debía replantearse su propósito en la sociedad y desarrollar un nuevo modelo de conducir un negocio.

También se notaba la influencia de mi formación en la India: por las conferencias que me introdujeron a las nociones de democracia y capitalismo y por mi pasantía en el Departamento de Energía Atómica de Bombay, donde había visto cómo las grandes y poderosas compañías occidentales interactúan con el mundo en desarrollo. La SOM de Yale me había inspirado a cruzar océanos para recibir una educación enfocada en la intersección entre el mundo de los negocios y la sociedad, y los casos que había estudiado ahí me habían abierto los ojos a cómo las compañías están sumidas en un mundo de política, gobierno, organizaciones sin fines de lucro, comunidades y familias. Todos deben trabajar en conjunto para crear un mejor futuro.

En los meses siguientes a que Steve entrara en mi cocina esa mañana de lunes de verano, ponderé todo esto, incluso mientras atravesaba una oleada de trabajo, excitación y trepidación al asumir el cargo.

La tarea era monumental. PepsiCo era una compañía icónica, que tenía y comercializaba diecisiete marcas con ventas minoristas de más de mil millones de dólares al año, la cifra más alta para una empresa de bienes de consumo empacados en esa época. La gente comía y bebía más de mil millones de raciones de productos PepsiCo cada día. Operábamos en más de ciento ochenta países y territorios.

Sin embargo, PepsiCo (y toda nuestra industria) también era el blanco de las críticas de que el azúcar, la grasa y la sal de nuestros productos contribuían a la obesidad, la hipertensión y la diabetes en los Estados Unidos y, cada vez más, en el resto del mundo. Habíamos adquirido Quaker Oats y habíamos empezado a potenciar nuestra oferta nutritiva. Habíamos eliminado las grasas trans. Añadimos omega-3 a Tropicana. Habíamos retirado las bebidas totalmente azucaradas de las escuelas. Sin embargo, todo esto parecía marginal dado el alcance de nuestro negocio. Todavía se percibía a PepsiCo como una compañía de comida chatarra.

La presión de los expertos en salud pública, los grupos de padres de familia y los gobiernos era intensa, pero las tendencias de los consumidores también se inclinaban a favorecer la salud. Eso estaba claro incluso dentro de nuestra propia operación. Una vez estuve en Egipto cenando con nuestros líderes locales y sus cónyuges, y una de las mujeres me dijo que no quería dejar que sus hijos consumieran nuestros productos porque carecían de valor nutricional. Me pareció un gesto muy honesto y me fue de gran utilidad. Que alguien pudiera ser tan franco, incluso cuando sus ingresos familiares dependían de PepsiCo, aumentó mi sensación de urgencia para hacer algo al respecto.

Incluso los hábitos de nuestros ejecutivos estaban cambiando. A veces me daba cuenta de que era la única persona que bebía Pepsi con azúcar en las reuniones. Me frustraba tener que argumentar para obtener mayor apoyo de mercadotecnia para nuestras marcas más saludables. Más de una vez señalé que si nosotros mismos preferíamos las marcas bajas en calorías y el agua embotellada, ¿por qué pensábamos que los demás no preferirían lo mismo? Todos somos consumidores. Debemos apoyar la elección del consumidor, sin duda, pero nuestra mercadotecnia e innovación debían adaptarse a los nuevos tiempos.

Nuestra rivalidad con Coca-Cola no ayudó. Coca-Cola no tenía una división de alimentos, pero el enfrentamiento entre Coca-Cola y Pepsi estaba firmemente arraigado en la imaginación popular. Constantemente comparaban nuestras estrategias y acciones, y cualquier divergencia sorprendía o preocupaba al mercado. Esto hizo que el cambio fuera más difícil para nosotros. Siempre se nos relacionó con *la guerra de las colas*.

Sin embargo, en realidad, las dos empresas eran muy diferentes. Por desgracia, los analistas y periodistas de bebidas que nos cubrían desde hacía tiempo estaban cómodamente sentados en las viejas comparaciones en contraposición a la nueva realidad de nuestras carteras. Era realmente frustrante.

Por ejemplo, en el 2006, las bebidas de nombre Coca-Cola aportaron 55% de los ingresos. Pepsi-Cola, mientras tanto, aportó 17% de nuestros ingresos. Nuestro negocio de bebidas, en total, representó solo 40% de las ventas de PepsiCo. Sin duda, las bebidas carbonatadas seguían siendo un negocio muy rentable para ambas empresas, incluso en medio de la caída de la popularidad.

A los pocos años de mi mandato como CEO, exploramos la posibilidad de cambiar el nombre de la empresa por un apelativo relacionado con Anderson Hill, la dirección de nuestra sede, para separar nuestra enorme y diversa cartera de la marca de refrescos de una vez por todas. Algunos de nuestros altos cargos consideraron que un nuevo nombre daría a PepsiCo una imagen más acorde con sus líneas de productos. Sin embargo, después de pensar en los logotipos y en un plan de lanzamiento, y de calcular el costo,

214 | MI VIDA PLENA

desechamos la idea. No podíamos gastar cientos de millones de dólares para retirar el icónico nombre de PepsiCo cuando casi ningún consumidor que comprara el hummus Sabra, las papas fritas Lay's, Quaker Oats o Naked Juice se daba cuenta de que los productos estaban vinculados a PepsiCo.

El debate sobre la salud no fue nuestra única gran prueba. También me preocupaba el impacto de PepsiCo en el medio ambiente: todas esas botellas y bolsas, el agua y el combustible desperdiciados. En todos los lugares a los que iba, especialmente en los mercados emergentes y en vías de desarrollo, donde la recolección de basura no estaba organizada, veía plásticos y envoltorios desechados. Era imposible evitarlo. Me daba vergüenza.

Me sentí aún peor cuando, por esas fechas, recibí dos cartas. En una, un grupo de legisladores estadounidenses de los estados de la costa este escribió a los jefes de todos los productos envasados, llamando la atención sobre los residuos que llegan a sus costas. "¿Cómo pueden contribuir a que esto no suceda?", recuerdo que decía la carta. Luego recibí una foto de la Mancha de Basura del Atlántico Norte, una enorme isla de desechos en el océano rastreada desde 1972. La foto estaba llena de botellas de bebidas y empaques de alimentos procesados. Reconocí algunas de nuestras botellas y bolsas de papas fritas.

La imagen de esa mancha de basura, que mucho más tarde vi en un artículo de la revista *National Geographic*, evocó en mí un sentido de responsabilidad aún más profundo. Había crecido en un hogar donde un pequeño bote de basura a la semana era demasiado. Ahora capitaneaba la *cultura de la comodidad*, en la que el uso de una sola vez y el hábito de tirar eran los temas centrales dominantes.

Cuando hablé de la carta y de la isla de basura con mis altos ejecutivos, no obtuve mucha reacción. Me sentí extrañamente sola. No es que haya salido de la nada. Se acababa de estrenar el documental de Al Gore sobre el cambio climático, *Una verdad incómoda*, y todo el mundo hablaba del planeta. Sin embargo, creo que, para algunos de los principales ejecutivos de PepsiCo, el problema de los residuos de envases parecía demasiado colosal, un problema cuya solución requeriría un avance tecnológico. Además (y tenían razón) la cultura de la comodidad estaba enraizada en nuestra sociedad y tomaría mucho tiempo lograr una transformación.

Una segunda cuestión medioambiental que me preocupaba era el agua. Llevo en la sangre el valor del agua. Nuestra vida en Madrás dependía del flujo de agua clara y limpia y de las horas del día en que los grifos estaban abiertos o cerrados. En mi mente, veía a mi padre en el fregadero de la cocina, esperando a que se llenaran nuestras cacerolas y cuencos gota a gota; me veía a mí misma bañándome con mi pequeña taza de metal; veía a las mujeres de Madrás en fila esperando su turno en un pozo público.

En PepsiCo, utilizábamos 11.3 litros de agua por cada litro de Pepsi-Cola y nuestras demás bebidas. A solo nueve kilómetros a las afueras de Chennai, vi que nuestras plantas sacaban agua de los mantos acuíferos utilizando potentes bombas, mientras que la gente de la ciudad tenía sed. Bajo mi mandato, tuve que averiguar cómo hacer que nuestras fábricas fueran eficientes con el agua y, lo que es más importante, utilizar nuestros métodos de gestión del agua para ayudar a comunidades enteras a mejorar su eficiencia hídrica.

Cuanto más pensaba en el futuro de PepsiCo, más sentía que me correspondía enlazar lo que era bueno para nuestro negocio con lo que era bueno para el mundo.

Necesitaba un plan universal con el que todos pudieran relacionarse. Tenía que reflejar nuestra cultura juvenil y mostrar una sabia evolución de nuestra histórica compañía. Necesitaba atraer a decenas de miles de empleados y socios embotelladores, muchos de los cuales habían trabajado para PepsiCo durante décadas y la amaban tal como era. Empecé a leer todo lo que podía sobre transformación de grandes organizaciones, gestión del cambio y responsabilidad de las empresas. Consulté con los miembros del consejo de administración y con amigos de confianza en BCG. Finalmente, decidí que el camino a seguir era replantear la empresa con el lema Desempeño con propósito (Performance with Purpose, PwP).

Esta era mi obra maestra. Nuestro desempeño sería excelente, como se esperaba de PepsiCo, pero añadiríamos tres imperativos a nuestro trabajo: *nutrir* a la humanidad y a las comunidades en las que vivimos, *reponer* los recursos del medio ambiente y *valorar* a las personas de nuestra empresa. No se trataba de responsabilidad social corporativa ni de filantropía centrada en regalar nuestro dinero. El PwP transformaría la forma en que PepsiCo hacía dinero y vincularía nuestro éxito empresarial a estos objetivos: Nutrir. Reponer. Valorar.

Nutrir se centraba en la sostenibilidad humana. Teníamos que alimentar a las personas y a la sociedad de forma responsable y contribuir a alimentos y bebidas más sanos, invitando a los consumidores a tomar decisiones alimentarias informadas. Teníamos que seguir apoyando los productos que llamamos *Fun for You* (Divertidos para ti), como la Pepsi-Cola original y los Doritos, pero descubrir cómo reducir sus niveles de grasa, azúcar y sal. Teníamos que mejorar nuestros productos *Better for You* (Mejores para ti) —nuestras opciones bajas en calorías y con cero calorías, incluidos los pretzels y los refrescos dietéticos— y tuvimos que intensificar la innovación y la mercadotecnia de nuestros productos *Good for You* (Buenos para ti), incluyendo nuestra gama de jugos, tés y avena.

Nuestro nuevo objetivo era noble, pero teníamos un gran obstáculo: el sabor. Todo lo que producíamos se había optimizado a lo largo de los años para que tuviera un sabor fantástico. Ahora, proponía que jugáramos con las recetas y los ingredientes para reducir los elementos que contribuían a ese sabor: la grasa, el azúcar y la sal. Esto planteó un desafío técnico complicado, pero al mismo tiempo una gran oportunidad.

Reponer significaba garantizar la sostenibilidad medioambiental. Teníamos que redefinir el uso de la energía y el agua, reduciendo el plástico de nuestros envases e implementando sistemas de reciclaje; tuvimos que ayudar a nuestros socios agrícolas a utilizar menos agua en su agricultura. Tuvimos que reducir las emisiones de gases de efecto invernadero. Necesitábamos unirnos al esfuerzo mundial para restablecer la salud del planeta y no podíamos esperar a que hubiera más pruebas sobre el calentamiento global. Teníamos que ser muy abiertos, buscar y adoptar ideas nuevas para nuestro negocio en estas áreas. Camiones híbridos y eléctricos, energía solar, métodos actualizados de lavado de botellas e irrigación: la lista de ideas por explorar y aplicar era larga y creciente.

Valorar se trataba de garantizar la sostenibilidad del talento. PepsiCo tenía que ser un lugar de trabajo solidario que empoderara a sus empleados, en el que todas las personas pudieran prosperar. Esto estaba inextricablemente ligado a otra cuestión apremiante: atraer y mantener al mejor talento para que todo funcione. Sabíamos que las mujeres y los hombres de la generación del milenio que se incorporaban a la fuerza laboral no elegirían a PepsiCo si no dábamos un giro a nuestro enfoque hacia la salud y el medio ambiente. Eran apuestas arriesgadas, críticas.

Pero aún más importante, pensé, era ayudar a estos jóvenes a conciliar el trabajo y la familia. Los *millennials* se enfrentaban a un enorme estrés por lograr el equilibrio entre el dinero, el matrimonio y los hijos. Habían visto a sus padres lidiar con los mismos problemas. No tenían ni idea de cómo navegar por todo esto. Cualquier ayuda que pudiéramos ofrecer nos daría una ventaja competitiva. Tuvimos que llegar a la conclusión de que cuando contratamos a alguien, no era simplemente un par de manos, una persona. Era toda la familia. La empresa tenía más de doscientos cincuenta mil empleados, y teníamos que apreciar y valorar a cada uno de ellos.

Tal vez no sea sorprendente que la palabra *valorar* haya provocado mucha controversia a lo largo de los años. Era demasiado suave, demasiado femenina, para ser un imperativo empresarial, me dijeron. Un colega me escribió una nota donde decía que la palabra provocaba "burlas audibles aparejadas del gesto de voltear los ojos hacia arriba como adolescentes" y que no tenía "absolutamente ninguna credibilidad y, por el contrario, es ahora fuente de burlas".

Bueno, supongo que tocó una fibra sensible.

Al poco tiempo de haber empezado mi nuevo trabajo, viajé a las oficinas en forma de triángulo de Frito-Lay en Plano, Texas, para asistir a mi primera reunión como CEO. El auditorio estaba lleno. Hablé del trabajo duro y los retos que nos esperaban, y celebré la influencia de Frito-Lay en la empresa. Hablé del plan PwP y, a continuación, en una reunión privada con el equipo directivo, expuse todo el plan.

Se trataba de un experimento. Los ejecutivos de Frito-Lay eran siempre los más escépticos, por lo general rechazaban las ideas que no venían de su propio negocio. Sin embargo, sabía que los necesitaba de mi lado, así que los convertí en mis protagonistas. Después de una interesante discusión, prometieron volver a la semana siguiente con sus reflexiones. Me sentí optimista, pero con cautela.

Tres días después, el director financiero y el jefe de Estrategia de Frito-Lay volaron a Purchase y me dijeron lo mucho que todo el equipo había amado el plan PwP. Comprendieron y estuvieron de acuerdo en que había llegado el momento de trabajar duro para hacer nuestros productos más sanos, pero conservando su sabor y toda la diversión de Frito-Lay. Estaban muy entusiasmados con la idea de los camiones híbridos y la energía solar, en particular, y vieron que el PwP podría ser una gran herramienta de contratación.

También compartí el PwP y todos sus componentes con Derek Yach, un experto en salud mundial que había trabajado en la Organización Mundial de la Salud. Derek había criticado abiertamente nuestros productos y nuestro impacto ambiental. Tener un crítico en el equipo me sería de gran ayuda. Lo contraté para que me ayudara a pensar cómo transformar la empresa y comunicar los cambios a los expertos en política pública. Derek pensó que el rumbo que proponía era audaz, y lo respaldó. Su sello de aprobación fue importante para mí.

Unas semanas más tarde, en el salón de un hotel de Scottsdale, Arizona, volví a presentar el PwP, esta vez a los cuatrocientos altos directivos de PepsiCo de todo el mundo, que se reunieron para nuestra conferencia anual privada. Hablé durante más de una hora, refiriéndome a nuestra historia, nuestro rendimiento, nuestras marcas, nuestras capacidades y nuestra maravillosa gente. A continuación, presenté el PwP con todo detalle. Expliqué que no consistía en dar el dinero que ganamos a causas que lo merecen. Eso tiene su propio lugar. Yo hablaba de una nueva manera de hacer dinero. Si no transformábamos nuestra cartera para satisfacer a los consumidores cambiantes, no podríamos crecer; si no nos centrábamos en el medio ambiente, nuestros costos aumentarían, y algunos países nos negarían la licencia para operar. Si no permitíamos que las personas se involucraran con todo su ser en el trabajo, no conseguiríamos tener a los mejores empleados.

Y si no teníamos un buen rendimiento, no podríamos financiar el propósito. El rendimiento y el propósito se refuerzan mutuamente. Era un círculo virtuoso.

Me entregué por completo en ese discurso, quería que todos sintieran mi profundo compromiso. Y funcionó. Había un silencio absoluto mientras hablaba. Estaban electrizados. No se movían de su asiento. Cuando terminé, el grupo se puso de pie y aplaudió. Me sentí aliviada y lista para ponernos manos a la obra.

Creo en las empresas. Creo que el mundo es un mejor lugar gracias a las grandes organizaciones privadas, no solo porque aportan estabilidad, sino también porque innovan. Las empresas crean empleos y ofrecen productos que satisfacen las demandas de la gente. Aumentan la base fiscal y crean comunidad.

Sin embargo, también creo que las empresas deben ser buenas tanto en el sentido ético como en el comercial. Algunos pensaron que era extraño que un CEO de la era moderna se esforzara tanto por llevar a una organización más allá de la idea de que una buena empresa existe para hacer felices a los accionistas y vencer a la competencia, dentro de los límites de la ley. No obstante, la noción de que una empresa es solo un centro de generación de ingresos es muy reciente. A lo largo de la historia, las empresas han reconocido con orgullo su arraigo en la sociedad y su legado. Ninguna empresa puede tener verdadero éxito en una sociedad que fracasa.

Creo que el impacto de una empresa en la sociedad tiene que estar presente en toda la planificación empresarial, y que no puede ser una idea de última hora. Lo que es bueno para el comercio y lo que es bueno para la sociedad tienen que ir de la mano.

Con el PwP, tenía una estrategia sencilla y bien pensada para llevar a PepsiCo hacia el futuro. Me emocionaba que los ejecutivos de Frito-Lay aprobaran el plan antes que nadie y que a nuestros líderes globales también les gustara. Cuando repasé los detalles con nuestro consejo de administración, tenía cuatro partidarios abiertos: Dina Dublon, exdirectora financiera de JPMorgan Chase; Sharon Percy Rockefeller, filántropa y CEO de la estación de televisión pública WETA en Washington, DC; Victor Dzau, entonces director del sistema médico de Duke; y Alberto Ibargüen, director de la Fundación Knight. Alberto concluyó la reunión diciendo que esta le parecía la única forma sensata de hacer avanzar PepsiCo. Tenía el viento a favor.

Y lo que es más importante, también me entusiasmó que el PwP resonara entre nuestros empleados más jóvenes. Sabía que sus amigos y familiares los interrogaban sobre la ética de trabajar para una empresa que producía golosinas y montones de residuos de envases. Ahora tenían una respuesta: estábamos trabajando en la evolución de PepsiCo para abordar esas mismas cuestiones que a todos preocupaban. Esta iniciativa vino de arriba, pero atrajo a nuestros nuevos empleados y pasantes. Se sentían orgullosos de ella.

El público inversionista y mediático era mucho más duro. Los accionistas no tolerarían nada que pudiera afectar los objetivos de rentabilidad a corto plazo de PepsiCo y, cuando les conté el plan, la respuesta fue mixta. Algunos fueron muy claros al decir que compraron acciones de PepsiCo porque creían en los refrescos y las papas fritas. Querían ver un crecimiento de las ganancias hoy, no una nueva estrategia para mañana. Si estuvieran interesados en una compañía de alimentos y bebidas diferente, dijeron, buscarían en otra parte.

El comentario más memorable vino de un gestor de cartera en Boston. "¿Quién te crees que eres? —me preguntó—. ¿La Madre Teresa?"

Seguí adelante. Durante más de una década, el PwP guio todas mis decisiones. La estrategia se mantuvo durante la crisis financiera mundial, el debate sobre los impuestos a los refrescos y una fallida campaña de varios años de un inversionista activista para alterar la dirección de nuestra empresa. El PwP puso a prueba mi determinación y me trajo muchas de las experiencias más gratificantes y alegres de mi vida. Doce años después de que presentara el PwP, en noviembre del 2019, ciento ochenta miembros de la Business Roundtable, una asociación de directores generales de las mayores empresas de los Estados Unidos, firmaron una declaración comprometiéndose a centrarse en todas las partes interesadas en lugar de solo en los accionistas. Queda por ver cuántos diseñarán planes y métricas específicas en apoyo de esa declaración, pero el hecho de que hayan firmado un mandato más amplio y sensato para las empresas es gratificante. Me sentí reivindicada.

Cuando tuve el honor de ser incluida en la National Portrait Gallery en 2019, posé para un cuadro con cuatro objetos en un estante detrás de mí en la composición: una foto de mis padres; una foto de Raj, Preetha y Tara; una gorra de beisbol de la SOM de Yale; y un informe anual de PepsiCo con las palabras *Performance with Purpose* en la portada.

Los grandes cambios no tienen atajos. Requieren de honestidad, agilidad y valor. Una vez que me comprometí a transformar Pepsi-Co, sentí que mi educación y experiencia se fusionaban al servicio de esa misión. Estaba preparada para ello. Sabía lo que tenía que hacer. El primer paso crítico fue enmarcar el mensaje para que todos lo entendieran y lo adoptaran. Hablé del PwP en todas partes, describiendo en términos sencillos por qué el cambio era tan necesario. "La sociedad y los consumidores están cambiando, y no podemos quedarnos atrás", dije en todos los foros posibles. "Se trata de cómo ganamos dinero, no de cómo gastamos el dinero que ganamos —añadí—. Esto es esencial para nuestros empleados y sus familias. Esta es nuestra ruta para prosperar juntos."

Todo esto era estupendo. Pero también sabía que nadie se tomaría en serio mi gran plan a menos que contratara el talento necesario para llevarnos en esta nueva dirección y asignara los recursos financieros suficientes.

Así que me puse a crear una operación global de I+D completamente nueva. Hasta ahora, cada división de PepsiCo tenía su propia unidad de I+D, algunos equipos dispersos que respondían en gran medida a los requerimientos de los gerentes de producto y de mercadotecnia. Eran expertos en sabores, colores y los gráficos de los envases, pero no habían diseñado ningún cambio radical desde que en 1983 cambiaron el aspartamo por la sacarina en la Diet Pepsi.

El esfuerzo de I+D de PepsiCo nunca estuvo relacionado con la nutrición, la fisiología o las complejidades de cómo se alimenta el ser humano. Como mínimo, pensé que necesitábamos nuevos laboratorios y químicos para descubrir cómo reducir el sodio en las papas fritas Lay's, reducir el azúcar de la Pepsi-Cola y añadir granos enteros a los Cheetos, mientras manteníamos la experiencia de comer esas golosinas tan satisfactoria como siempre. Sin embargo, mi ambición iba mucho más allá. La ciencia de PepsiCo podría estar en el corazón de reimaginar el sistema alimentario mundial.

Esperaba que fuera una aventura que duraría mucho más que yo en PepsiCo.

Necesitábamos un director científico para supervisar todo, alguien que fuera parte del equipo ejecutivo, que me reportara. Entrevisté a algunas personas para el nuevo puesto, y entonces conocí a Mehmood Khan. Era presidente de I+D mundial de Takeda Pharmaceuticals, la compañía biomédica japonesa, y había dirigido la unidad de ensayos médicos de diabetes, sistema endocrino y nutricional de la Clínica Mayo. Tuvimos una conversación fascinante durante un largo almuerzo y sentí que congeniábamos por completo. Mehmood destilaba lo que PepsiCo necesitaba: liderazgo, experiencia, entusiasmo, visión. Muy entusiasmada, le ofrecí el puesto.

Mehmood lo rechazó. ¿Por qué iba a venir a PepsiCo a rediseñar papas fritas, preguntó, cuando Takeda le dio tanta flexibilidad para el trabajo que salva vidas en la industria farmacéutica? Buen punto, pensé, pero tenía una respuesta: "Porque en PepsiCo, puedes probar todo lo que creas". La investigación farmacéutica se prolonga durante años con avances minúsculos, dije. Con nosotros, Mehmood podría construir toda una rama nueva en PepsiCo. Orientaría el discurso sobre lo que la gente come. Tendría un impacto inconmensurable en la salud pública.

No estaba convencido. Unas semanas más tarde, hablamos de nuevo, y Mehmood recapituló lo difícil que sería convencer al mundo de que PepsiCo se tomaba en serio la ciencia, las calorías y la basura. "¿Tienes estómago para lo que te espera?", me preguntó. Le aseguré que sí. No había vuelta atrás. No creía que tuviéramos otra opción para la vitalidad a largo plazo de nuestro negocio sino hacer esto, y realmente quería que Mehmood estuviera a bordo.

En diciembre del 2007, tras seis meses de conversaciones, Mehmood finalmente aceptó unirse a PepsiCo, y se trasladó con su familia a Greenwich desde Chicago. Comenzó con un presupuesto bastante modesto que triplicó en ocho años. Contrató a decenas de personas nuevas con conocimientos y habilidades que PepsiCo nunca había buscado antes: biología molecular, fisiología, farmacología, modelado informático, ingeniería ambiental. Trajo a científicos de Merck, DuPont y Unilever. Amplió nuestras instalaciones en Plano, Chicago y Valhalla, Nueva York, y estableció centros de investigación en China, México y Rusia, en parte para ampliar la formación y la etnia de quienes estaban a cargo de nuestros retos sanitarios y científicos. El área creada por Mehmood definió el modo en que debíamos abordar la dieta y la cultura de una manera por completo nueva y despejó nuestro camino para pensar de manera global, actuando localmente.

Durante doce años, bajo la dirección creativa y constante de Mehmood, PepsiCo reformuló los refrescos carbonatados, reduciendo lentamente el dulzor de Pepsi-Cola, de modo que el mismo producto tiene ahora, en países clave, entre 10 y 20% menos de azúcar que en el 2006, sin que ello afecte su gran sabor. Redujimos el sodio de nuestros *snacks*, en parte recortando el tamaño de los cristales de sal para que la lengua humana experimente el sabor original, pero con mucha menos sal. En muchos mercados, una porción de Lay's tenía ahora menos sodio que una rebanada de pan. Exploramos nuevas formas de formular bebidas cítricas carbonatadas con stevia, un producto natural sin calorías; creamos productos sin gluten de Avena Quaker e inventamos nuevos métodos de fabricación para hacer papas fritas en 3D como las Lay's Poppables.

El Área de I+D, en colaboración con el equipo de operaciones, también supervisó los cambios en las tecnologías de entrega, fabricación y envasado que redujeron nuestro consumo de combustible y el uso de agua y plástico. La división también creó un sistema de lavado de botellas sin agua y nuevas formas de incorporar mayores niveles de plástico reciclado en las botellas de refresco. El trabajo de Mehmood y su equipo nos valió muchos elogios. Publicamos informes de sostenibilidad honestos y detallados cada año.

En 2012, PepsiCo ganó el Premio del Agua de Estocolmo, el máximo galardón mundial para la conservación y protección de los recursos hídricos. Con equipos y tecnología de ahorro de agua, reciclaje y reutilización de agua, y nuevos planes de gestión del agua en nuestras instalaciones, habíamos ahorrado dieciséis mil millones de litros de agua en cinco años.

Este premio fue simbólico para mí. Hizo muy evidente que ninguna tarea con un propósito es imposible si se pone todo el empeño en ella. Le conté a la gente sobre la falta de agua en mi juventud y encontré a muchas otras personas en nuestra empresa global con experiencias similares. Una vez que nos abrimos a las emociones, la tarea se hizo más fácil. También tuvimos la gran ventaja de poder contar con recursos científicos por parte de los países del mundo desarrollado para solucionar un problema del mercado emergente.

La transformación de PepsiCo con las ideas del PwP nunca iba a suceder en el vacío. También teníamos que llevar nuestra industria en el mismo camino para afrontar los retos de salud y medioambientales del mundo. También me encargué de eso. Acepté la invitación para pronunciar el discurso principal en la conferencia anual del Food Marketing Institute del 2008, una asociación industrial que representa a los minoristas de alimentos, de nuevo en Scottsdale. Volví a subir al podio en un salón, ahora frente a un mar de ejecutivos experimentados que controlaban gran parte del suministro de los alimentos estadounidenses, incluidos los directores generales de las compañías de productos envasados, comestibles y agrícolas más grandes. Me volví a presentar brevemente como CEO de Pepsi-Co y hablé un poco sobre mis objetivos para la empresa.

Luego empecé a hablar de la obesidad. Dije que la gente en esta sala representaba a compañías con un total de 900 mil millones de dólares en ingresos anuales, lo que nos hacía, juntos, la decimotercera mayor economía del mundo. Teníamos que utilizar nuestra influencia y nuestros recursos de forma responsable. Teníamos que enfrentarnos a la aflicción actual del exceso de calorías, la falta de ejercicio y las devastadoras cargas sanitarias y económicas para nuestra sociedad. Teníamos que actuar juntos.

Sugerí que adoptáramos un etiquetado nutricional sensato y fomentáramos el control de las porciones y el ejercicio físico. Hablé de ciudades transitables, reformas legales para la seguridad de los parques infantiles e incentivos fiscales para fomentar una *nutrición positiva*. Lancé un montón de ideas a la multitud y, por último, pedí que nos uniéramos como líderes empresariales y cívicos —como padres y ciudadanos que se preocupan— para cambiar la trayectoria de los grandes fabricantes de alimentos para tener una población más sana. Se trata de un problema sistémico, dije, y necesitamos promover, como colectivo, un cambio de comportamiento.

"Seamos una buena industria que haga lo posible, no a regañadientes, sino deliberadamente, no como último recurso, sino como primero", concluí.

Fue un ruego enérgico a las personas con mayor poder de decisión en nuestro universo corporativo. Después del discurso, recuerdo en especial a Steve Burd, quien dirigió la cadena de supermercados Safeway durante más de veinte años, y a Ric Jurgens, el CEO de Hy-Vee, un minorista de la región central de los Estados Unidos, que se acercaron a mí, llenos de entusiasmo para unirnos.

Creo que ese discurso, que dio lugar a la iniciativa de la Healthy Weight Commitment Foundation, ayudó a cambiar la forma en que la industria alimentaria estadounidense abordaba el tema de la salud y el bienestar. La fundación se creó como una organización sin ánimo de lucro para ayudar a reducir la obesidad y creció hasta incluir a más de trescientos socios de la industria y de organizaciones sin ánimo de lucro. Nos comprometimos a eliminar al menos 1.5 billones de calorías del sistema alimentario en cinco años y, tres años después, habíamos eliminado más de seis billones de calorías. Nos asociamos con la campaña *Let's Move!* de la primera dama Michelle Obama y financiamos programas de salud comunitaria en treinta y cuatro mil escuelas.

Este tipo de colaboración para abordar temas sociales me resultó muy gratificante. Sí se puede, solo que no sucede tan a menudo. La industria privada —con su increíble habilidad para actuar rápida y eficientemente— en asociación con el Gobierno, que tiene un alcance mayor, es sin duda la fuerza más poderosa que tenemos para lograr cambios positivos en la sociedad.

A lo largo de todo este cambio sistémico para PepsiCo, todavía me sentía con los pies en la tierra gracias a mi vida familiar. Tara estaba en la preparatoria y Preetha, ahora en sus veinte y ya trabajando, estaba considerando entrar a estudiar un posgrado en negocios. Sentí que tenía más tiempo para la familia, pero ya no me necesitaban tanto. Ya no tenía que hacer traslados complicados a la oficina. Habíamos hecho un par de remodelaciones más en la casa y trabajábamos en el jardín, plantando árboles y otros arbustos. Instalamos una alberca, aunque no me entusiasmaba tanto la idea de aprender a nadar.

Contábamos con ayuda en casa. Antonia, nuestra ama de llaves, era muy dedicada, e Indira, quien cocinaba para nosotros, mantenía a la familia sana, preparándonos comida vegetariana deliciosa. Entre las dos, la casa funcionaba muy bien. Los viajes de Raj continuaron, pero ya no teníamos que coordinar tanto nuestras agendas. La tecnología nos fue ayudando. Tenía mi BlackBerry para hablar con frecuencia con las niñas cuando salía de viaje.

Mi tiempo, mi día a día, ya era para mí, para que pudiera dedicarme a mi tan exigente trabajo, pero nunca perdí de vista que la familia siempre está presente, incluso para la gente que trabajaba para mí. Todos veníamos de algún hogar. Me fascinaba escuchar las anécdotas de la gente cuando visitaba las instalaciones de PepsiCo alrededor del mundo y siempre me tomaba el tiempo extra para conocerlos a todos, estrechar sus manos, darnos abrazos y tomarnos fotos. Trataba de darme cuenta cuando una persona más quería saludarme en la fábrica o en las oficinas de ventas. Sentí que era importante para la compañía que cada empleado de PepsiCo me conociera y sintiera que estaba al alcance. Quería humanizar mi rol y mostrarles que esta compañía era de todos. Sentía que mi trabajo como CEO tenía un significado real gracias a la gente que conocí y a la manera en que me invitaron a sus vidas. El aprecio es algo que me nace de manera natural.

No era poco común que los ejecutivos trajeran a sus hijos ya adultos a las reuniones que organizaba para que pudieran conocerme.

Con frecuencia, los ejecutivos de alto nivel me buscaban para compartirme sus crisis personales que podían afectar su desempeño en el trabajo. Siempre escuchaba sus relatos y les pedía que me mantuvieran al tanto.

En diciembre del 2007, como muchas otras veces, Raj, Preetha, Tara y yo viajamos a la India para pasar dos semanas de vacaciones para visitar a la familia. Una mañana, en la casa en G. N. Chetty Road, donde mi madre vivía todavía unos meses del año, me pidió que me sentara con ella en la sala de los hombres porque había invitado a algunas personas. Llevaba poco tiempo de haber asumido el cargo de CEO de PepsiCo y no había ido a la India desde mi nombramiento. Tenían muchas ganas de verme, me dijo mi madre.

Durante un par de horas, me senté en una silla mientras llegaban amigas de mi madre a conocer a la CEO. Todas se me acercaban, me saludaban y luego se iban directo hacia mi madre para felicitarla y decirle que había hecho un excelente trabajo conmigo, su exitosa hija, la CEO de PepsiCo. Disfruté mucho verla como el centro de atención y deseé que mi padre estuviera ahí. Se hubiera sentido muy orgulloso. Lo extraño tanto.

Cuando regresé a los Estados Unidos, pensé mucho en ese día, conectando mi vida como ejecutiva de alto perfil en este país con mis años de infancia, en los que mis padres y abuelos me dieron todas las oportunidades de aprender y sobresalir. Pensé en todas las personas que trabajan para PepsiCo y en el compromiso que seguramente sus padres hicieron para hacer de ellas grandes contribuyentes a esta compañía, con tanta energía y lealtad.

Decidí escribirles a los padres de mis ejecutivos de alto nivel. Durante los siguientes diez años, escribí cientos de notas, para agradecer a padres y madres el regalo que su hijo o hija era para PepsiCo. También escribí a los cónyuges de toda la gente que me reportaba directamente, para agradecerles que compartieran a su pareja con PepsiCo. Mi jefe de personal me ayudó a personalizar las cartas a cada destinatario.

Estas cartas desencadenaron una ráfaga de emociones. Casi todas las personas a quienes escribí me contestaron (algunas cartas largas de agradecimiento y otras cartas cortas, amorosas). Recibí galletas y un hermoso chal tejido a mano. Algunos padres comenzaron a revisar nuestros productos en sus tiendas locales y me mandaban fotos para mostrarme que ellos, también, trabajaban para nosotros. Otros, me dijeron mis ejecutivos, iniciaban cada conversación preguntando "¿Cómo está Indra?".

Las madres y los padres se sentían llenos de alegría al recibir la boleta de calificaciones del progreso de sus hijos, sin importar la edad que tuvieran. Los ejecutivos, a su vez, estaban fascinados con las reacciones de sus padres. Recibí muchas cartas como esta:

Indra:

Me gustaría tomar un momento para compartir una experiencia personal con usted. Anoche recibí una llamada de mis padres, algo inusual a media semana. Recibieron la carta que les envió y querían compartirla conmigo.

Pocas veces los he escuchado tan emocionados. Estaban profundamente conmovidos de que "Indra Nooyi, directora de PepsiCo, se tomara el tiempo en su apretada agenda para enviarles una carta".

Mi madre, que es ciega y se está recuperando después de haber estado en el hospital la semana pasada, sonaba muy emocionada, como hacía mucho tiempo que no la oía. Mi padre, que es bastante reservado, dijo que desearía que sus padres estuvieran vivos para que pudiera compartir esto con ellos… "una carta como esta vale más que el dinero".

Quería decirle que su carta tuvo un enorme impacto en ellos. Aprecio mucho este regalo para ellos y para mí.

Gracias por sus atenciones y su liderazgo,

Ken

Un año después de que me retirara, me escribió un ejecutivo para contarme que su madre, quien lo había criado sola desde que tenía seis años, se acababa de mudar a una comunidad de jubilados. En su sala, que tenía pocos muebles, solo había un cuadro: una copia enmarcada de la carta que le había escrito.

Por supuesto, transformar PepsiCo fue solo una parte de mi trabajo como CEO. También tuve que dirigir la compañía tal como estaba. Eso significaba, en el corto plazo, lograr buenos resultados, trimestre tras trimestre. Los inversionistas demandaban rendimientos predecibles, sin falta. Pocas promesas y muchos logros.

Las ganancias son una preocupación para un CEO. Las compañías estadounidenses que cotizan en bolsa tienen que presentar informes financieros de manera trimestral que, de preferencia, contengan buenas noticias. Cuando me retiré de PepsiCo, entre los roles de directora de Finanzas y CEO, había pasado por setenta y cinco informes trimestrales. Cada uno implicó semanas de discusión y preparación, conferencias telefónicas formales y cobertura de los medios.

Tara, de pequeña, se familiarizó tanto con mi repetitivo comentario a la familia ("Por favor, déjenme sola unas horas. Necesito preparar el informe sobre las ganancias") que cariñosamente me frotaba la espalda y decía: "No te preocupes, mami. Todo va a salir bien, ¡solo es el informe de las ganancias!", aunque no tenía idea de qué significaba eso.

En una compañía en expansión como PepsiCo, alcanzar los objetivos de crecimiento es un enigma que cambia constantemente. Teníamos que incrementar el ingreso en 4% cada año para que los inversionistas estuvieran contentos. Eso significaba generar 2500 millones de dólares más de ventas netas cada año.

PepsiCo había logrado buenos resultados bajo el mando de Steve, con un ingreso neto impulsado por todos esos ahorros en costos relacionados con la fusión con Quaker Oats. Además, Gatorade era

un producto campeón. Con la experiencia que teníamos en mercadotecnia y distribución, la marca despegó como esperábamos y las
ventas crecieron con números de dos dígitos en los primeros cinco años que la tuvimos. Steve usó el gasto comercial —descuentos
y promociones— para ganar mercado, lo que funcionó muy bien
por un tiempo. Sin embargo, Gatorade necesitó que lo relanzára-
mos unos años después cuando las ventas cayeron debido a que
todos esos descuentos habían afectado su condición privilegiada.

Nuestro negocio también aumentó gracias a que Walmart, el
minorista más grande del mundo, se expandió rápidamente en la
primera parte de la década y vendió productos PepsiCo en todas sus
tiendas nuevas. Walmart era nuestro principal cliente de grandes
volúmenes por mucho, y Steve mismo lideró el esfuerzo de ventas.

Por desgracia para mí, a un año de haber asumido el cargo, la
economía se fue en picada y tuve que aprender, en un santiamén, a
gestionar la empresa en un periodo de extrema adversidad.

A finales del 2007, una crisis en el mercado hipotecario de los
Estados Unidos estaba arrasando con los bancos y amenazaba todo
el sistema financiero mundial. Los mercados cayeron y se llevaron
a la economía estadounidense y europea con ellos. Justo después, la
llamada Gran Recesión duró casi tres años y alteró por completo
nuestro panorama. En particular, la expansión de Walmart se detuvo, y eso hizo que disminuyera todavía más la demanda de bebidas
carbonatadas en Norteamérica. Coke hizo una reinversión mayor
en su negocio en el 2004 y estaba cosechando los beneficios de esta
decisión. Los precios de los productos básicos, como el petróleo,
se dispararon, añadiendo un gasto extra a nuestras operaciones. El
dólar al alza tuvo el mismo efecto. Necesitábamos crecer en los
mercados emergentes para contrarrestar ese *impasse* en Norteamérica, pero no habíamos invertido lo suficiente para expandir nuestras oportunidades en China e India en los últimos diez años.

Entre mis primeros viajes como CEO estuvo una visita a varias
ciudades en China para comprender mejor las oportunidades y
los retos que ese mercado presentaba. Ya había estado en China

unas doce veces antes, pero siempre con una agenda muy apretada. Esta vez, Tara vino conmigo y pasé varias semanas aprendiendo más sobre las ciudades, los pueblos, la gente. Visitamos casas y tuve oportunidad de aprender más sobre el tamaño de los empaques, los sabores populares y de cómo las familias llenaban sus pequeños refrigeradores. Me adentré en cómo los hogares multigeneracionales funcionan en China, con varias estructuras familiares y roles individuales. Me di una idea mucho más completa de cómo podía crecer PepsiCo en esa región.

Aumentamos nuestras inversiones en China, después en India y Brasil, lo que incluyó comprometer más de mil millones de dólares en mercadotecnia y distribución en un periodo de tres años. En Rusia, compramos Lebedyansky, una compañía de jugos de frutas y verduras, por casi dos mil millones de dólares a principios de 2008, y después añadimos 66% de Wimm-Bill-Dann, el fabricante de lácteos y jugos número tres de ese país, por alrededor de 3 800 millones de dólares. Wimm-Bill-Dann, la adquisición más grande que había hecho PepsiCo después de Quaker, fue muy importante para mí porque añadió tres mil millones de dólares al año en ingresos con productos nutritivos, entre ellos, leche, yogur y alimento para bebé.

Nuestra cartera *Good for You* también estaba creciendo en otras partes del mundo. Un día, recibí una llamada de Ofra Strauss, la CEO de Strauss-Elite Food, nuestro socio de *snacks* en Israel. Pidió verme en Purchase y se presentó con una selección enorme de salsas: hummus, baba ghanoush y muchas más. Las sirvió con pan pita fresco sobre la mesa de conferencias y disfrutamos un pícnic de productos de Sabra, una compañía con sede en Nueva York que Strauss acababa de comprar. Fue una selección deliciosa —totalmente vegetariana— y un gran acompañamiento potencial para las Stacy's Pita Chips, que habíamos adquirido dos años antes. Menos de un año después, Sabra y Frito-Lay firmaron un acuerdo de empresa conjunta, y ahora Sabra es el líder en el mercado estadounidense del hummus. Lo más importante, Ofra es una de mis grandes amigas.

Esos acuerdos eran muy gratificantes y, en un plano más general, no eran tan complicados. Pero también llevamos a cabo una negociación muy compleja: volvimos a adquirir el control sobre nuestros dos socios embotelladores de bebidas más grandes.

En 1998, me había tocado trabajar con Roger en la escisión de la operación de embotelladoras de Norteamérica para convertirlas en una compañía que cotizaba en bolsa, la Pepsi Bottling Group. Diez años después, tal como lo predije, nos encontrábamos siempre en la disyuntiva con esta compañía a medida que las ventas de refrescos, su principal fuente de ingresos, seguían disminuyendo.

El principal problema era que nuestros intereses no estaban del todo alineados. Las embotelladoras ganaban más dinero cuando vendían cada botella de refresco a un precio más alto. PepsiCo, entre tanto, vendía el jarabe a las embotelladoras, por lo que quería vender más botellas, pero a un precio competitivo.

Con el tiempo, manteníamos un compromiso incómodo en el que PepsiCo les diera a las embotelladoras cada vez más dinero para mercadotecnia. Sin embargo, en un mercado en el que el refresco iba en declive, ese gasto no hacía que las ventas subieran lo suficiente, solo lograba mantener la participación de mercado. Este apetito de las embotelladoras por recibir ese apoyo se volvió una carga porque destinábamos los dólares que PepsiCo tenía asignados para la mercadotecnia enfocada en el consumidor a las embotelladoras, para ayudarlas a mejorar su rendimiento. La situación se volvió insostenible. Estábamos erosionando el negocio de las bebidas.

En una transacción muy intrincada, volvimos a comprar nuestras dos principales embotelladoras en Norteamérica por 7 800 millones de dólares, lo que nos dio el control operativo de casi 80% de nuestro sistema de embotellado. Esto consumía mucho tiempo, en parte porque teníamos que negociar con dos partes. PepsiCo tenía claros los parámetros que lo harían dejar la negociación, y nos mantuvimos firmes. Cuando se cerró el trato, de inmediato vimos un ahorro en costos, pero lo más relevante fue que el mayor control que teníamos sobre la distribución de bebidas hizo que incrementáramos nuestros ingresos al incluir entre nuestros clientes cuentas de servicios de alimentos como restaurantes y otros establecimientos que venden bebidas de dispensador de sodas. Pudimos utilizar el tiempo que pasamos discutiendo con las embotelladoras en innovación, nuevas ideas de mercadotecnia y la venta de nuestros productos.

Esta experiencia me dejó un gran aprendizaje. Me preguntaba si había que dar marcha atrás al razonamiento de apenas diez años antes, cuando Roger decidió separar los activos de embotellado en una empresa independiente que cotizara en bolsa. Algunos observadores lo vieron como un fracaso, pero yo no lo veía así y una empresa no se dirige solo con la percepción.

Tuve que encontrar el coraje para cambiar de opinión cuando el ambiente cambió y exigió un enfoque distinto del negocio. Eso era liderazgo.

10

En mis primeros años como CEO, si tenía unas horas el fin de semana, me ponía mis zapatos más cómodos y me subía al coche. Me dirigía a algún lugar de Connecticut o de los suburbios de Nueva York, a comunidades como Mount Kisco, Ridgefield, Newburgh o New Haven. Me detenía en un centro comercial o en la calle principal y entraba en un Target, Stop & Shop o una tienda de conveniencia familiar. Era una cliente anónima, una mujer cualquiera, una madre que entraba a comprar algo para su familia. Conocía todos los detalles de cómo deben abastecerse los estantes en una tienda y, por lo general, hacía mis propias compras cerca de casa, pero no podía resistirme a la emoción de ir de incógnita a esas tiendas.

Recorría toda la tienda, algunas veces empujando un carrito, tomando algunos artículos y tomando nota de los carteles, los aparadores de la entrada y los demás compradores. Cuando llegaba a los pasillos centrales en donde estaban las botellas de Starbucks Frappuccino, el cereal Oat Squares o los SunChips, mi estado mental era casi el de un comprador normal.

Comencé a notar el desorden en la sección de productos PepsiCo. Nuestra compañía ofrecía decenas de opciones: papas Lay's regulares, bajas en grasa, reducidas en sodio y horneadas; Quaker Oats en sus versiones de avena rápida, instantánea y avena cortada en acero; Tropicana en sabor original, con bajo nivel de acidez, estilo casero y con pulpa, en distintos sabores o combinaciones. Éramos unos verdaderos maestros de la variedad, distribución y presentación. Me preguntaba: ¿cuál era el mensaje esencial de todos esos colores brillantes y logos llamativos? ¿Cómo se ven nuestros productos en las alacenas de las casas? ¿Qué era lo correcto para las familias de esta comunidad? ¿Qué productos deben ocupar el tan codiciado lugar a nivel de los ojos: *Fun for You* o *Good for You*? Me molestaba que nuestros estantes, incluso cuando estaban bien acomodados, se veían un poco saturados.

Al mismo tiempo, me llamaban la atención los recién llegados: bolsas simples de palomitas con sal de mar hechas por marcas regionales o los logos discretos en botellas de bebidas artesanales, todos ellos mostrándose como productos naturales, bajos en calorías o sin conservadores. Empecé a darme cuenta de por qué una joven podría probar la kombucha de té verde o el agua de coco en lugar de elegir otra botella de Diet Pepsi, aunque tuviera ahora un destello de sabor a limón.

El negocio estaba cambiando. Algunas marcas de nicho recién creadas estaban creciendo con rapidez, pero, si no se expandían, caían en picada, un fenómeno de *auge-colapso*. Entre tanto, las cadenas de tiendas como Kroger, la compañía más grande de supermercados en los Estados Unidos, estaban agregando una sección especial de salud y bienestar, y me preocupaba que los compradores en estas cadenas no vieran nuestros productos nutritivos en otras partes de la tienda.

Me encantaba observar tiendas en todo el país. Una vez me senté con Brian Cornell, el entonces jefe de PepsiCo America Foods, en un coche en el estacionamiento de un supermercado Publix cerca de un conjunto residencial para jubilados en Florida, para observar a los compradores. Entraban y salían de las puertas de cristal corredizas, a algunos los ayudaban a bajar de sus coches en la banqueta, otros conducían sillas de ruedas motorizadas. Sin duda, ir de compras era una actividad divertida para la generación de adultos mayores; se saludaban y platicaban.

Posteriormente, Brian y yo entramos a la tienda para ver nuestros productos colocados en los estantes: los paquetes de veinticuatro latas de Pepsi y las botellas de agua de Aquafina. ¿Cómo podría esta gente cargar esos paquetes hasta casa? Ya había estado presionando a nuestros ingenieros para que idearan una forma de que las tapas de plástico de Aquafina no estuvieran tan apretadas, costaba mucho trabajo abrirlas, incluso para alguien como yo. Después de esa visita a Florida, estaba convencida de que necesitábamos pensar con mucho más cuidado las necesidades de los jóvenes y de los mayores.

Después, envié a un equipo de PepsiCo al laboratorio AgeLab del MIT, un centro de investigación sobre la calidad de vida para la gente mayor. Del MIT sacamos grandes ideas sobre etiquetado, tipo de letra, botellas ergonómicas y el nivel de vista de la gente mayor de los Estados Unidos a los estantes en las tiendas. Con este proceso, me di cuenta de la oportunidad y la importancia de innovar para nichos de clientes más específicos.

Muchas veces, esas visitas a las tiendas me recordaban una reunión apasionante que tuve con Steve Jobs en las oficinas de Apple en Cupertino, California, en 2008. Mi querido amigo Dean Ornish, un doctor que había trabajado en la salud y medicina del estilo de vida, era amigo de Steve y organizó este encuentro.

No conocía a Steve y me pareció increíblemente gracioso. Comenzamos a hablar sobre nuestro vegetarianismo. Luego mencionó algunas marcas de PepsiCo y le expliqué la evolución de nuestra cartera hacia alimentos más sanos, y de la reingeniería de nuestros refrescos y *snacks* icónicos para bajar el nivel de sodio, grasa y azúcar. Le expliqué mis ideas sobre la sustentabilidad humana, ambiental y de talento. Steve me dijo que creía que lo que debíamos hacer era reducir el azúcar a la mitad, en todo. "Pero nos quedaríamos sin empresa", le dije, riendo. La respetable y formal industria de alimentos y bebidas y sus inversionistas de largo plazo no tolerarán el dramatismo de los empresarios de Silicon Valley, dije. Además, a la gente le gusta el azúcar.

Luego hablamos del diseño. Durante dos horas, me empapé del pensamiento de Steve sobre inyectar un diseño extraordinario y auténtico a todos los productos y la cultura de una compañía. El diseño era parte de la vida de Steve y de su forma de pensar. Está incrustado en la innovación desde el inicio, dijo, y no puede dejarse al final. En Apple el diseño lo era todo. A Steve le preocupaba cómo se veía el nuevo y hermoso iPhone, cómo se sentiría, pero también la interfaz, los accesorios, la tienda y quién podría innovar para asociarse con la empresa. Apple es toda una experiencia. Los usuarios no solo ven el producto, dijo. Se enamoran de él. El diseño es emocional. Cautivante.

A pesar de las asombrosas campañas publicitarias, la imagen y los empaques de PepsiCo, y de todos nuestros deliciosos y conocidos productos, sabía que estábamos muy lejos de este enfoque holístico en el que todo está diseñado a la perfección. La idea de que el diseño era importante debía permear cada área de la compañía. Representaría una nueva forma de trabajo —coordinar I+D, mercadotecnia y publicidad, producción y distribución— e incluir muchos más prototipos y pruebas. Sería un cambio radical. La función de diseño tenía que nutrirse, protegerse, dijo Steve. "Si no la apoyas como CEO, ni te molestes en comenzar esta aventura."

Muy inspirada, decidí que debíamos usar el diseño como diferenciador importante de nuestros productos, pero primero tenía que entender la brecha entre donde estábamos parados y a dónde queríamos ir. Les regalé a cada uno de los miembros del comité ejecutivo una copia de *Package Design Now*, un libro lleno de ejemplos espléndidos de diseño de productos para el consumidor. Más tarde esa misma semana, lo llevé un poco más lejos: les di elegantes álbumes de fotos de piel café y les pedí que fotografiaran cualquier cosa que les llamara la atención por su diseño. Cualquier cosa, enfaticé. Podía ser una silla, un lápiz, una tetera. Podían crear *collages* con recortes de revista. No importaba. Solo debían pensar en el diseño. Tres meses después, tenía los álbumes de regreso en mi oficina.

Este experimento no salió bien. De las quince personas que recibieron el álbum, solo una de ellas presentó un buen trabajo, pero se lo había encargado a una agencia profesional. Unos cuantos entregaron fotos de viaje o lo que parecían fotos tomadas de último momento de pastas de dientes y botellas de enjuague bucal de su baño. Algunos hombres pidieron a sus esposas que hicieran el álbum. Unos cuantos ni siquiera entregaron el trabajo. Me di cuenta de que el diseño era algo ausente en casi todos mis gerentes de alto nivel.

Hice los álbumes a un lado, los coloqué en el archivero de mi oficina, pero estas ideas seguían rondando mi cabeza.

Para el año 2010, realmente me sentía instalada en mi papel de CEO. El PwP era nuestro principio rector; Mehmood estaba creando la ciencia del sabor; habíamos navegado con seguridad a través del camino pedregoso de la economía y habíamos hecho algunas adquisiciones internacionales.

Lo más importante, habíamos solucionado el problema de la relación con nuestras embotelladoras más grandes en Norteamérica al comprarlas, y podíamos ver las ganancias que habíamos predicho de ese movimiento estratégico.

Lo siguiente: tenía que ocuparme del talento. ¿Quién debería dirigir las grandes áreas de nuestra compañía en la próxima década? ¿Quién tomaría mi lugar en su momento? En promedio, el CEO de una compañía estadounidense que cotiza en bolsa dura en el cargo cinco años. Es más o menos el tiempo que duraron Roger y Steve en el cargo en PepsiCo.

No pensaba irme pronto, pero la planificación de la sucesión era una tarea fundamental y crucial para mi visión de PepsiCo como una organización bien aceitada que prosperaría mucho tiempo después de que me fuera. Cada año, el consejo de administración imaginaba qué sucedería si el director *sufría un accidente*. Esta es una práctica común del buen gobierno corporativo, y nos la tomábamos en serio, detallando con precisión las opciones de transición rápida si por cualquier cosa yo no podía seguir con el cargo. También necesitábamos hacer un esfuerzo sistemático y vigoroso para decidir cómo sería la siguiente generación de ejecutivos de alto nivel. Contábamos con gente extraordinaria alrededor del mundo. Alguno de ellos sería el próximo líder de PepsiCo.

Teníamos una especie de manual. Durante cuatro años, me había dedicado a escribir a mano y afinar un memorándum confidencial, de más de veinte hojas, que denominé *De regreso del futuro*.

El memorándum documentaba las diez megatendencias mundiales clave que creíamos moldearían nuestro mundo al 2020 y más allá. Las megatendencias son fuerzas dominantes e innegables que tienen una influencia en la economía y la sociedad. Al elaborar el PwP, había estudiado las tendencias demográficas, sociológicas, científicas y de consumo. *De regreso del futuro* resumía ese trabajo e iba más allá, precisando acciones y capacidades estratégicas que necesitaría PepsiCo en las siguientes décadas. El memorándum también detallaba las características esenciales que debían poseer nuestros futuros líderes, desde ser expertos en tecnología digital hasta comprender profundamente cuestiones de recursos y medio ambiente, y tener experiencia en mercados no estadounidenses, algo que nunca antes habíamos establecido como prioridad.

Casi diez años después, este memorándum de megatendencias todavía es fascinante. En el número uno de la lista está el surgimiento de los hemisferios oriental y sur. En el número dos está el cambio demográfico y de poder hacia los mayores, las mujeres y los jóvenes, y la creciente influencia de las comunidades de inmigrantes en los centros urbanos de los Estados Unidos; el número tres habla del cambio hacia una alimentación más saludable; el cinco es la evolución del mundo digital que domina todas las áreas y de las compras en Internet; el nueve aborda el tema de la confianza en el capitalismo y las grandes corporaciones. Cada uno de los elementos de la lista incluye mi visión de las consecuencias para la industria mundial de alimentos y bebidas y para nuestra compañía.

Durante varios meses a finales de 2011 y principios de 2012, me reuní personalmente con cada uno de los miembros del consejo de administración para revisar el documento, reuniones que fácilmente se extendían dos o tres horas. Todos estaban muy involucrados, y de ahí en adelante, sentí su apoyo a mi trabajo para rediseñar nuestra estructura organizacional y desarrollar nuevos líderes empresariales para ese mundo tan diferente que se avenía. Cuando las cosas se ponían difíciles, siempre podía argumentar las razones por las que habíamos decidido emprender esos cambios: esa investigación tan meticulosa sobre las megatendencias.

PepsiCo llevaba mucho tiempo siendo una organización descentralizada, una compañía con divisiones que querían sobresalir por su cuenta, pobladas de equipos llenos de energía y competitividad. Sin embargo, cada vez más, el mundo exigía que nos convirtiéramos en una compañía más interconectada.

Unos años antes, Steve había creado una importante fuerza de ventas tanto en *snacks* como en bebidas, para clientes como Walmart, Kroger y Safeway, a la que denominamos *Power of One*. Sabíamos que lograr que la gente comprara más bebidas y *snacks* juntos ayudaría al crecimiento de toda la compañía. Creó equipos de clientes de *Power of One*, lo que ayudó a que PepsiCo se convirtiera en uno de los proveedores más grandes de casi todos los minoristas de Norteamérica. En forma similar, PepsiCo en Europa alcanzó un estatus más favorable entre los minoristas gracias a que nos acercamos a la mesa juntando bebidas con snacks: líneas que, por sí solas, no jugaban un papel preponderante en esa región del mundo.

Expandí *Power of One* a más cuentas, pero necesitábamos adoptar esa visión coordinada más allá de las ventas a cada área de PepsiCo. Necesitábamos instalar los llamados Centros de Excelencia en áreas tradicionales como Operaciones, DSD e Investigación del Consumidor. También necesitábamos añadir nuevas áreas como Mercadotecnia Digital, Comercio Electrónico, Diseño e Inteligencia Artificial, de forma que cada división y región tuviera acceso a capacidades de clase mundial sin duplicar esfuerzos. Necesitábamos que la gente se comunicara y colaborara en todos los cargos de la compañía.

Decidí cambiar el entramado de cargos y líneas jerárquicas en nuestros puestos de alto nivel y ofrecerles a más ejecutivos obligaciones globales. Algunas salidas me ayudaron a poner en práctica esta estrategia. Mike White, que dirigía nuestra división de negocios fuera de los Estados Unidos, dejó la compañía para convertirse en el CEO de DirecTV, y decidí dividir su cargo en tres. Richard Goodman, el CFO, se jubiló, y lo sustituyó Hugh Johnston, el jefe de Operaciones Globales que había ocupado cargos en todos nuestros negocios en Norteamérica. Resultó ser un fantástico CFO y un gran aliado.

Eso dejó vacante otro puesto de alto nivel. Ascendimos a gente interna, y trajimos unas cuantas estrellitas de fuera. El rompecabezas humano se iba conformando.

Nuestro trabajo en TI, que comenzó cuando el sistema de pedidos de Frito-Lay colapsó en 2002, nos ayudó en esta transacción. Cada vez que implementábamos software nuevo, teníamos más visibilidad de los flujos de información en toda la compañía, lo que incluía tener a la mano información de las ventas minoristas. Podíamos ver qué producto, campaña o actividad de producción estaba en marcha en todo el mundo y qué tan efectivos eran. Eso disparó la eficiencia. Podíamos tomar una buena idea de cualquier país, darle una revisada si era necesario y ponerla en práctica en otra parte. Esta migración de ideas y mejores prácticas impulsó el crecimiento de nuestros ingresos y rendimiento, lo que al final contribuyó a lograr al menos 1 500 millones de dólares en ganancias en productividad a lo largo de tres años.

Toda esta nueva colaboración era muy liberadora, por muchas razones. Comenzamos a usar datos en tiempo real para tomar decisiones rápidas, con lo cual alcanzamos a otras compañías que estaban aprovechando sistemas similares. Por desgracia, algunos veteranos de PepsiCo no estaban acostumbrados a compartir mucha información y rechazaron lo que yo creía era una visión necesaria y fresca. Unos cuantos ejecutivos de alto nivel y gerentes de marca de nivel medio en los Estados Unidos dejaron la compañía. A otros tuvimos que despedirlos cuando no lograron adoptar los nuevos procesos. En retrospectiva, pienso que mantuve a algunas personas demasiado tiempo en sus puestos con la esperanza de que mejorarían o cambiarían. Durante una transformación tan importante como la que planteaba el PwP, esta gente puede volverse un problema. Me doy cuenta ahora de que es mejor retirarlos del camino lo más pronto posible.

Fue una transición difícil, pero a todos les quedó claro, al final, que estos cambios eran esenciales y que habían llegado para quedarse.

En febrero de 2012, anuncié mi último movimiento estratégico grande para dejar a PepsiCo como la había visualizado a largo plazo: una reinversión enorme en nuestros nombres famosos.

En el salón grande del hotel Grand Hyatt en la calle 42 de Manhattan, después de dar el informe sobre los ingresos de 66 mil millones de dólares con una ganancia de 6 500 millones correspondiente al 2011, anuncié que gastaríamos unos 600 millones más en publicidad y mercadotecnia para impulsar nuestras marcas, incluidas Pepsi-Cola y Mountain Dew. Esta estrategia estaba directamente relacionada con la recompra de nuestras embotelladoras. Ahora teníamos más dinero para gastar en conseguir más clientes, ya que no teníamos que financiar las demandas de las embotelladoras de fondos extra para impulsar su negocio.

Durante cinco años, trabajé con diligencia para corregir los puntos vulnerables de PepsiCo y prepararnos para este momento. Pero también había tenido que aguantar duras críticas provenientes de los analistas de Wall Street y los medios por no prestar más atención a nuestros resultados financieros a corto plazo y el rendimiento de nuestras acciones. En realidad, nuestros resultados fueron muy buenos: desde finales de diciembre del 2006 a finales de diciembre del 2011, el retorno accionario de PepsiCo fue de 22%. Esto comparado con el declive del índice S&P 500 de 1.25% para el mismo periodo.

También por esta época, tuve que tranquilizar a un inversionista activista, Ralph Whitworth de Relational Investors, que había adquirido 600 millones de dólares en acciones de PepsiCo, pensando que así podía tener una influencia en la compañía. Me reuní con él en la sala de conferencias de un despacho legal, cerca del centro de Manhattan, rodeada de abogados y financieros, y escuché con atención sus preocupaciones. Dijo que necesitaba saber con claridad por qué había vuelto a comprar las embotelladoras. Le expliqué con todo detalle la estrategia. Ralph era inteligente y amigable, y, después de un par de conversaciones, adoptó el plan. Me dijo que mantuviera el rumbo, que no quería gastar más de mi tiempo. Más tarde, vendió sus acciones con una ganancia y siguió siendo mi amigo y colaborador hasta su muerte, en septiembre del 2016.

Cuando anunciamos el relanzamiento de nuestras marcas, con especial énfasis en nuestras bebidas estrella en Norteamérica, de nuevo me persiguieron. Para algunos reporteros y analistas, este gasto nuevo parecía una capitulación: un reacomodo de las marcas de refrescos tradicionales, que chocaba con nuestro intento por impulsar una oferta más saludable.

Yo no lo vi de esa manera. Estábamos conduciendo un coche muy grande en una carrera larga, y teníamos que asegurarnos de que el motor estaba en buen estado. Pepsi-Cola, Diet Pepsi y Mountain Dew eran cruciales. El mercado de refrescos, con valor de 70 mil millones de dólares anuales en los Estados Unidos, estaba en declive, pero teníamos que conservar nuestra competitividad en ese sector, una categoría redituable que atrajo tráfico para nuestros minoristas. Nuestro competidor clave había incrementado la publicidad de sus marcas de refrescos y teníamos que seguirle el paso. Apenas comenzaba la diversión.

Con lo que no contábamos fue con la diversión que trajo nuestro segundo inversionista activista, Nelson Peltz de Trian Partners, que, descubrimos, había comprado silenciosamente hasta 1 500 millones de dólares en acciones de PepsiCo, un poco más de 1% de la compañía.

Tenía años de conocer a Nelson en plan social y, un día, me llamó por teléfono. "Indra, Indra, Indra, necesito verte", declaró. Me dijo que iría a mi casa para tener una reunión corta. De pronto, me mostró un supuesto documento técnico, preparado por su equipo, con todas las razones por las que PepsiCo debía separarse en partes, y cada parte volverse una empresa que cotizara en bolsa. Tomé una copia de este documento y le aseguré que lo leería con calma y lo analizaría a detalle con el consejo de administración.

Los diez años posteriores a la crisis financiera mundial que comenzó en 2009, fueron un periodo en el que abundaban este tipo de propuestas agresivas por parte de los inversionistas. Los fondos activistas —reservas de dinero en busca de retornos inmensos— buscaban compañías que tuvieran un flujo de efectivo decente donde creían que podían presionar al CEO para que aceptara su oferta. Los activistas no tienen que ser propietarios de un porcentaje alto de las acciones de la compañía para que funcione esta estrategia. Publicitan tanto sus demandas que logran que otros compren su propuesta. Creo que también buscan compañías que estén implementando algo nuevo para adjudicarse el éxito en caso de que funcione.

Peltz era un multimillonario experto en todo esto, pero su plan para PepsiCo era agresivo, por decir lo menos. Quería dividir nuestra compañía en bebidas y *snacks*, y luego fusionar la compañía de snacks, Frito-Lay, con Mondelēz, una compañía con sede en Chicago que fabricaba las galletas Oreo y Chips Ahoy!, las galletas saladas Triscuit y los chocolates Cadbury. El fondo de Nelson era propietario de casi dos mil millones de dólares en acciones de Mondelēz. Decía que colocaría la división de bebidas de PepsiCo como una compañía distinta.

Cada aspecto de su esquema era problemático. Primero, dividir PepsiCo destruiría nuestra tan exitosa fuerza de ventas *Power of One*. Segundo, la idea de Nelson para que Frito-Lay se fusionara con una compañía de galletas y chocolates no tenía sentido. El negocio de Frito-Lay crece gracias a que les quita mercado a las ocasiones dulces: todas esas veces que la gente busca galletas y chocolates. Una compañía que fuera dueña de todo un rango de *snacks* salados y dulces competiría contra sí misma. Sería un juego de suma cero. Además, el dividir PepsiCo distraería a cada uno de nuestros negocios y perderían su impulso. Y Frito-Lay y Mondelēz habrían tenido que pasar por un proceso de análisis de la competencia ante la FTC, de por lo menos un año, con un resultado incierto.

Nelson quería que gastáramos entre 50 y 60 mil millones de dólares para llevar a cabo su plan y pasar dos o tres años de caos y disrupciones. Hubiera destruido la competitividad de PepsiCo. Debilitada, nuestra compañía habría sido un regalo para nuestros rivales.

A pesar de todo esto, el consejo de administración, los líderes de alto nivel y yo analizamos el documento de Nelson a detalle, interactuamos con él con sumo respeto y nos reunimos con él cuando nos lo pidió. Le recordé que la mayor parte de mi patrimonio neto estaba atado a las acciones de PepsiCo y que deseaba ver esas acciones subir de valor. "Si tienes una buena idea, me encantará escucharla —le dije—, pero no quiero destruir una gran empresa."

Finalmente, en 2016, Nelson vendió sus acciones con una ganancia de más de 30%, después de recomendar que incluyéramos a un nuevo miembro del consejo de administración, Bill Johnson, el CEO retirado de H. J. Heinz Company. Nelson disfrutó de las ganancias obtenidas de nuestra cartera expandida de alimentos nutritivos y del PwP.

La enorme inyección de dinero en publicidad y mercadotecnia para fortalecer nuestras marcas en 2012 dio inicio a toda una nueva era de mercadotecnia global de PepsiCo.

Las redes sociales y las ideas interactivas estaban a nuestra disposición; ya no dependíamos de las celebridades que tenían jugosos contratos y nuestros empleados y clientes *millennials* querían una oferta auténtica, divertida, creativa. Entretanto, todavía pensaba en incluir un gran diseño y en cómo mover nuestro ADN en esa dirección. Las agencias externas y las operaciones de diseño que implementaron muchos de nuestros equipos nacionales eran un desastre. Quería contratar los servicios de verdaderos expertos. Ya era tiempo de contar con una operación de diseño de clase mundial, interna, una colmena de creativos artísticos y críticos que trabajarían lado a lado con nuestros mercadólogos, pero también con el equipo de Mehmood para crear nuevos productos, mejores empaques e innovaciones en el campo de la sostenibilidad ambiental.

Desempolvé los álbumes de piel café que contenían las ideas de diseño de mis ejecutivos y se las mostré a un grupo de gente que creía podrían decirme qué tanto habíamos logrado con eso. Una de esas personas era Brad Jakeman, que venía de Activision Blizzard, la compañía de videojuegos más grande del mundo, y se había unido para dirigir la división global de mercadotecnia de bebidas. Cuando vi que me estaba costando trabajo convencer a un equipo encargado de un proyecto confidencial para diseñar una nueva máquina dispensadora de bebidas, Brad y yo decidimos que teníamos que crear toda una nueva área interna de diseño, rápido. Necesitábamos un líder fuerte, colaborativo e icónico para esta nueva función.

Después de buscar durante mucho tiempo un director de Diseño, Brad me presentó a Mauro Porcini, un diseñador italiano que trabajaba en 3M en Mineápolis.

Creo que Mauro es la persona más interesante que jamás haya conocido. No podía dejar de ver sus zapatos: *slippers* negros con piedras rojas que combinaban elegantemente con su vestimenta ecléctica y su sonrisa genial. La primera vez que lo conocí, Mauro habló con mucha pasión. Sentí que comprendía con exactitud lo que quería hacer con el diseño: tenía las palabras que yo no había podido encontrar. Decidí ahí mismo que esta era la persona que necesitábamos. Imaginaba que la compañía se *Porcini-zaría*.

Mauro quería que construyera un espacio, separado de las oficinas centrales, que atrajera a los mejores diseñadores de todas partes del mundo. Estuve de acuerdo, y un año después, inauguramos el PepsiCo Design and Innovation Center, en Hudson Street, en la ciudad de Nueva York. Se convirtió en un imán para que nuestros ejecutivos aprendieran sobre diseño y la intersección con I+D y desarrollo de productos y empaques. Un círculo realmente virtuoso.

Comencé a leer aún más sobre lo que el diseño podía aportarnos y con gusto acepté la sugerencia de Mauro de que PepsiCo participara en el Salone del Mobile di Milano, la famosa semana anual de diseño de Milán. Durante tres años seguidos, el equipo de diseño creó exhibiciones vivenciales para elevar a la compañía en el imaginario colectivo de los creativos más importantes del mundo. Mauro aprovechó el evento, sobre todo, para contratar a nuevos diseñadores. Fue anfitrión de charlas sobre negocios, alimentos y diseño y mostró nuestras ideas sobre el futuro de las bebidas no alcohólicas con combinaciones inesperadas, shots de sabor y guarniciones. Teníamos un camión de Quaker que servía desayunos, servimos té helado en vasos Murano y construimos depósitos exóticos con tubos de cobre que dispensaban refresco. Un año, colaboró con algunos diseñadores, entre los cuales estaban Karim Rashid y Fabio Novembre, para crear aparadores icónicos de nuestros productos e hizo que Lapo Elkann de Garage Italia Customs, una compañía que transforma autos en caleidoscopios de color, detalle y diseño, adornara un Fiat 500 con motivos de Pepsi. Me hubiera encantado conducir ese auto.

Asistí a la feria tres veces y me quedaba unos días. El primer año fue extraño, por decir lo menos. Llegué a Italia con mi visión y expectativas de CEO y con mi atuendo de mujer empresaria, muy conservador, y de inmediato me sentí como pez fuera del agua en un colorido mundo de diseño global. Más tarde, me sumé al paso particular del evento y simplemente asistí a tantas exhibiciones como pude. Entendí cómo cada idea, desde el café Lavazza con sus nuevas y hermosas máquinas de café hasta una pequeña exhibición llena de relojes, se trataba de llegarle al corazón de la gente. Mauro me presentó a mucha gente, y comencé a empaparme de la cultura del diseño, algo muy nuevo (y atractivo) para mí.

Todavía se me eriza la piel cuando pienso en ese proceso de transición hacia lo que es actualmente el diseño para PepsiCo. Lo acogimos como un pilar central de innovación, pasando nuestra atención de solo vender productos a crear toda una nueva experiencia relacionada con nuestras marcas.

Nuestra división de diseño comenzó a ganarse los tan codiciados contratos de los equipos de ventas de PepsiCo. Esto se hizo todavía más evidente en nuestra relación con el mundo del deporte. PepsiCo había mantenido relaciones largas e importantes con el mundo de los deportes y el de la música, convenios que creíamos le daban a la gente momentos de alegría inmensa y reflejaban el espíritu de Pepsi. Elegimos asociarnos con ligas que tenían temporadas cada año, y no eventos que solo sucedían cada cierto tiempo, como las Olimpiadas. Teníamos un contrato enorme con la National Football League, que renovamos en el 2011 por otros diez años y que incluía tratos con más de veinte equipos. Nuestro nombre se mostraba en el medio tiempo del Super Bowl. Gatorade llenaba las gargantas de los jugadores en la banda. Quaker patrocinaba el ala de jóvenes del futbol americano. Aunque no crecí con ese deporte, llegué a amar los juegos y a desarrollar una buena relación con Roger Goodell, el comisionado de la NFL, y con los dueños de algunos equipos.

En 2013, me pidieron que hablara en una conferencia de la revista *Sports Business Journal* en Manhattan, una plática que recuerdo muy bien por dos razones. Primero, expresé mis firmes argumentos de por qué era evidente que se ignoraba a las mujeres en la mercadotecnia de deportes, un tema que había explorado con la ayuda de Jennifer Storms, la vicepresidenta principal de Mercadotecnia Deportiva de PepsiCo, que siempre estaba pensando en cómo podríamos aprovechar los deportes para consolidar nuestras marcas. Segundo, Adam Silver, el entonces comisionado adjunto de la Asociación Nacional de Basquetbol (NBA) y director de Operaciones (ahora comisionado titular) estaba entre el público.

Comencé mi discurso mostrando un anuncio de suéteres de lana para escaladores, de una revista de la década de 1950. Mostraba dos robustos caballeros parados en la cima de una montaña y una mujer un poco más abajo, colgada de una cuerda. La foto decía "¡Los hombres son mejores que las mujeres! Dentro de casa, las mujeres son útiles, y hasta agradables. En la montaña, son un estorbo".

Por supuesto, el mundo ha cambiado, dije, pero la realidad es que los encargados de la publicidad de los deportes, junto con otras compañías como la nuestra, todavía no hacen mucho para reconocer que las mujeres son atletas, entrenadoras y fanáticas genuinas. Teníamos que hacer algo más que *Pink it and Shrink it*, la campaña para modificar productos existentes pintándolos de rosa y haciéndolos más pequeños para un público femenino, y pensé que había un potencial enorme (desaprovechado) para hacer mercadotecnia sofisticada con las mujeres del mundo del deporte. La audiencia quedó cautivada. Era un enfoque que la industria probablemente nunca había escuchado de la CEO de una empresa de productos envasados. Es probable también que nunca haya habido otra directora como yo. Era fanática de los deportes y había recibido decenas de jerseys de futbol americano, beisbol y basquetbol durante años, todos mandados a hacer con mi nombre y el número 1 en la espalda, pero todos en talla de hombre, que no podía usar.

Cuando Adam y yo hablamos después de mi plática, él sabía que yo veía la mercadotecnia deportiva de forma mucho más amplia y creativa, y me hizo algunas preguntas muy puntuales, las cuales culminaron con "¿Por qué la NFL tiene tanta visibilidad y atención con su asociación con las marcas de refresco y nosotros no?". Le dije que se estaba asociando con la compañía incorrecta. Aparte de su afiliación de muchos años con Gatorade, una marca de PepsiCo, la NBA estaba sirviendo las bebidas de nuestro competidor.

Un año después, cuando salió el tema del contrato con la NBA, armamos un paquete con opciones increíbles (todas curadas por Mauro y el equipo de diseño) de cómo PepsiCo podía ayudar a promover el basquetbol. Hablamos sobre toda la experiencia de los fans, desde las gradas hasta la interacción que tienen con las marcas mientras ven los juegos en la televisión. PepsiCo podía hacerlo todo: carteles en las entradas de establecimientos, mercadotecnia local y empaques especiales para cada equipo. Nuestra misión era darle vida al futuro de la NBA, y nuestras fuerzas de Ventas y Diseño se unirían y estaban listas para poner manos a la obra. En un evento muy animado en un almacén de Manhattan lleno de parafernalia de la NBA, Adam y yo estrechamos manos para festejar un contrato de cinco años (que después se renovó), que hizo que las marcas de PepsiCo fueran los alimentos y las bebidas oficiales de la NBA, la liga menor, la Women's National Basketball Association, y USA Basketball. Era un éxito gigante.

También firmamos un contrato nuevo con los Yankees de Nueva York, que incluía mucha más publicidad en el estadio. Veía los partidos en la televisión cada vez que podía y pronto me descubrí a mí misma contando los minutos que nuestras marcas aparecían en la pantalla en lugar de seguir el juego. Dos veces al año, asistía a los juegos, y nuestro equipo de ventas se aseguraba de que tuviéramos visibilidad extra. Joe Girardi, el entonces entrenador de los Yankees, bromeó una vez conmigo diciendo que iba a tener que sacar a uno o dos jugadores para hacer espacio suficiente para las hieleras llenas de Gatorade que ponían en la banca.

En 2015, logramos una asociación con la Unión de Federaciones Europeas de Futbol (UEFA), lo que ayudó a posicionar las marcas en el futbol europeo incluyendo más parafernalia que la mercadotecnia de los deportes en los Estados Unidos.

A pesar de todo lo que el trabajo y mi hogar exigían, mi amor por los deportes seguía intacto. Siempre me emocionaba la idea de ir a partidos, conocer a los atletas y celebrar el trabajo arduo que se hace tan evidente en los deportes competitivos. Sin embargo, no todo era sobre los deportes de equipo de las grandes ligas. La Bowling Proprietors' Association of America, una organización comercial, una vez pidió una cita conmigo en su Bowl Expo, una invitación que nuestro equipo de ventas dijo que era lógica debido a los contratos de alimentos y bebidas que teníamos con los treinta y cuatro centros de boliche de los Estados Unidos, que pertenecían a este grupo sin fines de lucro.

Como es mi estilo, me preparé mucho para esta plática. Fui a jugar boliche unas cuantas veces, sola, para hacerme una idea del deporte y del sabor de su cultura contemporánea. Hablé con los jugadores y con el personal para entender toda la experiencia. Me fue de gran utilidad. Dos semanas después, sentí que podía hablar con cierta autenticidad sobre el boliche al público de Las Vegas.

Al cabo de ocho o nueve años en el trabajo, ya era bien conocida como CEO de PepsiCo. La empresa iba muy bien, y los líderes empresariales y funcionales querían que hiciera aún más cosas fuera de la empresa. Me reuní con los clientes y estreché las relaciones con más funcionarios de alto nivel, entre otros, Mike Duke y luego Doug McMillon de Walmart, Jim Sinegal de Costco y Arne Sorenson de Marriott. Seguíamos teniendo socios embotelladores independientes en todo el mundo, y ellos también llegaron a conocerme muy bien. Creo que sentíamos un gran respeto mutuo.

Hablé en cientos de eventos: paneles de la industria, clubes económicos, conferencias de mujeres y escuelas de negocios. Fui portavoz del tema del equilibrio entre el trabajo y la vida privada. También me pidieron que hablara en eventos de gobierno corporativo y en conferencias anuales organizadas por grandes inversionistas. Recibí muchos premios de liderazgo y siempre fomenté una visión equilibrada de empresas que van bien y hacen el bien. Hablé sin cesar sobre el plan PwP.

También me pidieron, como labor cívica, que hablara con los Gobiernos estatales de los Estados Unidos y otros gobiernos alrededor del mundo sobre el impuesto al refresco. En nuestro propio país, Michael Bloomberg, el alcalde de la ciudad de Nueva York, presionaba para limitar el tamaño de los refrescos a 16 onzas (473 ml). Los impuestos a los refrescos surgieron también en otros estados y zonas del mundo, como California, México y muchas otras partes de América Latina y Medio Oriente. Intentamos sensibilizarlos y sugerimos opciones, como eximir a los refrescos sin calorías y los envases individuales de menos de cien calorías. Me parecía que estos impuestos tenían más que ver con los ingresos que generaban para los municipios locales que con limitar las bebidas azucaradas. También comenzaron a gravarse los envases de plástico y encontramos socios que desarrollaron sistemas de reciclaje de circuito cerrado: una empresa difícil. Intenté ver estas cuestiones a través de los ojos de las comunidades, un enfoque que me dio credibilidad ante los críticos.

Una buena parte de lo que articulé en el PwP se estaba cumpliendo, con aciertos y desaciertos, pero con mucho entusiasmo por parte de los empleados de PepsiCo, lo que me llenaba de energía. Cada año, publicábamos nuestro informe de sostenibilidad, donde mostrábamos al mundo el progreso de nuestras iniciativas. Tenía la firme convicción de que estos informes debían ser meticulosos, sin dejar de lado lo difícil que era lograr un cambio real en estas áreas. La integridad de nuestros objetivos, nuestros plazos y nuestros informes eran absolutamente cruciales para mí.

También habíamos decidido remodelar la sede de PepsiCo y tuvimos que mudarnos del edificio durante dos años. La reforma nos permitió diseñar nuevos espacios y añadimos una guardería dentro de las instalaciones, llamada PepStart, con una zona especial para dejar a los niños, equipos de escalada al aire libre y espacios hermosos diseñados para bebés y niños pequeños para dormir,

254 | MI VIDA PLENA

comer y aprender. PepStart se llenó de inmediato con docenas de bebés y niños menores de cinco años, había lista de espera. Las familias pagaban por el servicio, pero el beneficio de tener un espacio cómodo y tranquilo fue inmediato y duradero. También ofrecimos guarderías internas y guarderías externas, a poca distancia de las oficinas, en muchos puntos en todo el mundo y, si hubiera permanecido más tiempo en PepsiCo, me hubiera gustado ofrecer esta prestación también en nuestras fábricas.

Por un lado, me sentí reivindicada por todo el éxito del PwP. Por el otro, me hubiera gustado avanzar más rápido en algunas de nuestras iniciativas de sostenibilidad. Curiosamente, uno de los primeros y más feroces críticos a la propuesta de cambio de productos del PwP visitó nuestra oficina un día y me dio un DVD sobre los males del azúcar. Me dijo que había reducido su consumo de azúcar de forma radical. Le deseé lo mejor.

Con el paso del tiempo, conocí a muchos líderes mundiales. Los directores generales suelen ir acumulando fotos superficiales con presidentes y primeros ministros, pero puedo decir que tuve largas y fructíferas conversaciones con jefes de Gobierno y ministros de todo el mundo. Creo que valoraban las inversiones de PepsiCo en sus países y se mostraron dispuestos a trabajar con nosotros para poner en práctica el PwP. A muchos también les intrigó que yo fuera una mujer líder nacida en el extranjero, que reposicionaba con ambición una gran empresa estadounidense. Espero que nuestras conversaciones les hayan hecho reflexionar sobre cómo las mujeres pueden lograr el éxito también en sus empresas y países.

En China, me pareció que el liderazgo estaba centrado en el desarrollo agrícola para mantener la viabilidad de sus agricultores. En Baotou, Mongolia Interior, PepsiCo puso en marcha el cultivo de papas con sistemas de riego por goteo, eficientes desde el punto de vista hídrico, para cultivar las plantas que necesitábamos para fabricar papas fritas para el país, y estos cultivos rindieron más de lo esperado, por lo que el excedente se usó para exportación. Los dirigentes chinos querían saber cómo prolongar la vida de los productos agrícolas que recorrían un enorme sistema de distribución.

Mis viajes a la India también fueron fascinantes. Siempre visitaba al primer ministro y a otros funcionarios de alto nivel, y una vez recibí una invitación de la embajadora india en los Estados Unidos, Nirupama Rao, para dirigirme a los funcionarios del servicio exterior indio en Nueva Delhi. Hablé con pasión de algo en lo que creo firmemente: que los embajadores y los cónsules generales deberían ampliar sus esfuerzos para centrarse en la diplomacia económica como pilar fundamental de su diplomacia política. Era la primera vez que invitaban a un CEO mundial a dirigirse a ellos, y les di mucho sobre qué reflexionar.

Muchas veces me recordaba a mí misma que había establecido estos fascinantes contactos y que recibía estas invitaciones gracias a mi posición, y que mi lista de *amigos* se reduciría cuando me retirara. Algunas relaciones pasaron a ser personales, pero no demasiadas. Ser CEO abre puertas de una forma deslumbrante, pero nadie lo hace porque sea buena gente, solo están pensando en lo que puedes hacer por ellos. Cada vez que me bajaba del avión en un lugar poco conocido, era muy consciente de empezar a pensar como local. Ese fue un enfoque útil para llevar a cabo proyectos exitosos juntos.

En los Estados Unidos, los presidentes George W. Bush y Barack Obama me invitaron a las cenas de Estado de la Casa Blanca, y asistí a reuniones de altos ejecutivos empresariales con los presidentes Bush, Obama y Trump. En todos los encuentros, los líderes y su personal me trataron con el máximo respeto. También viajé con el presidente Obama a la India para una visita de Estado, en donde asistimos a un foro de CEO estadounidenses e indios. Después de la reunión, invitó a los CEO de los Estados Unidos a su suite del hotel, y nos quitamos los zapatos, bebimos una copa y pasamos el rato durante unas horas. Hablamos de todo, tanto de lo personal como de lo profesional. El presidente era uno de los nuestros.

De todos los viajes internacionales que hice, el más impactante para mí fue uno en el que estuvimos siete días en África, en febrero del 2018. Diez años antes, les había prometido a nuestros embotelladores nigerianos y ugandeses que los visitaría si alcanzaban el liderazgo en ventas y, cuando lo consiguieron, no podía defraudarlos. También le había asegurado a nuestro equipo sudafricano que iría y vería por mí misma cómo habían logrado crear un maravilloso negocio de *snacks*.

Ese fue mi último gran viaje de negocios como CEO, y sentí una atracción profunda por la historia y las tradiciones del continente, como nunca antes. Tengo la firme convicción de que África, llena de recursos minerales y agrícolas, y de población joven, tiene el potencial de ser una joya económica en las próximas tres o cuatro décadas si las compañías mundiales invierten en África, para África, con África. Para esto, necesitan responder sensiblemente a las necesidades individuales de cada país.

En Lagos y Kampala, ciudades bulliciosas y ajetreadas, fui testigo de cómo las mujeres africanas mantienen la economía en marcha gracias a sus pequeñas empresas. Me reuní con mujeres líderes y nuestras conversaciones me resultaron muy familiares. Querían educación. Querían libertad económica y financiera para ellas y sus hijas. No querían que los hombres las detuvieran. No me hicieron sentir como una visitante: me abrazaron como una de ellas. Bailamos juntas bajo el sol de media mañana, reímos y charlamos. Había mucho amor.

En Sudáfrica, Sello Hatang, director de la Fundación Nelson Mandela, me llevó a visitar personalmente la isla de Robben, donde Mandela estuvo encarcelado durante diecisiete años. En el Museo del Apartheid, un dispositivo que elige al azar a los visitantes me eligió para caminar por la fila de los *de color* y pude sentir la humillación de los oprimidos de ese país.

Todavía mantengo vivo el recuerdo de la última noche de ese viaje. En la Fundación Mandela, conocí a Graça Machal, la esposa de Nelson Mandela y, en un acto público al que asistió conmigo, anunciamos una asociación de cinco años con PepsiCo para ayudar a combatir la pobreza, que comprende un programa que distribuye productos menstruales para que las niñas nunca tengan que faltar a la escuela por su periodo. El coro Soweto Gospel Choir, con túnicas coloridas y voces espectaculares, interpretó un maravilloso repertorio de música alegre, incluida la canción antiapartheid "Asimbonanga". Llevo conmigo esa canción —su melodía, la emoción que transmite.

También me reuní con un grupo de unas veinte chicas de secundaria en una mesa redonda. Cada una contó una historia: crecer sin padres, ser madre de sus hermanos, sufrir tremendos abusos físicos y emocionales por parte de personas con poder, entre otros. Su valor y determinación eran impresionantes. Al final de nuestra charla, les hice una simple pregunta: "¿Qué puedo darle a cada una de ustedes como regalo por el tiempo que pasaron conmigo?". Nadie dudó: "¿Podemos darnos un abrazo?", preguntaron. Se pusieron en fila y, una por una, las envolví en mis brazos. Solo querían un abrazo maternal. No querían soltarse. La emoción me invadió.

En lo que respecta a mi vida personal, Tara se fue a una universidad en la ciudad de Nueva York y Preetha se graduó de la SOM de Yale y consiguió un nuevo trabajo. Raj se convirtió en consultor independiente y ayuda a grandes empresas a idear soluciones de nueva generación para la cadena de suministro. Casi diario, seguía llevándome a casa tres bolsas de cartas y otros documentos para leer. Algunas personas del trabajo me llamaban abiertamente "la mujer de las bolsas", y un ejecutivo bromeó diciendo que llevaba esos sacos de lona solo para aparentar. Hace poco recibí una carta suya —ahora es director de una gran empresa estadounidense— en la que me decía que pensaba en mí cada vez que llegaba a casa con sus tres bolsas de material de lectura.

Tenía más informes y artículos que nunca por revisar porque las tendencias tecnológicas y geopolíticas evolucionaban muy rápido.

No había opción, en realidad. Recuerdo que, cuando empecé en PepsiCo, un alto ejecutivo decía: "La distancia entre el número uno y el número dos es una constante". Se refería a que cuando un líder tiene un rendimiento superior, el equipo lo acompaña; cuando el líder rinde menos, ocurre lo mismo. Me lo tomé muy a pecho. Si quería que PepsiCo creciera —que fuera una organización informada y con deseos de crecer— entonces yo, como CEO, tenía que poseer esas cualidades. También me encantaba el estímulo intelectual de todas esas cartas y documentos.

Cuando Raj y yo comenzamos a sentir el nido vacío, me centré un poco más en mí misma. Empecé a jugar tenis en el Grand Slam Tennis Club, en Banksville, Nueva York, dos veces por semana a las siete de la mañana. Mi entrenador, Nesar Nayak, me tenía mucha paciencia como principiante y se fue ajustando a mis constantes cambios de horario.

Me apunté a clases individuales de baile de salón para aprender algo diferente a la tradición india en la que me crie y para disfrutar del movimiento y la música de forma tranquila y privada. El instructor, John Campbell, un bailarín británico de unos treinta años, me tenía mucho miedo al principio: la alta ejecutiva que quería aprender el vals y el foxtrot. También era muy paciente y, después de un tiempo practicando juntos, tomó valor y me dijo a mitad del baile: "Yo lidero y tú me sigues. A veces, cuando aprendemos a seguir, somos mejores líderes". Este gran consejo me ha servido en muchas circunstancias.

También hacía algo de ejercicio diario en el campus de Pepsi-Co. Empecé a caminar por la calzada que rodea los edificios, una pista de casi dos kilómetros. Y, finalmente, me tomé el tiempo de explorar los jardines y bosques y de admirar las esculturas. Conocí el Golden Path.

En algún momento durante mis años como CEO, también aprendí sobre el poder de las apariencias.

Durante mucho tiempo, había prestado poca atención a mi vestimenta. Trabajaba con hombres, y ellos llevaban trajes grises y azules con camisas de cuello. Yo también. Me sentía acomplejada por mis piernas, que me parecían demasiado delgadas, y elegía faldas largas para taparlas. No compraba ropa barata y buscaba ropa con telas finas. Compraba en Richards, en Greenwich Avenue, una elegante tienda que empezó siendo una exclusiva tienda de trajes para hombres y luego incluyó una sección para mujeres. Por lo general, elegía hermosos trajes de lana con pantalones de pierna ancha y, desobedeciendo las recomendaciones de Scott Mitchell, uno de los socios de Richards, para que actualizara mi estilo, hacía que el sastre transformara los pantalones en falda. Elegía zapatos funcionales, de tacón bajo, poco coloridos, de punta redonda, sin lazos o hebillas.

Entonces, en un peculiar y maravilloso episodio, un joven consultor independiente llamado Gordon Stewart me pidió permiso para hablar conmigo en privado. Nos habíamos visto en una feria de nuevos productos de Gatorade. No lo conocía, pero acepté charlar con él.

Gordon me dijo que necesitaba un cambio de imagen y que podía ayudarme. Me pidió que me reuniera con él en Saks Fifth Avenue Club, un área privada de compras en ese gran almacén de Manhattan, el sábado siguiente a las once de la mañana. No me sentí ofendida por sus comentarios o su oferta de ayuda. Estaba avergonzada, intrigada y nerviosa. Acepté la invitación.

El fin de semana siguiente, subí en el elevador hasta el quinto piso de Saks, donde me recibió Gordon. Me llevó a un gran vestidor, en el que había vestidos, faldas, sacos, zapatos, bolsos y joyas dispuestos en las paredes. Todo exquisito, todo coordinado, muy profesional. Mi primera respuesta fue que no me probaría los vestidos y las faldas porque eran hasta la rodilla: demasiado cortos.

Pero Gordon no se rendía. Me persuadió para que me los probara y, poco a poco, me fui acercando a su punto de vista. Me costó bastante deshacerme de lo viejo y renovar mi guardarropa, pero al añadir todo ese color y estilo sentí mi confianza renovada, que hasta la fecha conservo. De vez en cuando, vuelvo a mirar la "guía de estilo" que Gordon creó para mí. Su valor y atención al detalle dejaron una marca indeleble.

Para combinar con el estilo de esta ropa nueva, empecé a hacerle caso a mi peluquera de toda la vida, Anna Magnotta. Acepté peinarme con la secadora, como ella me enseñó y vaya que cambió mi aspecto general.

Por extraño que parezca, pronto descubrí que el cambio de *look* también marcaba la diferencia en el trabajo. Empecé a usar vestidos y sacos bien confeccionados, con un collar de perlas o una mascada como accesorios, todos los días. Al final de una reunión del consejo de administración, uno de nuestros directores me escribió para decirme que, desde que había cambiado mi forma de vestir, le parecía más intimidante.

No supe cómo interpretar ese comentario, excepto que quizá la ropa también puede definir a una mujer.

En 2016, les dije a los miembros del consejo que creía que debíamos empezar a reducir la lista de candidatos para la sucesión de la Dirección General de PepsiCo. Los CEO suelen dejar el puesto porque están cansados, porque quieren hacer otra cosa o porque el consejo quiere que se vayan. Yo empezaba a sentir ese cansancio y pensaba en mi futuro, pero también me sentía bien por cómo iba la empresa. Y sabía que teníamos una lista de candidatos increíbles para tomar el relevo.

Por aquel entonces, transferí a cuatro candidatos clave a puestos con mayores responsabilidades para que conocieran otras partes de la empresa. Un año más tarde, con la ayuda de Ruth Fattori, la entonces jefa de Recursos Humanos, les entregué a nuestros directores expedientes detallados sobre cada uno de los cuatro candidatos, incluida una evaluación detallada del rendimiento de los últimos cinco años y notas sobre sus largas e impresionantes carreras. Un psicólogo organizacional presentó un informe resumido sobre la curva de desarrollo de cada candidato. Pedí al consejo que se reuniera con cada uno de ellos por separado y que los viera en acción en sus cargos. Ruth y yo nos encargaríamos de todo, les dije, pero no opinaría sobre quién debía tomar el relevo. Esa decisión correspondía al consejo. Con Ian Cook, el imperturbable director, a la cabeza, el consejo se ocupó de la tarea con diligencia y contrataron a una empresa externa para que realizara una evaluación independiente de cada candidato. Los cuatro candidatos eran fascinantes a su manera.

A principios de agosto del 2018, Ian me dijo que el consejo de administración había elegido a Ramón Laguarta como nuevo CEO. Me reuní con Ramón en mi oficina y le informé de la decisión del consejo. Le dije lo orgullosa que estaba de él y le confirmé mi apoyo incondicional.

Comunicárselo a los otros tres candidatos fue más difícil: todos eran ejecutivos muy solicitados y sabía que los contratarían en otras empresas. Dos se fueron, una verdadera pérdida para la empresa, y uno se quedó por su lealtad a PepsiCo, aunque tenía una oferta de CEO en otro lugar.

Una semana después, PepsiCo anunció que me retiraría el 2 de octubre y que seguiría siendo presidenta del consejo de administración hasta principios del 2019. Había sido muy clara en que quería una transición corta. El nuevo líder de PepsiCo tenía que empezar a poner su propia marca en la empresa lo antes posible.

Nuestra reunión de empleados fue un evento emotivo, con Raj, Preetha y Tara presentes como muchas veces antes. Me esforcé por contener las lágrimas al referirme a mi largo y feliz mandato, y les aseguré a todos que PepsiCo seguiría estando en mi cabeza y en mi corazón. Ramón tendría todo mi apoyo.

Los tres meses siguientes fueron agitados y un tanto liberadores. Organicé la mudanza de mi oficina, aunque seguía sintiéndome responsable de los resultados de la empresa como presidenta. Envié una muy sentida carta de despedida a nuestros empleados de todo el mundo, que expresaba algunas lecciones aprendidas: sobre ver, escuchar y empoderar a la gente con la que trabajas, y concluí con una cita del místico sufí Rumi: "Las despedidas son solo para los que aman con los ojos. Porque para los que aman con el corazón y con el alma, no existe la separación".

Cuando dejé el 4/3 en un día brillante y soleado, cientos de mis colegas me esperaban para despedirme en una celebración al aire libre, alrededor de nuestra fuente central, la alegre escultura de *Girl with a Dolphin* de David Wynne. Ramón habló, bebimos *prosecco* y Sierra Mist en copas de champán, y posé en miles de fotos y *selfies* con nuestro animoso y diverso equipo, el que ahora define a la empresa. Di un último y breve discurso, subí al coche y dejé PepsiCo para ir a casa.

PARTE IV
Con la mirada hacia adelante

Mi abuelo gastó todos sus ahorros en esta casa, donde vivieron tres generaciones y donde nos cuidamos unos a otros. La casa nos daba una sensación de estabilidad y confort. Nuestra familia vivía con sencillez, enfocados al cien por ciento en la educación.

El columpio en la sala de las mujeres, en el que nos mecíamos y cantábamos, y donde mi madre y sus hermanas bebían café del sur de la India y conversaban sobre el mundo a su alrededor.

Mis padres el día de su boda. Mi padre había visto a mi madre en el barrio y le intrigaba su espíritu alegre. Sus respectivos padres se reunieron y arreglaron el matrimonio. Fue un enlace maravilloso.

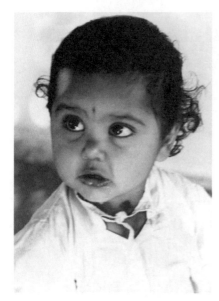

Thatha, mi abuelo paterno, estaba al mando en cualquier lugar con solo sentarse en una silla. Nos adoraba y nos contagió el amor por aprender toda la vida. Nos decía: "Tengo ochenta años y sigo siendo estudiante". Soy la de la izquierda, a mis catorce años.

Yo de bebé en 1956, tenía menos de un año. No teníamos cámara, así que mi tío nos tomó esta fotografía. Tengo pocas fotografías de mis primeros años.

Mis abuelos maternos y algunos de mis tíos y tías. Mis padres están parados justo detrás de sus padres. Chandrika (izquierda) y yo vestidas con pavadais, las faldas que usábamos en ocasiones especiales.

Asistí a la escuela Holy Angels Convent School durante doce años, y corría de una actividad a la otra, literalmente. Me encantaban las materias de Ciencias y Música. La señora Jobard, al centro, con cabello corto, era mi profesora preferida, quien me impulsó más que nadie. Yo estoy en la fila de en medio, segunda de derecha a izquierda, con coletas y moños.

En el aeropuerto despidiéndome de mi familia antes de partir hacia Yale. Mi padre persuadió a mi madre para que me dejara ir. Me sentía muy emocionada, pero triste de que mi Thatha no estuviera ahí para verme volar.

El grupo LogRhythms, nuestra banda de rock de puras mujeres, con Mary, Jyothi y Hema. Comenzamos con cinco canciones y nos volvimos un éxito en las ferias escolares por todo Madrás. El chico de la foto, Kamlesh, era mi vecino, a veces tocaba la batería y nos ayudaba con el equipo.

Raj y yo nos casamos en el sótano de madera de la casa de su tío, rodeados de nuestros familiares más cercanos. En la foto, nuestras madres se aseguran de que Raj hubiera amarrado la cadena nupcial correctamente.

Carl Stern, jefe de la oficina de BCG en Chicago, me concedió hasta seis meses de permiso remunerado cuando mi padre enfermó de gravedad. Hubiera tenido que renunciar a mi trabajo en BCG para ayudar a mi madre a cuidar de mi padre si no me hubieran concedido esa prestación.

Raj y yo recién casados.

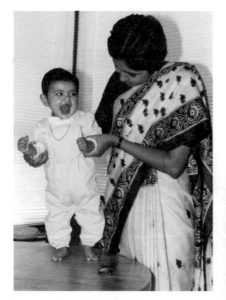

Cuando nació Tara, de nuevo me sentí inmensamente feliz de ser madre. Gozaba de licencia de maternidad y de un buen seguro médico, apoyos cruciales. Pero nos dimos cuenta de que criar a dos hijas era mucho más complicado que a una.

Preetha, mi primera hija, me enseñó a amar profundamente, y Raj y yo adorábamos a nuestra hermosa bebé. Mi madre, los padres de Raj y nuestras tías y tíos de la India se turnaban para pasar largas temporadas con nosotros y ayudarnos a cuidar de ella.

Raj es un jefe de familia muy dedicado y tenemos una hermosa alianza como padres. Siempre me impulsó a seguir avanzando e hizo muchos sacrificios en su carrera profesional para apoyarme.

Mi primer día en PepsiCo, con el director ejecutivo, Wayne
Calloway, en su oficina. Era un hombre de pocas palabras, pero
me había llamado para decirme que PepsiCo me necesitaba
más que General Electric. Esa llamada me convenció.

En el anuncio de la compra de Quaker Oats por 13 200 millones de dólares,
con Bob Morrison, Roger Enrico y Steve Reinemund. Me acababan de nombrar
presidenta de PepsiCo y estaba orgullosa de formar parte del círculo interno.

Preetha y Tara con sus uniformes escolares. Durante varios años, trabajé y viajé sin descanso. Escribía notas para describir las ciudades que visitaba y se las dejaba a las niñas cuando salía de viaje, pero las extrañaba mucho.

Los padres de Raj con Preetha y Tara. Mi suegro apoyó mi carrera y mi suegra, una mujer gentil y amorosa, estaba siempre dispuesta a ayudar en lo que se necesitara. Casi todos los años viajábamos a la India para visitar a ambas familias.

La nota de Tara, que escribió cuando tenía unos seis años, rogándome que volviera a casa. También me escribió cartas después para pedirme que me relajara.

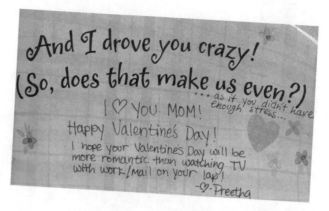

El interior de una tarjeta que me escribió Preetha.
Sabía que estaba bajo mucho estrés, y me deseaba
que ese Día de San Valentín fuera más interesante
y no lo dedicara solo a ver televisión y a trabajar.

Con Steve Reinemund y su esposa, Gail, en agosto del 2006,
cuando anunciamos mi nombramiento como directora ejecutiva
de PepsiCo. Estaba emocionada y nerviosa, y mi familia se
preguntaba cómo nuestra vida cambiaría con esta nueva noticia.

El presidente de la India, A. P. J. Abdul Kalam, en la entrega del premio Padma Bhushan en abril del 2007. Me hubiera gustado que mi padre y mi abuelo me vieran ese día. Fue un gran honor.

Jan Niski, Ann Cusano y Barbara Spadaccia, mis tres asistentes cuando fui presidenta y directora ejecutiva de PepsiCo. Organizaban mi vida, me protegían y mostraban gran lealtad hacia mi familia. No lo hubiera logrado sin estas mujeres que con mucha habilidad gestionaban mi tan abrumadora agenda.

Hillary Clinton visitó PepsiCo cuando era senadora de los Estados Unidos por el estado de Nueva York y yo estaba por asumir el cargo de directora ejecutiva. Me dijo, en esos pocos minutos que pasamos juntas, que podía llamarla cuando quisiera. Vamos caminando sobre el piso liso que mandé instalar para sustituir el empedrado que puede verse ahora solo en las orillas y que hizo que tantas personas se tropezaran.

Poco después de asumir la dirección de PepsiCo, invité a otras líderes a mi casa un par de veces. Descubrimos que teníamos mucho en común.

Con Mehmood Khan, la persona que sin duda hizo toda la diferencia en la implementación del plan Desempeño con propósito (PwP). Mehmood llevó la División de Investigación y Desarrollo a otro nivel, y logró reducir el azúcar y la sal en nuestros productos sin sacrificar el sabor, así como ahorrar agua y reducir el uso de plástico.

La portada del informe anual de PepsiCo del 2017, que muestra que más de 50% de nuestra cartera estaba integrada por productos *Better for you* y *Good for you*.

Con Mauro Porcini, una persona tan distinta a todas las demás con las que había trabajado. Le puso palabras a mis ideas sobre cómo incorporar el buen diseño en toda la compañía.

El equipo de PepsiCo trabajaba muy duro, pero también sabíamos divertirnos. Nuestras fiestas de karaoke, como era de esperarse, podían ser bastante competitivas. En la foto, el turno de los hombres; las mujeres cantamos después.

En un tour de mercadeo en Guatemala. Visité tiendas para ver cómo se veían nuestros productos en los estantes y para demostrarles a los empleados de primera línea que me importaba mucho el esfuerzo que hacían. En el trasfondo está Laxman Narasimhan, el entonces director ejecutivo de PepsiCo Latinoamérica.

Con Anne-Marie Slaughter y Norah O'Donnell en la conferencia Women in the World del 2016 en Nueva York. Me encantaba dar pláticas en eventos organizados para impulsar a las mujeres y crear sororidad.

PepStart, el centro de cuidado infantil instalado en las oficinas centrales de PepsiCo, tenía lista de espera, con todo y que los empleados pagaban por el servicio. No veo razón alguna para que las compañías no puedan ayudar a las familias ofreciéndoles esta prestación que beneficia a todos.

El presidente Barack Obama buscaba la opinión de los líderes empresariales en medio de la crisis financiera. Era muy bueno para escuchar y tomar en cuenta el punto de vista de cada quien.

Con Derek Jeter de los Yankees de Nueva York. Me enamoré de los Yankees durante la Serie Mundial de 1978, cuando recién llegaba como migrante y extrañaba el críquet, el deporte con bate y bola de mi juventud. Derek y yo seguimos siendo buenos amigos.

Mi madre, Shantha, que siempre tenía un pie en el acelerador y uno en el freno. Fue tanto el catalizador de mi carrera como mi red de contención.

Mi viaje a Sudáfrica en el 2018 fue el más memorable de mi vida. Después de pasar unos días con un grupo de chicas adolescentes y escuchar sus difíciles historias, me pidieron que las abrazara, una por una. Pasamos un buen rato abrazadas, con fuerza.

En el evento en el que anunciamos mi retiro de PepsiCo. Me sentía orgullosa y agradecida, lista para empezar un nuevo capítulo en mi vida.

Las personas a quienes más amo en la vida y que tanta alegría me producen: mi esposo, Raj, y mis hijas, Preetha y Tara.

Me otorgaron el gran honor de incluirme en el National Portrait Gallery del Smithsonian Institution con esta obra por el artista Jon R. Friedman.

DE MI DISCURSO DE AGRADECIMIENTO:

"Espero que toda niña, toda persona de color, todo inmigrante, todo estadounidense que vea la creación de Jon no solo vea un retrato. Espero que vea a través de esta obra que todo es posible. Y deseo que encuentren el camino para dedicar su espíritu y su talento a la gran labor de elevar este país y el mundo entero."

11

Al día siguiente me levanté, como de costumbre, alrededor de las cuatro y media de la mañana, tomé mi café y leí las noticias en mi iPad. Revisé mi agenda para irme preparando para las reuniones del mes siguiente. No había muchos eventos. Después de un rato, me puse un pantalón de mezclilla y una sudadera y recorrí el camino hacia el trabajo, a cinco minutos.

Raj y yo instalamos una bonita oficina en un parque empresarial de Greenwich, un espacio aireado con una sala de conferencias y una pequeña cocina. Este era el escenario de nuestra siguiente etapa juntos, en la que nos centraríamos en lo que nos interesaba a cada uno y trabajaríamos a pocos pasos de distancia. Me entusiasmaba la idea de empezar esta etapa. Esa mañana también fue la primera vez que iba a la oficina, en día laborable, con ropa informal. Me sentí rara. Recuerdo que pensé que ojalá nadie me viera, olvidando que ahora era totalmente libre.

En los tres meses después de que se anunció mi salida de Pepsi-Co, me llovieron ofertas para ocupar mi tiempo: puestos en el consejo de administración, proyectos como asesora, profesora en la universidad, propuestas para escribir, compromisos para dar pláticas. No había terminado de intentar hacer una diferencia en el mundo y sabía que, si me retiraba por un año o más, cada vez sería mucho menos interesante mi historia como exCEO. Tenía que tomar algunas decisiones importantes.

Sin embargo, mi carta de despedida a los doscientos setenta mil empleados de PepsiCo, la cual había enviado solo dos días antes, también era una especie de plan para mis años venideros. En esas dos páginas, escritas y reescritas durante varias semanas con mi talentoso redactor de discursos, Adam Frankel, aconsejé a mis tan apreciados colaboradores que hicieran un esfuerzo por ser buenos escuchas y aprendices toda su vida. Luego escribí: "Por último, piensen bien en el tiempo. Tenemos muy poco en esta Tierra. Aprovechen al máximo sus días y dejen espacio para sus seres queridos, los que más importan. Háganme caso. He sido bendecida con una carrera increíble, pero si soy sincera, ha habido momentos en los que me gustaría haber pasado más tiempo con mis hijas y mi familia. Así que sean conscientes de sus decisiones en el camino que tienen por delante".

Tenía que seguir mi propio consejo y priorizar y aprender a decir que no. De lo contrario, volvería a no tener tiempo para mí. Por fin era mi propia jefa y, después de cuarenta años de trabajo agotador y sin descanso, merecía relajarme un poco y dedicarme a lo que me movía. Podríamos hacer más viajes en familia, que habían sido escasos, o Raj y yo podríamos hacer algo de senderismo juntos, algo que a él le encanta; podría estrenar las botas de montaña que me compró varios años atrás. Podría empezar a disfrutar de las cenas con amigos sin mirar constantemente el reloj o el teléfono. Podría organizar los clósets y deshacerme de todas las chucherías de las habitaciones de las niñas. Podría leer más biografías y libros de actualidad, y las novelas de Danielle Steel que me parecían divertidas. Podía ir a más partidos de los Yankees. Sonaba increíble y a la vez intimidante.

Me puse a desempacar veinticinco años de pertenencias que me habían enviado de PepsiCo. De docenas de cajas, saqué libros firmados, premios y regalos: esculturas, trofeos, pisapapeles y un balón gigante de futbol azul de vidrio. Miré todas las pelotas de beisbol y las camisetas firmadas por los Yankees, y fotos mías con líderes mundiales. Admiré los candelabros, las espadas decorativas, el cencerro suizo y el papalote malayo. Desmonté el enorme bate de críquet de mosaico rojo y azul del estuche de plexiglás elaborado por el equipo de PepsiCo en la India.

En la pared más larga, Raj y yo decidimos colgar once de mis veinte (o más) guitarras, incluidas las acústicas firmadas por las Chicks y Blake Shelton, y una guitarra eléctrica incrustada con pedrería roja, plateada y azul Pepsi. Otra guitarra eléctrica, pintada con querubines alados y margaritas y con las palabras YUMMY, YUMMY, YUMMY, I'VE GOT LOVE IN MY TUMMY, siempre me hacía sonreír. Fue un regalo del equipo de mercadotecnia de Frito-Lay, para que me acordara de ellos.

Estaba muy orgullosa de mi trabajo en PepsiCo. La rentabilidad total para los accionistas en los doce años transcurridos entre diciembre de 2006 y diciembre de 2018 fue de 149%, lo que superó al índice Standard & Poor's 500, que subió 128%. Los rendimientos de la empresa fueron superiores a los 79 mil millones de dólares en efectivo a los accionistas, y solo los dividendos crecieron 10% cada año. La capitalización bursátil aumentó 57 mil millones de dólares en esos doce años, más que el producto interno bruto de muchos países. Los ingresos netos se dispararon 80%, hasta los 64 mil millones de dólares en el 2018. Veintidós marcas de PepsiCo superan los mil millones de dólares anuales cada una en ventas, frente a las diecisiete marcas que tenía cuando asumí el cargo, y habíamos conseguido nuevos e increíbles contratos de servicios de alimentación, como el Madison Square Garden de Nueva York, que se pasó a Pepsi después de ciento ocho años con Coca-Cola.

Sin embargo, lo que más satisfacciones me trajo fue el PwP. Había transformado nuestros productos y el compromiso con el medio ambiente. Las ofertas *Good for You* y *Better for You* representaban casi 50% de los ingresos, frente a 38% del 2006. Habíamos descubierto cómo fabricar una botella de Pepsi con menos de 1.5 litros de agua, frente a los 2.5 litros de agua del 2007. Habíamos proporcionado acceso al agua potable a once millones de personas, en conjunto con Safe Water Network y Water.org. Logramos convertir una gran parte de nuestra flota de camiones en híbridos, y ahora obteníamos energía solar en fábricas clave, lo que incluso nos permitía vender el exceso de electricidad a la red de suministro. Redujimos el uso de plástico en muchas de nuestras botellas y creamos una bolsa compostable para los *snacks*. La I+D de Pepsi-Co era la envidia del sector de la alimentación y las bebidas. El negocio de comercio electrónico, iniciado en el 2015, había triplicado sus ingresos anuales por venta al por menor hasta alcanzar los 1 400 millones de dólares. El Área de Diseño había ganado más de doscientos premios solo en el 2018 y era el factor de impulso de nuestra innovación.

Estuvimos en la lista del Ethisphere Institute de las empresas más éticas durante los doce años en que fui CEO. En el 2016, en la encuesta de Kantar PoweRanking, en la que los minoristas estadounidenses clasifican el rendimiento de sus proveedores, ocupamos el primer puesto —ascendimos del sexto en el 2010— y mantuvimos esa posición.

Nuestra academia de talento fue la envidia de la industria estadounidense. De hecho, otras empresas contrataron a nueve de nuestros altos ejecutivos entre el 2014 y el 2020 como CEO, pero gracias a nuestros procesos sistemáticos de desarrollo de talento, teníamos un sólido banco de ejecutivos listos para entrar en acción.

Sabía que podríamos haber hecho aún más —o más rápido— si la crisis financiera no nos hubiera sacudido como al resto de la economía mundial, pero también la habíamos manejado bien. Había hecho mi mejor esfuerzo y con mi alma y mi corazón puestos en la empresa.

No me arrepentía de haber dejado mi trabajo y estaba segura de que tampoco echaría de menos mi papel como presidenta de PepsiCo cuando dejara el cargo dentro de unos meses. Estaba decidida a ser la mejor exCEO para Ramón, y eso significaba ser discreta. Estaría cerca, si fuera necesario, pero la empresa era ahora suya.

En realidad, durante esos lentos días de octubre, estaba recuperando el aliento, contemplando el pasado, pensando en el futuro y llena de gratitud. Una tarde, leí por completo *Fifty Years of Pep: A Storied Past, a Promising Future*, un libro de doscientas treinta páginas que había encargado, pero que no había tenido la oportunidad de leer. Otro día, me quedé mirando un hermoso álbum de recortes elaborado por Jon Banner, nuestro jefe de Comunicaciones, en el que se detallaban mis doce años como CEO, con hechos, fotografías y testimonios. Se me hizo un nudo en la garganta. Vi los cientos de mensajes de agradecimiento y despedida que había recibido. Hojeé los informes anuales y releí cada una de las cartas a los accionistas que había escrito sobre el progreso de PepsiCo. Podía ver mis gotas de sudor en cada página. Me sentí satisfecha de mi trabajo: son un recuento de la transformación de la compañía. También revisé las fotos de mis viajes y pensé en la gente que conocí, las culturas que viví y las oportunidades y los retos que aún quedan por delante en tantos países.

Por supuesto que ninguna de esas cartas o libros mostraban las frustraciones e indignaciones que vienen aparejadas con el puesto, pero también esas están en mi memoria. Los activistas, la presión de las ganancias trimestrales, la resistencia al cambio por parte de los ejecutivos de PepsiCo, el comportamiento pasivo-agresivo hacia mí, tantas agendas en conflicto. ¿Cómo manejé todo eso? Sin duda, las miles de pequeñas decisiones que implicó el PwP, incluyendo tanto las victorias como los desaciertos, venían aparejadas del miedo a no lograrlo. No obstante, me había comprometido a llevar a cabo esta transformación masiva y, al igual que sucedió cuando llegué a Calcuta con el peso de las expectativas de mi familia, tenía que mantenerme firme a toda costa.

Había escuchado historias e incluso visto a varios directores generales alzar la voz, aventar cosas y usar palabras altisonantes con mucho ímpetu, al parecer como una señal de su pasión y compromiso.

Sin embargo, era consciente de que expresarme de esta manera ante la gente que me rodeaba solo provocaría su menosprecio. Así que en los días en que me molestaba que la gente, tanto dentro como fuera de la compañía, no entendiera lo que intentaba hacer, me encerraba en el pequeño baño de mi oficina, me miraba en el espejo y lo soltaba todo. Y cuando pasaba, me limpiaba las lágrimas, me corregía el maquillaje, ajustaba la ropa y volvía a la batalla, lista, una vez más, para demostrar quién era.

Solo una cosa sobre dejar PepsiCo me molestaba. Mucha de la discusión de mi salida se centró en por qué no le dejaba el lugar a otra mujer. Un artículo publicado en el *New York Times* se titulaba: "Cuando una mujer CEO se va, el techo de cristal se vuelve a instalar". ¡Puf! ¿Dónde estaban los artículos sobre por qué el sucesor de todos los hombres poderosos que se retiran cada año no es mujer?

El número de altas ejecutivas incluidas en la lista Fortune 500 se incrementó de diez en el 2006 a treinta y dos en el 2017, y luego a treinta y siete en el 2020. Nos movimos de menos de 2% a 7.5% en veintisiete años. Me parece que el progreso en este tema no se centra en celebrar las victorias o lamentarse las derrotas, cuando el número de mujeres que encabezan grandes compañías sigue siendo abismalmente bajo.

Necesitamos que las mujeres ocupen el mismo número de roles de toma de decisiones en este mundo porque las mujeres representan la mitad de la población. El que las mujeres ocupen cargos de liderazgo significa una sociedad más sana, rica e igualitaria. También considero que se logran mejores decisiones cuando la gente con distinta experiencia se junta para discutir los detalles y que el verdadero liderazgo requiere aprender del punto de vista de todos los bandos. Como en toda familia, esto implica líos. No hay duda de que es más fácil dirigir una compañía o una nación cuando la gente encargada de las decisiones viene del mismo estrato social, aborda los problemas de igual forma y llega a consensos sin tanto problema. Pero lo fácil no necesariamente es lo mejor.

En términos generales, la mitad de las compañías que existen —y doscientas cincuenta de las quinientas más grandes— deberían estar dirigidas por mujeres. Por absurdo que suene, al paso que vamos, esto tomará más de ciento treinta años.

Mi sucesor, Ramón Laguarta, entró a PepsiCo en 1996, estuvo a cargo del trato Wimm-Bill-Dann y la integración de Rusia, y trabajó como CEO de PepsiCo en Europa y África subsahariana. Trabajó en cinco países, y su esposa y tres hijos se mudaron junto con él. En 2017, lo ascendí para que fuera presidente de PepsiCo y se mudó a Purchase para tener mayor exposición y conocer el funcionamiento entero de la compañía.

El consejo de administración eligió a Ramón después de un proceso riguroso que priorizó la visión a largo plazo de PepsiCo. El hecho de que ninguno de los cuatro candidatos finalistas entrevistados para sucederme como CEO de PepsiCo fuera mujer no fue porque ignoráramos la necesidad de contar con más mujeres en cargos de alto nivel. Es solo que, a pesar de años de esfuerzos, no estábamos ahí todavía.

Esto se debía principalmente a dos razones un tanto tristes. Primero, varias mujeres con alto potencial a quienes había guiado, trasladado a puestos clave y presentado ante el consejo durante todos esos años, se convirtieron en CEO y directoras de Operaciones, pero no en PepsiCo. Estas ejecutivas, capacitadas en nuestra excepcional academia de talento, llamaron la atención de los reclutadores y los consejos de compañías más pequeñas. Me sentía orgullosa de ellas, pero me molestaba la idea de que se fueran. Quizá fue la decisión correcta; la competencia para dirigir PepsiCo, una empresa tan grande, era complicada para todos los aspirantes.

Segundo, sé que algunas mujeres que iban ganando terreno se fueron por cómo las trataron en los empleos de nivel medio. Una forma en la que me di cuenta de lo que pasaba fue cuando escuché las evaluaciones del desempeño de los doscientos empleados con puestos más altos en la compañía. Sabía cada detalle porque nos fijábamos bien en los líderes emergentes como parte del pilar de talento del PwP, con especial énfasis en las mujeres y en personas que representaran diversidad. Noté que cuando se evaluaba a un gerente, hombre, la discusión comenzaba así: "Hizo un buen trabajo, logró casi todos sus objetivos y..." y luego algunos detalles del gran potencial de este hombre. La evaluación a una mujer tenía un giro un tanto distinto: "Hizo un buen trabajo, logró casi todos sus objetivos, *pero*..." y luego algunos detalles sobre el tipo de situación o problema de personalidad que pudieran obstaculizar su éxito en el futuro. Ese fenómeno del *y* y el *pero* me molestaba mucho. Muchas veces, me detenía y les hacía preguntas directas a los gerentes: "¿Le diste retroalimentación en su momento? ¿Le ofreciste ayuda para solucionar estos temas?". En varias ocasiones, envíe a los gerentes de regreso y les pedí "haz que funcione con la ejecutiva X".

No siempre era una propuesta ganadora. Algunas veces los gerentes cambiaban sus puntos de vista, pero muchos mantenían las posturas que tenían sobre la gente a su cargo, hombres y mujeres, y no puedo decir que siempre estuvieran equivocados. Al mismo tiempo, sé que perdimos ejecutivas inteligentes y trabajadoras de PepsiCo por razones sin duda relacionadas con esta percepción diferenciada entre hombre y mujer.

Así que muchas mujeres en el mundo laboral de hoy tienen muchas habilidades, inteligencia, ambición, creatividad, determinación y buen ánimo. Fueron las primeras de su clase y se graduaron con notas altas de escuelas competitivas. Han superado muchas adversidades. Se han sacrificado y han dejado la piel en el trabajo. Desean ser autosuficientes económicamente. Ya no necesitamos explicar por qué las mujeres son tan buenas contribuyendo a las finanzas. Eso queda claro.

No hay una sola razón por la que las mujeres no estén al mando de compañías importantes. No hay una lista de diez cosas que debamos mejorar. Hay cientos de cuestiones —algunas muy sutiles y difíciles de señalar, y algunas grandes y estructurales— que se suman al problema. A pesar de todo el progreso que hemos logrado, el mundo laboral moderno todavía está lleno de costumbres y comportamientos dañinos que frenan el crecimiento de las mujeres.

Este es el sesgo de género y afecta el éxito de todas y cada una. En algunos casos, las mujeres toman decisiones completamente racionales para moverse de lugar o intentar algo diferente que les permita tener ingresos. En otros casos, este sesgo solo erosiona su confianza, lo cual afecta su competencia y, en algún punto, ataca su desempeño. Considero que mucha gente queda atrapada en este círculo del terror.

Ese sesgo también hace que muchas mujeres que tienen hijos —o las que piensan en tener hijos— duden en seguir trabajando. Una mujer debe luchar contra todo ese prejuicio sutil que se da en el lugar de trabajo y, al menos en los Estados Unidos, deben encontrar una opción *ad hoc* para el cuidado de sus hijos hasta que tengan edad escolar, cinco años. Muchas terminan eligiendo, si no pueden costearlo, salirse del mundo laboral remunerado. Algunas esperan regresar algún día, pero saben que no podrán regresar al barco como capitanas.

Algunas personas llaman esto *leaky pipeline* (tubería con fugas), aunque pienso que ese tipo de conceptos reduce el problema. La tubería no solo tiene una fuga. Está rota. En todo caso, todavía contamos con unas cuantas mujeres con la experiencia y la fortaleza necesarias para que se les considere para ocupar cargos ejecutivos en empresas multimillonarias.

Este es un tema que hay que tomar con seriedad porque no solo les estamos impidiendo a muchas jóvenes talentosas alcanzar su máximo potencial, sino que es una pérdida para toda la economía.

Siempre fui consciente de que las mujeres en el mundo corporativo subían una pendiente más pronunciada y resbalosa que los hombres.

Pienso en mis días en BCG y en uno de los socios, quien nunca hacía contacto visual conmigo. Se dirigía a mí con la mirada posada en los hombres del equipo. Como consultora joven, me preguntaba qué le molestaba: ¿Mi vestimenta? ¿Mi apariencia? ¿Otra cosa? Años después, un colega me dijo casualmente que se comportaba de esa manera con todas las mujeres y las personas de piel oscura. En este mismo sentido, millones de veces a lo largo de los años se dirigieron a mí como *cariño*, *reina* o *nena*. Aguanté hasta que sentí que tenía suficiente poder en el trabajo para pronunciarme con mi nuevo jefe en ABB y renunciar.

Incluso cuando estaba en los niveles más altos, todavía sentía que estaba en esa pendiente que las mujeres tenemos que subir.

Como presidenta de PepsiCo durante doce años, dirigí las reuniones del consejo desde la cabecera de una mesa de conferencias en forma de U, en una oficina soleada en la esquina del 4/3. Éramos cuatro mujeres y ocho hombres. Las reuniones comenzaban con saludos amistosos y luego íbamos al grano. Analizábamos el desempeño, los riesgos, las estrategias, el talento y cuestiones de la actualidad mundial. Tuve la suerte de trabajar con un consejo que me apoyaba, pero algunos de los comentarios en público y en privado por parte de alguno de los miembros eran rudos y paternalistas, señalamientos que dudo le harían a un líder hombre. Además, tuve que aguantar a un par de hombres que pensaban que estaba bien no dejarme hablar o interrumpirme a media oración. Me parecía simplemente inaceptable y trataba de no engancharme. En una ocasión, Sharon Rockefeller, una valiosa integrante del consejo durante más de treinta años, ya no pudo más: vi cómo le dijo a uno de los hombres que no podía seguir con esa costumbre de interrumpirla constantemente. Fue directa, firme y lo dijo en público. Todos entendieron el mensaje. Tendríamos que tener una Sharon Rockefeller en todos los consejos de administración.

Otro miembro del consejo, en mis primeros días como CEO, insistió en tener una reunión privada conmigo cada seis semanas más o menos, lo que implicaba que tuviera que viajar a su ciudad natal para verlo. Me hacía preguntas, y siempre recibía mis respuestas con comentarios como "Yo no lo diría así". Luego, con mucha amabilidad, le preguntaba cómo lo diría él, con la esperanza de aprender algo. Casi siempre repetía, palabra por palabra, lo que yo acababa de decir. Empecé a notar que había un juego un tanto divertido de poder. Era un ejecutivo de alto nivel recién retirado al que le costaba trabajo dejar su posición de poder. Quería conservar su influencia a través de mí. Me volvía loca, sentía que esas cenas eran una pérdida de tiempo.

Cuando fui subiendo de puesto en PepsiCo, como muchas ejecutivas de alto nivel, también era la única mujer en la sala en esas reuniones del equipo directivo donde se debatían las tácticas. Siempre estaba bien preparada y daba buenas opiniones, y sé que me respetaban. Sin embargo, muchas veces, cuando hacía una sugerencia, alguien interrumpía y decía "Ay, no, Indra. Eso es demasiado teórico". Unos minutos después, un hombre sugería exactamente lo mismo, usando las mismas palabras, y lo felicitaban por su gran idea. Una vez me acerqué al director de Operaciones principal y le pedí en voz alta que sugiriera una de mis propuestas. "Así no la tomarán como demasiado teórica", dije con astucia. Eso hizo que dejaran de hacer esos comentarios de *demasiado teórica*.

En realidad, nunca pensé que podría hacer mucho sobre la forma en que me trataban, pero siempre intenté apoyar a las mujeres dentro de la organización. Quería que mi equipo de estrategia corporativa fuera lo mejor posible, y las mujeres llegaron a integrar 50%. Tuve muchas reuniones solo de mujeres para darles un espacio donde pudieran hablar de cualquier cosa. Hablaba en privado con algunas sobre cómo podían presentarse, desde cómo debían sentarse en las reuniones hasta cómo expresar sus ideas. Muchas de ellas recibieron mis comentarios y los llevaron a la práctica. Unas cuantas pensaron que era demasiado conservadora y me hicieron a un lado, aunque todas aceptaron que lo hacía para ayudarlas, de corazón.

También ejercí influencia desde una perspectiva femenina en las campañas de mercadotecnia y publicidad. Recuerdo en especial un comercial de televisión de Diet Pepsi en la década de 1990. El escenario era una boda lujosa con damas de honor e invitados caminando por ahí, nerviosos. Algo había salido mal. Una mujer le dice a la otra que el diamante del anillo de la novia es pequeño, y luego nos damos cuenta de que el novio no se ha presentado. La resplandeciente novia está llorando. Su padre le da una Diet Pepsi. Ella toma un sorbo. Se alegra.

Voltea a ver a su padre y le dice: "¿Es de dieta?".

Vi este anuncio en una proyección interna y les dije a los creadores que pensaba que de ninguna manera iba a alentar a las mujeres a tomar Diet Pepsi porque era insultante. Ninguno de los hombres estuvo de acuerdo y les enfureció que me entrometiera, sentían que estaba fuera de mis atribuciones. La campaña se aprobó. Más tarde, algunos de esos hombres evitaban claramente hablar conmigo de las cifras cuando nos dimos cuenta de que Diet Pepsi cayó en ventas ese año.

Logré hacer otro cambio muy visible, memorable. Mandé quitar los hermosos adoquines franceses del pasillo que conectaba nuestros edificios y pedí que instalaran un piso plano, de buen gusto. Los adoquines, instalados a finales de la década de 1960, eran muy finos cuando se caminaba con zapatos de hombre, pero una amenaza para las mujeres que usaban los zapatos de tacón que se esperaba que usara una mujer de negocios. El cambio enfureció a Don Kendall, que se había retirado como CEO en 1986, pero seguía teniendo una oficina en el 4/3. Cuando vio la construcción, dijo visiblemente enojado: "¿Quién está destrozando mi pasillo?". Mis colegas hombres, que sabían que esos adoquines eran un peligro y habían visto a la gente tropezarse y hasta caerse, me señalaron. Por qué nunca los habían quitado, nunca sabré. Don, para mi sorpresa, nunca se atrevió a reclamarme de frente.

Mis colegas mujeres, incluida la esposa de Don, Bim, me agradecieron durante años haber quitado esas piedras.

El mundo de los negocios ha mejorado inconmensurablemente para las mujeres en los Estados Unidos desde que fui esa pasante vestida en sari en Booz Allen Hamilton, y estaba contenta de ya no estar en el ojo público. Se ha logrado sofocar mucho del sexismo abierto. Las mujeres ya no viven y trabajan en un ambiente legal que es descaradamente discriminatorio o en un ambiente cultural degradante. Ya no se anuncian las vacantes laborales para hombre o mujer. En los Estados Unidos, este es el legado de décadas de trabajo de mujeres como Ruth Bader Ginsburg, Gloria Steinem y Shirley Chisholm, y del movimiento feminista.

Recientemente, el movimiento #MeToo y la campaña *Time's Up* han tenido un impacto profundo al exponer el grado en el que las mujeres están sujetas a violencia y abuso sexual. El movimiento y las campañas han creado una comunidad muy necesaria de sobrevivientes.

Nunca me acosaron sexualmente, pero sí fui testigo y escuché de muchos comportamientos masculinos en mis primeros días en el mundo corporativo que me parecieron ofensivos a mi sentido de decencia y mis valores. Me fijé como prioridad detener todo comportamiento ofensivo en cuanto lo viera o supiera. Después de que me nombraron presidenta de PepsiCo, pedí al Área de Cumplimiento que resolviera de inmediato todas las quejas de acoso que se hicieran a través de nuestra línea anónima Speak Up Line; y no dudábamos en despedir a los acosadores. Cayó el número de quejas por acoso, aunque todavía me preocupaba si las mujeres habían dejado de llamar por miedo a las represalias.

Cuando diseñé el PwP, sabía que la parte de talento era la más fácil de concebir y que sería la más difícil de poner en práctica. Quería que PepsiCo fuera un lugar fenomenal para trabajar. Quería que nuestros asociados se ganaran la vida y tuvieran también una vida, y que se respetara a todos como personas. Al mismo tiempo, nuestras acciones relacionadas con el talento tenían que poderse medir y estar relacionadas con los resultados de PepsiCo como negocio.

Así que este era mi plan, haríamos lo básico muy bien: contratar a los mejores sin discriminación, darles los puestos y las responsabilidades adecuadas, empujarlos a ser mejores, guiarlos, pagarles lo justo, celebrar sus logros, darles retroalimentación útil, ascenderlos cuando obtuvieran buenos resultados, sacarlos si no cumplían con su trabajo y asegurarnos de que no estuvieran sujetos a sesgos conscientes o inconscientes.

Además —y esto lo sentía de corazón—, les pediríamos a todos que recordaran que los empleados eran también madres, padres, hijas e hijos. Cuando contratábamos a una persona, también contratábamos a la familia detrás de esa persona. Cada empleado tenía que ser tratado con conexión emocional, dije. No existe una fórmula gerencial que le venga bien a todos, pero necesitamos sistemas de soporte universal.

¡Y sobra decir que no era fácil!

Tuve suerte de que Steve Reinemund pusiera el tema de la diversidad y la inclusión en el plano ejecutivo de PepsiCo cuando fue CEO en el 2000. En ese momento, las compañías veían la escasez de mujeres y gente de piel oscura entre sus ejecutivos, pero pocos hacían algo al respecto. Steve pensaba que nuestra base de empleados debería reflejar nuestra base de consumidores e insistía en que contratáramos y promoviéramos candidatos diversos en todos los niveles gerenciales. Estaba convencido de que necesitábamos una masa crítica de gente para realmente cambiar nuestra cultura y demostrar el valor de la diversidad. Creó consejos consultivos para guiarnos sobre temas de desarrollo profesional de afroamericanos e hispanos y trajo actores para que dramatizaran el comportamiento en el lugar de trabajo para que los gerentes pudieran darse cuenta de cómo se veía una actitud sesgada en la práctica. Esto fue mucho antes de que se crearan los actuales programas de capacitación contra el sesgo. Steve también ligó los bonos ejecutivos a parámetros de diversidad e inclusión. Algunos gerentes de alto nivel se molestaron, sintieron que ya hacían mucho por cumplir sus objetivos de ventas, como para que ahora les pusieran otro objetivo, pero lo cumplían. Progresamos bastante en representación entre el 2000 y el 2006. El número de mujeres en puestos gerenciales se incrementó de 20 a casi 30 por ciento.

Necesitaba vincular las iniciativas de Steve al PwP y llevarlas un poco más lejos. Habíamos comenzado a examinar los procesos del Área de Recursos Humanos para asegurarnos de que cada persona estaba recibiendo las mismas oportunidades de crecimiento. Descubrimos, por ejemplo, que muchos empleados no recibían evaluaciones honestas y bien documentadas en forma oportuna, así que pusimos en práctica programas de capacitación para aprender a evaluar. Comencé a analizar de cerca las evaluaciones de fin de año para asegurarme de que los gerentes se tomaban el tiempo de evaluar y documentar a cada persona.

También cuestionaba nuestros procesos de contratación cuando no se consideraba para un puesto a una mujer o a un candidato de una minoría. Un incidente en particular todavía me ronda la cabeza. Necesitábamos un nuevo CFO para PepsiCo India y los encargados de las contrataciones solo entrevistaban a candidatos hombres. Cuando pregunté por qué no movían cielo, mar y tierra para tener un grupo más completo de candidatos y, quizás, encontrar a una mujer para el puesto, ya que no teníamos ni una mujer que ocupara un puesto ejecutivo alto en todo PepsiCo India, la respuesta me dejó atónita: "Si es una mujer, terminará renunciando si a su esposo lo trasladan —me dijeron—. No podemos darnos ese lujo". Y pregunté por qué había renunciado el CFO anterior. "Se muda porque a su esposa le acaban de dar un ascenso en otro lado."

Contratamos a Kimsuka Narasimhan como CFO de PepsiCo India. Fue una excelente decisión.

Mientras fui CEO, reformulamos todas las políticas que teníamos para ajustarlas a la familia. Incrementamos la prestación de licencia por maternidad a doce semanas y, cuando se podía, incluíamos una guardería en las oficinas o cerca, instalaciones médicas internas, espacios privados para amamantar y un Programa de Salud Prenatal. También creamos el primer arreglo laboral global flexible de la compañía. Los empleados nos agradecieron mucho que no recortáramos estos programas cuando tuvimos que recortar gastos. Nuestros índices de salud mejoraron mucho: cuando dejé el puesto, 82% de los empleados de PepsiCo contestaron que se sentían satisfechos con la compañía como un buen lugar de trabajo, comparado con 74% cuando entré.

Muchos empleados de PepsiCo apoyaron nuestras iniciativas de talento. Otros pensaron que la vida personal de nuestros asociados era su problema, y que no debíamos ser tan generosos. No podía objetar ninguna de las posturas, pero eso no cambió mis objetivos. Me sentía satisfecha con lo que habíamos logrado.

Para mí, había una crítica mucho más mordaz que llegaba cuando pedíamos retroalimentación: "Solo le importan las personas como ella", esto es, mujeres y gente de piel no blanca.

Sabía que me habían llamado la *contratada solo para cumplir la cuota* cuando me uní a PepsiCo en 1994, insinuando que me habían contratado solo porque era de piel oscura. Sin embargo, en realidad ya había demostrado lo que podía hacer. Ahora, al meterme de lleno en el tema de la diversidad y la inclusión, mi etnicidad y género eran el tema central de la discusión. Me irritaron algunos incidentes relacionados con este sentimiento. Por ejemplo, si contrataban a una persona indioamericana para un puesto gerencial en PepsiCo Norteamérica, me enteraba de que algunos decían: "Debe ser alguien conocido de Indra". Cuando una mujer o una persona de piel oscura recibía un ascenso, era común escuchar: "Debe ser por su enfoque en la diversidad y la inclusión".

Una vez, nuestra Área de TI contrató como externos a una compañía de la India que realizaba proyectos similares para muchos clientes en los Estados Unidos, un contrato pequeño del que no estaba enterada. Alguien llamó a la línea Speak Up Line para quejarse de que habían contratado a mis familiares.

A veces sentí que la gente suponía que todos en la India —mil trescientas millones de personas— eran primos o parientes míos. Era desalentador, pero también un poco gracioso.

La diversidad y la inclusión llegaron para quedarse, y los líderes corporativos necesitan acostumbrarse al concepto como un factor importante de impulso económico. Algunos gerentes de alto nivel hablan del talento y dicen que esperan con ansia el día en el que no tengan que preocuparse del tema de la diversidad y la inclusión porque ya se resolvió. No creo que suceda pronto. Mientras sigamos creciendo, compitiendo y moviéndonos hacia la idea de que la economía es para todos, estaremos lidiando con esto.

Sin embargo, pienso que algunas de las ideas que tenemos sobre cómo abordar el sesgo deben evolucionar. Me pregunto, por ejemplo, si nombrar a un vicepresidente de Diversidad e Inclusión sea lo correcto. La diversidad y la inclusión no pueden simplemente delegarse a una persona. Eso es lavarse las manos. Debe ser prioritario en la agenda del CEO y esencial en la agenda del Área de Recursos Humanos, no algo que dependa de quién esté en el puesto de Diversidad e Inclusión. El Área de Recursos Humanos debe enfrentar con valentía los desafíos. No abordar esto es como construir una casa sobre cimientos débiles. No se va a sostener.

Además, el tono que se use en las altas esferas del trabajo es de suma importancia. Necesitamos capacitar a todos los líderes y gerentes, y decirles: "¿Cómo te aseguras de que la organización contrata a gente talentosa y calificada de todas las esferas?". No solo es un objetivo obvio de justicia, sino que es sentido común: el talento impulsa el desempeño, y contratar y capacitar gente requiere mucho tiempo y dinero. ¿Por qué no hacer todo lo posible por contratar a los mejores de la población entera, por incluirlos y ayudarlos a tener éxito?

Los líderes deben ser ejemplo de dicho comportamiento. No puede haber aceptación tácita del comportamiento sesgado hacia los estereotipos y, en mi opinión, hay que alzar la voz cuando suceda. Cuando veas a alguien haciendo menos a otra persona, sobre todo acallando voces de minorías que enfrentan esto a diario, pon un alto. Cuando veas que se denigra una mujer, pon un alto. Creo firmemente que esto puede hacerse con ingenio y efectividad. Y, al hacerlo, establecemos las pautas. No toleramos comportamientos negativos y discriminatorios en contra de nuestras hijas y de nuestras hermanas, de nuestras esposas. ¿Por qué lo permitimos en el trabajo, si esas mujeres son también hijas y hermanas?

Las compañías deben reconsiderar cómo crear programas de capacitación en contra de la discriminación. En los primeros intentos, muchas compañías insistían en dar capacitación general sobre la diversidad a todos los empleados. Necesitábamos crear conciencia en generaciones de empleados que probablemente no crecieron en ambientes de diversidad. Ahora tenemos a los *millennials* y a la *generación* Z, que están mucho más acostumbrados a trabajar en grupos llenos de diversidad dondequiera que vayan. Todavía hay que poner atención al sesgo inconsciente, pero esa conversación debe ser muy relevante y adaptarse a cada audiencia para que podamos avanzar.

También creo que los consejos de administración pueden tener un rol más significativo en eliminar el sesgo y crear un ambiente inclusivo. Primero, deben elegir a los CEO en función de sus capacidades y su deseo de contratar y sacar lo mejor de una fuerza laboral diversa. Entonces, esos consejeros deben pedirle cuentas al CEO y, una vez al año, dedicarles tiempo a cuestiones relacionadas al sesgo, la inclusión y el acoso sexual en la compañía. También deben revisar las encuestas de salud de su organización para asegurarse de que se formulan las preguntas correctas y se analizan los resultados por género y etnicidad.

Lo más importante, los consejos deben mostrar un genuino interés por estos temas, y la intención de abordarlos. Si se ven como otro elemento de una larga lista de cambios en el gobierno corporativo, nunca veremos avances significativos.

También creo que los altos directivos y los consejos de administración deben finalmente abordar el tema de la paridad en los sueldos. Todos sabemos que las mujeres, en promedio, ganan menos por el mismo trabajo que un hombre. Esto es una burla, y necesitamos hacer un buen esfuerzo por resolver esta discrepancia. Algunas compañías están haciendo públicas sus disparidades salariales, poniendo el pie sobre el fuego. Realmente admiro ese esfuerzo, pero no sé si es necesario. Creo con firmeza que los consejeros deben exigir que se realice un análisis transparente de los esquemas salariales y revisarlo, y pedirle al CEO que rinda cuentas sobre la paridad salarial. Ya es hora.

Cada uno de estos puntos afecta la integridad de la compañía, pero los mercados están prestando atención también. Los asuntos de género, diversidad y equilibrio entre trabajo y vida privada son parte de los objetivos ambientales, sociales y de gobierno corporativo que cada vez son más importantes para los inversionistas. Las compañías mejor gestionadas y más exitosas de las próximas décadas serán las que demuestren mayor previsión en los asuntos humanos, y pienso que el rendimiento de sus acciones será un reflejo de ello. Esto no significa que tengamos los programas de recursos humanos más generosos. Significa que las compañías deben tener el propósito de buscar la combinación exacta de políticas que permitan que sus empleados prosperen en el trabajo y en casa.

Hablando de todo esto: ¿quién integra el consejo de administración?

Si los jefes del CEO no tienen una profunda comprensión de estos asuntos y llevan a la compañía en esa dirección, el cambio no se logrará.

Por desgracia, las mujeres ocupan solo 26% de los asientos corporativos en los Estados Unidos. Desde mi perspectiva, las compañías deben considerar establecer periodos de quince años para cada uno de los miembros y un retiro obligatorio a la edad de setenta y dos. Y de inmediato, ampliar el consejo, uno o dos miembros a la vez, para dar la oportunidad a gente calificada que comprenda mejor los problemas que enfrentan las mujeres y las familias jóvenes en el trabajo.

Poco tiempo después de que asumí la dirección de PepsiCo, invité a algunas CEO de compañías grandes a una cena en mi casa. Algunas ya se conocían y otras tenían negocios juntas, pero, como grupo, nunca nos habíamos reunido así. Esperaba que pudiéramos unirnos para ser la voz de las mujeres en el mundo corporativo de los Estados Unidos. También pensé que podríamos formar una especie de gabinete de cocina, una red informal que sirviera para apoyarnos y darnos consejos sobre el trabajo que desempeñábamos.

Esta idea surgió, en parte, a raíz de una visita que hizo Hillary Clinton a PepsiCo unas semanas antes, cuando era senadora por el estado de Nueva York. Nunca antes la había visto en persona. Era muy amigable, y primero nos sentamos en mi oficina con un pequeño grupo de ejecutivos de alto nivel para hablar del negocio de PepsiCo y de nuestro papel en el estado de Nueva York. Luego nos dirigimos al auditorio, repleto de empleados que querían verla e interactuar con ella, y nos dio un discurso increíblemente detallado y animado en el que incluyó todos los datos estadísticos de PepsiCo que le acabábamos de dar. Sin tomar notas. Fue una clase maestra de cómo dirigirse a una multitud.

De salida, Hillary y yo caminamos juntas por unos minutos. "Sé que asumirás la dirección en unas cuantas semanas —me dijo—. Te voy a dar mi número de teléfono. Si necesitas hablar, llámame. Si no me encuentras, habla con mi equipo y se pondrán en contacto conmigo. Siempre estaré a tu disposición. Estos trabajos son difíciles."

Tenía sentido que la senadora Clinton quisiera conocer a la CEO de PepsiCo, pero la sentí mucho más cercana esa tarde y, en mi primera semana como CEO, la primera nota que llegó era de su parte. Me deseaba lo mejor en mi nuevo trabajo y escribió: "¡Buena suerte!".

La cena en mi casa con las CEO fue una noche maravillosa. Ellen Kullman de DuPont vino desde Wilmington, Delaware; Anne Mulcahy de Xerox desde Connecticut; Pat Woertz de Archer Daniels Midland e Irene Rosenfeld de Kraft (ahora Mondelēz) volaron desde Chicago; Andrea Jung de Avon vino de la ciudad de Nueva York. Compartimos anécdotas de las pequeñas cosas que nos han ido definiendo a lo largo de nuestras carreras, que nos distinguen de los hombres. Descubrimos que nuestros caminos son distintos, pero que se parecen de alguna manera. Hablamos de los mercados, de nuestras industrias y de las cargas de ser jefas. Charlamos sobre el progreso lento para las mujeres en el liderazgo y de lo que cuesta convencer a los hombres en el poder de que elevar a las mujeres vale la pena.

Cuando todas se estaban poniendo sus abrigos ya para irse, nos prometimos reunirnos regularmente e ir ampliando el grupo. Nueve meses después, volví a organizar una reunión. Cherie Blair asistió con su esposo, Tony Blair, quien acababa de dejar el puesto de primer ministro del Reino Unido. Estaba trabajando en iniciativas de mujeres y deseaba unir fuerzas con nosotras. Hablamos de lo que podíamos hacer para ayudar a las mujeres que venían detrás de nosotras. Una vez más, nos prometimos reunirnos pronto. Alguien insistió en que sería la próxima anfitriona.

Luego, no hubo más reuniones. No fue culpa de nadie. La verdad es que a ninguna de nosotras le sobraba tiempo para crear una organización de apoyo fuerte para CEO y nuestras protegidas.

Si se lo preguntan, no hay un club para las mujeres más veteranas del mundo corporativo de los Estados Unidos.

Los hombres de negocios operan en un sistema con siglos de historia relacionada con tener ese rol en la sociedad. Sus clubes y asociaciones se establecieron hace mucho tiempo y no tienen que hacer ningún esfuerzo adicional para mantenerlos. Los hombres que fueron a la guerra juntos tenían una camaradería y una conexión emocional que se extendió a su vida profesional. A pesar de los avances, las mujeres todavía están tratando de romper las barreras para entrar en ese mundo. Pertenecemos a todos los grupos industriales y llenamos los asientos en consejos del sector no lucrativo, pero los hombres tienen la ventaja por haber creado las reglas del juego, y no nos invitan a todas partes. Incluso en las circunstancias más obvias, integrar a las mujeres en las costumbres del poder y la influencia ha creado controversia. En el 2012, el Augusta National Golf Club, en Augusta, Georgia, que es sede del torneo de golf master anual, retuvo la membresía que por lo general le otorga al CEO de IBM, porque Ginni Rometty es mujer. IBM es una de las patrocinadoras más grandes del torneo. Sin duda, fue un punto de inflexión. Un año después, el club cambió su política de solo hombres, que tenía ochenta años de antigüedad, y admitió a las primeras dos mujeres como miembros.

Las historias del golf y los negocios pueden ser un cliché, pero las relaciones que se forjan mientras se juegan dieciocho hoyos no son casualidad, y algunos de los lugares más codiciados para jugar en los Estados Unidos todavía prohíben la entrada a mujeres. En el 2007, Don Kendall me presionó para que me uniera al Westchester County's Blind Brook Country Club, fundado en 1915. Está junto al campus de Purchase de PepsiCo. Algunos de nuestros antiguos directores ejecutivos y otros ejecutivos habían usado el club por años para invitar a clientes y amigos. Don pensó que podíamos darle la vuelta a la regla muy fácilmente: el socio sería Raj. Después de todo, él era el golfista de la familia. Cuando regresé a casa, le pregunté a Raj si quería inscribirse en Blind Brook y jugar de vez en cuando en ese campo que tanto admiraba cada vez que pasábamos por la calle Anderson Hill. Me miró con cara de horror. "¿Por qué querríamos unirnos a un club donde no admiten mujeres? —dijo—. Olvídalo." Don nunca entendió por qué no acepté su propuesta.

La inequidad de género es un tema bastante conocido.

Cientos de organizaciones intentan igualar el terreno de juego para las mujeres en los negocios y en la industria. El esfuerzo comenzó hace décadas. Catalyst, que está establecida en Nueva York y recibe fondos de ochocientas empresas, se fundó en 1962. *Vayamos adelante*, el libro de Sheryl Sandberg publicado en el 2013, motiva a las mujeres en el plano profesional a esperar y pedir más, y millones de mujeres *millennials* le han dado la bienvenida a su mensaje. La investigación anual sobre las mujeres en el trabajo de la Lean In Foundation, junto con encuestas meticulosas, nos dan una visión profunda de lo que detiene el ascenso de las mujeres en el mundo corporativo en los Estados Unidos. Las firmas de consultoría, los bancos y las compañías de inversión también publican informes sobre lo que está mal y sobre la importancia de comprender el problema. Los académicos, economistas, gobiernos, grupos de expertos y otras organizaciones sin fines de lucro también indagan las causas.

Cada año, se disecciona el progreso de las mujeres —o la falta del mismo— en conferencias de mujeres, desde desayunos glamurosos patrocinados por los medios con listas exclusivas de invitados, hasta enormes reuniones de la industria con sesiones técnicas y mesas de contratación. Estos eventos son muy solicitados; algunos atraen a decenas de miles de mujeres.

Durante dos décadas, recibí muchas invitaciones para hablar en conferencias sobre el apoyo y el desarrollo profesional de las mujeres. Acepté tantas como pude. Estos eventos son importantes para mantener la atención en las desigualdades sociales y apoyar a las mujeres en la lucha dentro del campo profesional. Sin embargo, además, crean hermandad. Las mujeres sabemos compartir. Ganamos confianza cuando escuchamos las historias de otras y conocemos gente que simpatiza con nuestra propia lucha.

Al mismo tiempo, no debemos confundir estas reuniones, cuyo objetivo es empoderar a las mujeres y construir redes con las conferencias y cumbres tan populares entre los ejecutivos de alto nivel y los sectores del poder mundial. Temo que los eventos de mujeres no lograrán un gran cambio sistémico, porque la mayoría de las personas más influyentes del mundo —nos guste o no— siguen siendo hombres.

Es verdad que algunos de los eventos más importantes de negocios, finanzas, tecnología y economía ahora reconocen la desigualdad de género y las cuestiones de diversidad, e incluyen sesiones especiales presentadas por mujeres y gente que representa diversidad racial. (Yo pertenezco a ambos ámbitos, ¡por eso me invitan tanto como panelista!) Sin embargo, he visto que estas sesiones no siempre son tan concurridas o, peor, que los hombres del público se aburren, se mueven nerviosos en sus asientos y están esperando a que acabe para irse a una charla donde aprendan cómo hacer más dinero. Me decepciona que así suceda incluso en las conferencias globales que organizan las universidades más importantes.

Tenemos que ser más reflexivos.

Debemos ampliar las conversaciones sobre el trabajo del futuro que se enfocan tanto en la robótica y la inteligencia artificial, para incluir otra dimensión crítica de nuestro éxito: cómo cambiar nuestra economía para integrar mejor el trabajo con la familia, y asegurar que las mujeres reciban un pago equitativo y compartan el poder. Solo entonces podremos decir con certeza que estas cuestiones se han infiltrado en la estructura dominante del poder y han logrado romper la barrera más grande hacia el cambio.

12

Insead es una celebrada escuela de negocios en Francia, cuyo campus principal se encuentra a orillas del bosque Fontainebleau, a una hora de París. La escuela reúne a la clase con la mayor diversidad internacional entre los programas de MBA más renombrados, con estudiantes de más de ochenta países. Insead siempre ha despertado mi interés. Años atrás, cuando estaba intentando ingresar a Yale, pensé también enviar una solicitud a Insead, pero me pedían que hablara inglés, francés y alemán, y pensé que no pasaría el examen de alemán.

En 2016, la Society for Progress, un grupo de académicos que estudian la manera de unir el capitalismo y el bienestar social, me invitó a dar un discurso sobre el PwP en el enorme y soleado auditorio de la escuela. Posteriormente, comencé a dar un seminario todos los meses de junio con Subramanian Rangan, el fundador de la sociedad, y Michael Fuerstein, un profesor de Filosofía, llamado Integrating Performance and Progress (Integración del Rendimiento y el Progreso). Como describe el curso el profesor Rangan: "Los estudiantes tienen que decidir si desean limitarse a tener una carrera profesional o si también desean contribuir". Nuestra clase se llena rápidamente. Por lo general, 60% son mujeres.

Cuando observo a los estudiantes —rostros de Asia, Europa, Medio Oriente, África y América— me veo en Yale cuarenta años atrás. Veo a los futuros líderes de PepsiCo y de otras compañías multinacionales. Veo científicos y emprendedores con una visión global. Y veo, en esas mujeres y hombres, a mis propias hijas, las cuales tienen posgrados en negocios y están tomando el mundo como un rompecabezas social y económico, como lo hice yo.

Concluimos el seminario de dos días con una conversación relajada y abierta, en la que los estudiantes nos hablan de cualquier cosa que se les ocurra. Y, después de formular muchas preguntas interesantes sobre negocios internacionales, estos jóvenes, tan llenos de promesas, invariablemente llegan a esta pregunta: "¿Cómo lo hiciste? ¿Cómo lograste ascender en tu carrera y mantener a tu familia unida?".

Y, entonces, con ansias, añaden: "¿Cómo podemos lograrlo?".

Les hablo con toda honestidad. No fue fácil. Mi vida fue un juego de malabarismo constante, con dolor, culpa y sacrificios. Dirigir una empresa global fue un enorme privilegio, pero me arrepiento de muchas cosas. La vida es así.

Me han hecho esta misma pregunta, con sus variantes, cientos de veces, en Yale, West Point y otras escuelas, en las fábricas de PepsiCo, en mesas redondas en Latinoamérica o el Medio Oriente, en eventos importantes de mujeres, después de charlas informales con académicos y con jóvenes líderes del Foro Económico Mundial. Recibo decenas de correos electrónicos y cartas de amigos, conocidos y extraños que quieren consejos sobre cómo combinar el trabajo con la familia.

Algunas veces me da la impresión de que estas personas piensan que tengo una receta secreta porque he podido hacerlo, pero no la tengo. En muchos sentidos, solo tuve suerte: con mi círculo familiar tan unido, una gran educación y padres que valoraron a sus hijas al igual que a su hijo. Me casé con un hombre que compartía mis ideales, nos apoyamos mutuamente y comenzamos una vida juntos con cautela y frugalidad. Hemos tenido discusiones, claro, como todos los matrimonios, pero Raj y yo somos leales, nos amamos y estamos comprometidos el uno con el otro y con nuestras hijas. También recibí ayuda de mis familiares y, más tarde, cuando pude costearlo, contraté a gente que me ayudara tanto en el trabajo como en casa. Conocí mentores en momentos críticos. Y, como muchos me lo han recordado, tengo la genética especial de no tener que dormir más de cinco horas.

También tuve la gran fortuna de aterrizar en PepsiCo, una compañía con un *ethos* juvenil, dominada por hombres cuando me uní en la década de 1990, pero no tan aferrada a sus maneras que no me permitiera integrarme. PepsiCo me nombró CEO, y esa fue toda la diferencia. No creo que muchos otros consejos de administración estadounidenses en ese momento hubieran elegido a una persona que se pareciera a mí para dirigir la empresa.

No me importa repetir que tener éxito laboral es, por definición, un trabajo de tiempo completo. Ser madre, esposa, hija y nuera también pueden ser trabajos de tiempo completo. Descubrí que ser CEO equivale, al menos, a tres trabajos de tiempo completo. Así que, mientras dediqué cada gota de mi talento y de mi tiempo a todo eso, mi éxito en realidad fue como ganarme la lotería.

De alguna manera funcionó.

Este no es un modelo para lograr el equilibrio entre la carrera y la familia en un mundo en el que el mensaje explícito de la sociedad en las últimas décadas a los jóvenes que apenas forman una familia ha sido en gran medida este: si quieres trabajar y tener hijos, es tu problema.

Mi historia no cambia la desgarradora realidad de que, como sociedad, no hemos construido sistemas sólidos y contemporáneos para brindar un apoyo real a todas las personas —sean hombres o mujeres— que quieran ganarse la vida y construir un hogar feliz y saludable. De hecho, la situación en los Estados Unidos es aún más difícil que cuando Raj y yo empezamos. La atención sanitaria, el cuidado de los niños, la educación y la vivienda consumen un porcentaje mucho mayor de los ingresos medios que a principios de la década de 1980.

El estrés que rodea al trabajo y a la familia tiene a muchos *millennials* retrasando sus planes de casarse y tener hijos o decidiendo no tenerlos. En 2019, la tasa de fertilidad en los Estados Unidos cayó a 1.7 nacimientos por mujer en edad fértil, un mínimo histórico. Mientras tanto, algunas mujeres están haciendo todo lo posible para aferrarse a su oportunidad de tener un bebé, incluyendo pagar el enorme costo financiero, físico y emocional de congelar sus óvulos. Unos cuantos planes de beneficios empresariales cubren ahora este procedimiento, una buena prestación para quienes dedicaron tanto tiempo a sus estudios y trabajo, que aún no han tenido la oportunidad de asumir también el embarazo y la maternidad. Es una prueba más de que nuestro sistema pone en conflicto el reloj profesional y el reloj biológico femenino.

Me emociona mucho ver cómo los *millennials* y la *generación Z* que les sigue impulsarán nuestra economía y mejorarán el mundo. He sido testigo, como CEO interesada en las personas, de innumerables ejemplos de su sinceridad, imaginación y propósito en un mundo empresarial cambiante. No obstante, creo que también necesitamos que estas mujeres y hombres tengan hijos y que debemos dejarlos disfrutar realmente de esa experiencia incomparable.

No todo el mundo tiene que querer tener hijos, y mucho menos los 2.1 bebés que son la tasa estándar de reemplazo de la población. Sin embargo, en general, creo que debemos hacer más para valorar a las familias que tienen hijos y los crían para que sean ciudadanos educados y productivos.

Esos niños también son necesarios. El panorama demográfico es claro: en los Estados Unidos, cada día diez mil personas de la generación de los *baby boomers* cumplen sesenta y cinco años, un patrón que se espera que continúe hasta la década de 2030. Estas personas, y las que vengan después, vivirán más tiempo que las generaciones anteriores. Se espera que el número de estadounidenses de edad avanzada se duplique en el 2060. Necesitaremos la estabilidad de una economía fuerte y, con el tiempo, millones de nuevos trabajadores para mantener a la población que envejece. Esto no sucede solo en los Estados Unidos; podemos encontrar una situación similar en los países desarrollados de todo el mundo y, cada vez más, en los países en desarrollo.

No soy la primera persona en decirlo, pero también me resulta trágico que, por mucho que nuestras mujeres y hombres jóvenes se esfuercen en el trabajo, en una escuela como Insead o en un negocio familiar en la India o en una fábrica en el estado de Indiana, todavía se enfrentan a muchas reglas y expectativas del pasado que no reflejan la vida real. De nuevo, este es el grupo más capacitado, creativo y conectado de la historia, y tiene mucho potencial. No podemos obstaculizar su camino con la pregunta "¿Cómo podemos hacerlo?".

Durante mucho tiempo, estuve en la cima de una empresa de la lista Fortune 500, y para mí es natural calcular el retorno de la inversión. Con el PwP, PepsiCo reconoció que la línea entre los negocios y la sociedad se estaba desdibujando, y nuestro reto no era negar las ambigüedades sino aceptarlas. Hemos puesto a la empresa en un camino que ofrece grandes resultados a los accionistas, y PepsiCo está evolucionando, con algunos ensayos y errores, para convertirse en un modelo de capitalismo sostenible.

Conservo el mismo instinto de elevar el trabajo y la familia a un nivel mucho más prominente en los negocios y la economía. De una vez por todas, debemos aceptar que tanto las mujeres como los hombres trabajan en empleos fuera de sus hogares; que los niños necesitan un cuidado extraordinario; que nuestros padres ancianos necesitan una atención amorosa; y que los gobiernos, las empresas, las comunidades y las personas requieren un mapa común para hacer frente a las enormes y complejas cuestiones de índole social que se necesitan para hacer la vida un poco más fácil.

¿Qué mejor propósito podríamos tener que cuidar de nuestros seres queridos, avanzar en la igualdad de género y —estoy plenamente convencida— generar un enorme beneficio económico?

El beneficio, a largo plazo, será extraordinario.

A menudo, cuando la gente se acerca a mí para hablar de sus problemas en el trabajo y la familia o para pedirme consejo, empiezan con una historia. Algunas mujeres dicen que están divididas entre su carrera y un bebé en casa. Los padres solteros dicen que se enfrentan al problema de tener un hijo enfermo y temen perder su única fuente de ingresos. Algunas personas mencionan a sus padres ancianos que sufren de demencia o a hijos adultos cuyos hijos han llegado a pedir asilo. Otros hablan de las expectativas culturales de hacer más cosas en casa, y sienten que no pueden compaginarlas con sus obligaciones laborales. Me parece que los problemas suelen ser una cuestión de las políticas asistenciales. *Asistencia* es una palabra cálida y difusa, pero la usan siempre con mucho dolor. Eso me ha movido a querer allanar de alguna manera su camino.

Ahora, nuestra experiencia colectiva con el covid-19 —millones de personas sufrieron para conciliar su trabajo con sus obligaciones del hogar, con niños que no van a la escuela, familiares y amigos enfermos o aislados como nunca antes— ha añadido una nueva urgencia a esta tarea que me he autoimpuesto. Ahora que el orden mundial responde a lo que hemos aprendido durante la pandemia, hemos llegado a un momento de cambio.

Para empezar, creo que debemos reconocer que el apoyo a las familias y el papel que desempeñan las mujeres, en particular, tanto en el trabajo remunerado y en el hogar como madres y cuidadoras, es esencial para todos nosotros. Esto es evidente en todas las culturas del mundo, y no creo que tengamos que dedicar mucho tiempo y energía a reformular este mensaje una vez más.

El problema, en mi opinión, es quién recibe el mensaje y quién tiene el poder y la influencia para responder de forma significativa. Aquí es donde todos deberíamos sentirnos frustrados. Con tan pocas mujeres en posiciones de liderazgo, incluso en las empresas y el gobierno, tenemos que confiar en los hombres.

Sé que los hombres con poder real en nuestra sociedad admiran a sus madres, esposas e hijas y que han tenido muchas oportunidades de ver que ayudar a las mujeres a tener éxito en sus organizaciones puede contribuir a un mejor resultado final. También entienden que la marcha hacia la igualdad de la mujer supone un progreso en el siglo XXI.

Sin embargo, muchos hombres —directores ejecutivos y otros— perpetuamente se mantienen al margen del debate sobre la familia y el trabajo, en parte porque son reacios a romper las rutinas que, en última instancia, les son fáciles, cómodas y lucrativas. Me he dado cuenta de que los hombres más jóvenes, incluidos los maridos y los padres que están tan estresados como sus parejas, también se abstienen de opinar, tal vez por miedo a disminuir sus propias posibilidades de salir adelante.

Creo que los hombres tienen que reconocer cuántas mujeres se estancan o abandonan la fuerza de trabajo a la mitad de sus carreras y cuántas mujeres, a menudo en la sombra de la economía, están trabajando para sostener todo un sistema. Tienen que darse cuenta de que esta es también su carga. El cambio real en materia de integración del trabajo y la familia no se va a lograr sin que los hombres, en especial los que están en el poder, ayuden a impulsar el debate y a poner en práctica las soluciones.

Creo que una mujer que aspira a ser CEO de una empresa pública o algo similar en términos de poder, salario y responsabilidad también tiene que ser realista sobre cómo será el camino. Celebro la ambición de las mujeres por dirigir y no dudo de los prejuicios a los que se enfrentan. Sin embargo, competir para llegar a la cima de una pirámide organizativa es una tarea titánica, no importa quién seas, y una vez que una mujer o un hombre está a poca distancia de la oficina del CEO —a dos o tres niveles de distancia— la idea de equilibrar el trabajo con cualquier tipo de vida normal fuera de él no es práctica. En mi experiencia, son muchas las exigencias de esos trabajos y pueden ocupar casi todo el tiempo. Esto no quiere decir que las CEO no deban tener hijos y familias felices.

Por supuesto que deberían. Yo lo hice. Pero no nos equivoquemos, los sistemas de apoyo que se requieren y los sacrificios necesarios para ser líder son enormes. Las soluciones generales para ayudar a la mayoría de la gente a encontrar un mejor equilibrio entre trabajo y familia no son aplicables a estos puestos.

En 2019, como es mi estilo al reflexionar sobre una gran idea, empecé a leer un montón de libros e investigaciones sobre la integración del trabajo y la familia, sobre el papel de la mujer en la economía y sobre por qué algunas mujeres avanzan a puestos de liderazgo y otras tantas no. Empecé a hablar con académicos, defensores de causas y empresarios, y examiné las intervenciones de gobiernos y empresas de todo el mundo sobre estas cuestiones. Un día, incluso organicé mi pensamiento creando ecuaciones: coloqué MUJER DE CARRERA + SESGO SISTÉMICO + FAMILIA + PRESIÓN SOCIAL en un lado de la ecuación y una larga lista de posibles desviaciones en el otro.

En el proceso, a menudo pensé en mi propia historia. Me alegraba por fin tener tiempo, después de PepsiCo, para comprender mejor la interacción de los prejuicios, el género, las familias, los empleadores y la estructura de poder global. También pensé en la gran diversidad en los Estados Unidos, en cómo este país me acogió y, a pesar de algunos baches en el camino, me permitió prosperar y hacerme un nombre. No habría llegado a esta posición en ningún otro país del mundo. A pesar de nuestra continua lucha por evolucionar como nación fundada en la idea de la igualdad de oportunidades para todos, estoy orgullosa de lo lejos que hemos llegado y de lo que podemos llegar a hacer. Este es un camino muy personal.

Mi conclusión es que nuestra sociedad puede dar un salto hacia adelante en el dilema trabajo-familia centrándose en tres áreas interconectadas: licencias remuneradas, flexibilidad y previsibilidad, y servicios de asistencia.

Debemos reconocer que estos tres elementos, que conforman la manera en que nos cuidamos unos a otros, van de la mano y deben evolucionar juntos. Creo que las acciones conjuntas en cada uno de ellos sentarán las bases para transformar nuestra economía y nuestras comunidades porque, por fin, la próxima generación de familias tendrá la base justa y sistémica que necesita para prosperar.

En primer lugar, el Gobierno estadounidense debe imponer cuanto antes el requisito de otorgar licencias por maternidad y paternidad remuneradas. Todos los días, la salud materna e infantil se ven comprometidas cuando las mujeres vuelven al trabajo demasiado pronto después de tener un bebé, porque no pueden permitirse estar sin salario. Estados Unidos es el único país desarrollado del mundo en el que la licencia remunerada por nacimiento de un hijo se está convirtiendo en ley porque algunos Gobiernos estatales la están adoptando. Pero esto no es suficiente; necesitamos que sea así en todo el país, incluso para los empleados del Gobierno federal.

Algunos podrían criticar el costo que esta prestación social básica generaría tanto para el Gobierno como para las empresas. Es una idea totalmente obsoleta, ya que conocemos la larga lista de beneficios físicos y mentales que obtienen tanto el niño como la madre cuando crean un vínculo y se reponen en las semanas posteriores al parto. Las licencias de maternidad y paternidad remuneradas son un eslabón necesario en la cadena de creación de vidas sanas y, a largo plazo, de un país exitoso y fuerte.

De hecho, no es un gasto, es una inversión. Las mujeres que disponen de la licencia con goce de salario tienen 93% más probabilidades de seguir trabajando doce meses después del nacimiento de su hijo que las mujeres que no la tienen. Los padres que reciben esta prestación tienen más probabilidades de compartir el cuidado de los hijos y las responsabilidades domésticas de forma equitativa con sus parejas femeninas a largo plazo y de tener mayor empatía con las demandas familiares. Es una obviedad.

Yo empezaría con doce semanas de licencia remunerada para la madre o el cuidador principal de un nuevo bebé y ocho semanas para el padre o el cuidador secundario. Algunos argumentarán a favor de más o menos tiempo, aunque este punto de partida es un buen comienzo y, creo, un buen número de empleadores podría aceptarlo. Es cierto que las pequeñas empresas lo pasarán mal cuando los empleados clave se ausenten durante unos meses, pero también creo que es un área en la que podemos pensar de forma más creativa para resolver el problema. ¿Qué tal un grupo de jubilados que pueda ayudar, financiado por un fondo común que la misma comunidad cree? ¿Qué recursos privados, públicos o filantrópicos deberíamos utilizar? ¿En dónde encaja la tecnología? Este punto de presión puede resolverse si nos lo proponemos.

El debate sobre la licencia remunerada en los Estados Unidos incluye la ampliación de la prestación a los que cuidan de familiares enfermos o a empleados que se recuperan de una enfermedad. Son disposiciones muy importantes. Yo no habría llegado a ser directora de PepsiCo sino hubiera tenido los tres tipos de licencias remuneradas durante los primeros años de mi carrera: BCG me pagó tanto cuando mi padre estaba enfermo como cuando me estaba recuperando de mi accidente de coche, y recibí licencia de maternidad remunerada dos veces, a través de BCG y de ABB.

Sin embargo, mientras debatimos el costo y los parámetros de cómo ampliar esta prestación dentro de una economía asistencial más amplia, no veo ninguna razón por la que no deba incluirse inmediatamente una licencia remunerada para todos los recién nacidos del país.

Por supuesto, los padres que se reincorporan al trabajo tras su licencia de maternidad o paternidad siguen teniendo un hijo muy pequeño. Y sabemos que la antigua restricción de horarios y de trabajo presencial ya no es necesaria en muchos trabajos.

Soy partidaria de que la flexibilidad laboral sea la norma. Además de sus ventajas para la economía en general, la flexibilidad es crucial para dar un respiro a las familias. Es evidente que ayuda tanto a las mujeres como a los hombres a cuidar de los hijos y de los padres mayores y a hacer frente a las demás tensiones de la vida moderna. Además, durante la crisis del covid-19 aprendimos rápidamente que nuestra economía está bien equipada, en muchos puestos e industrias, para que la gente trabaje a distancia.

Sin duda, también creo que las oficinas no van a dejar de existir. Ansiamos la creatividad que surge cuando las personas trabajan juntas en el mismo espacio y pueden hablar cara a cara y compartir la conexión humana. Sin embargo, en general, creo que nuestros días de trabajo deben organizarse en torno a la productividad, no en función del tiempo y lugar.

Como mínimo, deberíamos dar a los empleados cuyos trabajos se realizan frente a un escritorio la opción de trabajar desde donde quieran: en casa, en un espacio de cotrabajo o en una oficina central. Deberían ajustarse los criterios de evaluación para que las personas que pasan menos tiempo en la oficina no reciban una calificación menor que las que pasan más tiempo en la oficina. No queremos crear diferentes clases de trabajadores, de nuevo juzgando en forma negativa a las personas que tienen obligaciones familiares.

Los trabajadores por turnos que deben estar físicamente en un espacio para hacer su trabajo, desde una fábrica hasta una tienda, enfrentan problemas diferentes. La flexibilidad laboral es muy limitada en estos trabajos, pero tenemos que asegurarnos de que estos empleados tengan un horario predecible de al menos dos semanas de anticipación. Esto es primordial y una cuestión de respeto. La falta de horarios predecibles para muchos trabajadores, en especial los que tienen la responsabilidad de cuidar a alguien, es muy difícil de soportar. Mientras tanto, los trabajadores por turnos que tienen horarios predecibles han demostrado ser más productivos y comprometidos con sus empresas. Hoy en día, todas las empresas tienen acceso a sofisticada tecnología de programación. ¿Por qué no utilizarla para facilitarles la vida a los trabajadores que más lo necesitan?

Al inicio de mi carrera, la falta de flexibilidad laboral —y la sensación de que nunca podría programar mi tiempo— estaba entre los aspectos más estresantes de mi vida. La única razón por la que pude superar esto cuando Preetha y Tara eran pequeñas fue que tenía a Gerhard como jefe tanto en Motorola como en ABB. Él conocía a mi familia y era muy comprensivo. En PepsiCo, tenía la suficiente experiencia para distribuir mis horas como quisiera, pero, tomando en cuenta todo lo que estaba ocurriendo en la empresa, las tuve que asignar casi todas a PepsiCo.

No hace mucho, una tarde iba hacia mi casa cuando vi un par de autobuses escolares que dejaban a los niños en una esquina, sus padres estaban ahí para recibirlos. Las madres y los padres que trabajan desde casa pueden hacer una pausa rápida para recoger a sus hijos en la parada del autobús. Miré con nostalgia esta escena, recordando de nuevo que me perdí esa experiencia debido a la época en la que me tocó desarrollar mi carrera. A medida que la flexibilidad laboral se hace cada vez más común —sobrecargada por nuestra experiencia durante la pandemia— me da gusto que más padres puedan dedicar un poco de tiempo a recibir a sus hijos después del colegio.

También creo que hay que llevar la idea de la flexibilidad un paso más allá. Los trabajadores deberían poder hacer una pausa en su carrera por el bien de su vida familiar durante periodos más largos sin sufrir las penalizaciones sociales y económicas que todavía son habituales. Esto no obliga a los empleadores a mantener un puesto de trabajo abierto durante años ni a pagar a la gente por los meses extra que estén fuera, pero deberíamos fomentar muchas más opciones para que la gente entre y salga del mercado laboral remunerado. Algunas empresas han introducido programas que familiarizan a los empleados que regresan con los nuevos requisitos del trabajo y las nuevas prioridades de la organización. Para los que incorporan esto a su modelo de negocios, hay claras ventajas: los que regresan con conocimientos y redes institucionales pueden ser de gran valor para la empresa. ¿Por qué no aprovechar su experiencia? Este podría ser el futuro del trabajo.

Por último, debemos abordar el tema de la asistencia. Este es el más importante.

Considero que la mayor inversión que podemos hacer en el futuro de nuestra población es construir una infraestructura de asistencia confiable, de alta calidad, segura y costeable, que se enfoque en el cuidado de los niños desde el nacimiento hasta la edad de cinco años, y abrir nuestra forma de pensar para incluir todo el ciclo de vida.

La crisis del covid-19 puso en evidencia el estado atribulado de la economía de asistencia de los Estados Unidos. Una consecuencia de este desastre fue que cientos de miles de mujeres que habían estado conciliando el trabajo y los hijos sintieron que tenían que renunciar al trabajo. También fue un recordatorio de que muchos de nuestros empleados esenciales, incluida la gente que se encarga de cuidar tanto niños como ancianos, no ganan lo suficiente para vivir.

Ha llegado la hora de que diseñemos un plan ambicioso para el tema de la asistencia en los Estados Unidos. Si solucionamos este problema, retiraremos las barreras al trabajo para las mujeres y las familias jóvenes y ayudaremos a muchas mujeres a ser económicamente independientes. Este es un compromiso para las futuras generaciones que sentará los cimientos para una población más sana, próspera.

Creo, sin embargo, que enfocándonos en la asistencia lograremos aún más. Como persona de negocios que dirigió con éxito una compañía estadounidense grande durante doce años, puedo afirmar que esta es una ventaja competitiva para las compañías, la comunidad y el Estado donde se implemente.

Comencemos con los niños. Independientemente de la duración de la licencia remunerada o de la flexibilidad de horario de un padre o una madre, los bebés y los niños pequeños necesitan quién los cuide cuando sus padres están trabajando. Como están las cosas ahora, a muchos padres les es casi imposible encontrar una buena guardería cerca de casa o cerca del trabajo, porque no hay suficientes o son muy caras. Ese problema no toma en cuenta los casos de padres que trabajan de noche o necesitan apoyo extra.

Un plan distinto podría considerar contratar a una nana para que cuide del niño, una opción que por lo general es mucho más cara y presenta otras interrogantes, como: ¿A quién contratar? ¿Cuánto pagarle? ¿Cómo supervisarla? ¿Cuáles son los límites?

Muchos padres acaban improvisando una solución como lo hicimos Raj y yo en Chicago, cuando Preetha era una bebé, hace treinta y cinco años. Conocimos a alguien en el plano social y dejamos a nuestra preciada bebé con ella. Vasantha era maravillosa y había criado a cuatro hijos suyos. Sin embargo, era una conocida, no una cuidadora profesional. El hecho de que resultara una buena cuidadora para Preetha ese invierno fue una cuestión de suerte. Si no nos hubiera gustado su estilo, habríamos tenido que gastar tiempo y energía en buscar a alguien más, desviando nuestra atención del trabajo. Esa es la escena que más tarde se presentó en Connecticut, incluso cuando habíamos pagado una buena suma de dinero a una agencia de nanas. Nada ha cambiado.

Necesitamos que los Gobiernos federal y estatal, el sector privado y los expertos en educación temprana y en construcción comunitaria unan esfuerzos para crear un sistema de guarderías a gran escala, diseñado con creatividad para eliminar los llamados desiertos de guarderías. Alabo a las personas que han estado trabajando en este tema por décadas, así como los programas como Head Start y otras iniciativas para preescolar que hacen un trabajo tremendo para preparar a los niños para los años escolares. Pero estoy sugiriendo algo mucho más grande. Necesitamos expandir los programas existentes, enlazarlos a las opciones de nanas en casa y con las organizaciones comunitarias que tienen edificios —desde recintos religiosos hasta bibliotecas— para crear una nueva generación de opciones maravillosas.

También necesitamos programas de licencias y capacitación integrales para los propietarios y el personal de guarderías. Los cuidadores deben recibir salarios que reflejen la gran responsabilidad que tienen a cargo. La educación temprana, tan importante para el bienestar de los bebés, es un campo que está creciendo. ¿Por qué no crear incentivos para que los jóvenes elijan estos trabajos?

Me conmueve ver al Gobierno del presidente Biden considerar la infraestructura para los servicios de asistencia como fundamental para el país, y celebro la reciente declaración de Janet Yellen, la secretaria del tesoro, quien dijo: "Nuestras políticas públicas no han tomado en cuenta el hecho de que la vida laboral de la gente y su vida personal están íntimamente ligadas, y si una de las dos no funciona, la otra tampoco". Sin embargo, darle seguimiento a las iniciativas de la Casa Blanca es una tarea complicada. Otorgarles a los estados subvenciones para que afronten el problema de la asistencia es un buen comienzo, por ejemplo, pero es importante que la plantilla para crear buenas redes de asistencia se especifique desde el principio y que los detalles de los gastos se supervisen. Este tema merece un compromiso histórico para las siguientes décadas.

Mientras el Gobierno encuentra la mejor manera de llevar este plan a la práctica, las compañías grandes y los empleadores deben tomar las riendas. Donde sea posible, las compañías deben instalar guarderías internas o externas para sus empleados. Si el número de niños no alcanza para sostener la inversión, las compañías deberán asociarse con otros para ofrecer servicios de guardería cerca de las oficinas o en conjuntos residenciales. En las oficinas centrales de PepsiCo, el costo total de adecuar un piso de nuestras oficinas como guardería, una cantidad que insistí que gastáramos incluso frente a los escépticos, fue de dos millones de dólares. Contratamos a Bright Horizons, un pionero en los servicios de guardería, para que proporcionara personal y operara el centro y pagara los seguros y el mantenimiento. El gasto representó un retorno increíble en términos de lealtad y paz mental para nuestros empleados. Les ahorró tiempo de traslado, y estaban cerca si sus hijos tenían una emergencia. También se convirtió en una excelente herramienta de contratación. El servicio no era gratis para los empleados, ellos pagaban para que sus hijos estuvieran ahí. No obstante, al año, Pep-Start tenía lista de espera.

Las compañías más pequeñas o los que cuenten con una fuerza de trabajo flexible deben considerar crear una agrupación que ofrezca centros con guarderías o asociarse con redes comunitarias ya existentes. En una economía donde más y más padres trabajan desde casa o utilizan los espacios de trabajo dentro de su comunidad, tener una guardería al lado de las oficinas de cotrabajo debe ser la norma.

Le llamo un plan ambicioso, pero no le estamos apostando a lo desconocido. Esos países que tienen redes integrales de guardería logran que las mujeres sigan trabajando. En Francia, en donde el servicio de guardería nacional inicia cuando el bebé tiene dos meses y medio de edad, las mujeres que trabajan y que quedan embarazadas tienen la tranquilidad de saber que tienen una opción de guardería. En Quebec, Canadá, un sistema de asistencia altamente subsidiado para todos los niños menores de cinco años ha demostrado, en los últimos veinte años, ser exitoso para lograr que las mujeres regresen al trabajo y contribuyan al crecimiento económico en esa provincia.

La discusión y las recomendaciones también deben incluir asistencia para los ancianos. Las obligaciones de asistencia de las familias no terminan cuando el hijo menor se independiza. Y no es solo porque el trabajo emocional de un padre nunca termina; es porque más gente que nunca requerirá de ayuda hasta los ochenta años o más, y la mayoría dependerá de alguien que los cuide, sin remuneración, ya sea un familiar o un amigo. Muchos de estos cuidadores no remunerados, en su mayoría mujeres, están en la *generación sándwich* y tienen tanto hijos como parientes ancianos a quienes cuidar. Rediseñar la estructura y la ubicación de los centros de asistencia para ancianos puede ser una parte de este plan, también, a medida que contemplamos un mundo con una población de adultos mayores cada vez más grande.

Uno de los complementos a los centros de asistencia a ancianos es la vivienda multigeneracional. Yo crecí con tres generaciones en casa y no tengo duda de que esto nos trajo muchos beneficios a mi hermana, mi hermano y a mí, como la presencia en casa de nuestro sabio Thatha. La población que va envejeciendo en todo el mundo está reviviendo la idea de la familia multigeneracional a medida que más personas tienen bisnietos e, incluso, tataranietos. Por lo general se le tacha de problema, una bomba de tiempo demográfica en la que las pensiones se vuelven insostenibles y los servicios de salud se saturan. Necesitamos darle la vuelta, por completo. Una población grande de adultos mayores puede ser una bendición.

La generación mayor es un sistema de apoyo para las familias. Millones de abuelos en los Estados Unidos cuidan niños. Sin embargo, de nuevo, no nos hemos ajustado para facilitar estas estructuras familiares vitales para el trabajo. Por ejemplo, muchas leyes de planificación y uso de suelo en los Estados Unidos, estancadas en el siglo pasado, prohíben casas con cocinas o entradas separadas y viviendas multifamiliares. Esto presenta otra oportunidad de cambio: necesitamos aplicar soluciones locales, evaluar estas leyes y hacer lo necesario para reformarlas. Mientras ese momento llega, hagamos nuestros los espacios públicos: parques, andadores, bancas, áreas de juegos; y creemos un buen diseño comunitario, que aproveche el instinto humano de cuidarnos unos a otros.

Cuando dejé PepsiCo, me uní al consejo de administración de Amazon y ahora tengo un asiento en primera fila para ser testigo del banco de ideas de una de las compañías más innovadoras, centradas en el cliente, que he conocido. También acabo de aceptar un puesto en el consejo de Philips, la compañía holandesa que está cambiando el rostro del cuidado de la salud. Este asiento en el consejo, junto con las membresías que tengo en los consejos del Memorial Sloan-Kettering Cancer Center y el comité ejecutivo del MIT, me dan una ventana hacia las tecnologías del futuro, en términos generales, y, más específicamente, a cómo el cuidado de la salud se transformará en los siguientes años.

También acepté una invitación para ocupar el cargo de coordinadora de la Generación de 1951 para el estudio de liderazgo de la Academia Militar de los Estados Unidos, West Point, donde paso unas cuantas semanas al año compartiendo mis conocimientos con la facultad y los cadetes. Me mueve e inspira la generosidad de todos los que conozco en West Point, en especial los jóvenes que están tan comprometidos con contribuir a nuestro país y que partirán a salvaguardar nuestra libertad.

Sigo siendo parte del consejo de administración del International Cricket Council, donde soy la única mujer del órgano corporativo del críquet. ¡Ha sido todo un viaje desde ese día en 1973 cuando entré al campo en Madrás vestida de blanco!

En febrero del 2019, a solicitud de Ned Lamont, mi colega de Yale que había sido electo gobernador de Connecticut, acepté ser copresidenta de AdvanceCT, una organización que trabaja estrechamente con el Gobierno estatal en temas económicos. Cuando la epidemia del covid-19 atacó, me propuse para ser copresidenta del comité consultor de Connecticut para la reapertura del Estado después de la pandemia, trabajando de la mano con el Dr. Albert Ko de la Yale School of Public Health. Teníamos que encontrar el equilibrio entre la vida y el sustento, y el trabajo fue muy intenso. Connecticut es nuestra casa y queríamos ayudar a nuestro gobernador a tomar las decisiones correctas durante una crisis sin precedentes. Me siento muy comprometida con devolverle al Estado todo lo que nos ha dado a mí y a mi familia durante los últimos años.

En este tiempo, Raj y yo estuvimos en casa con las niñas y mi madre. Preetha vino desde Brooklyn cuando el coronavirus se extendió con fuerza en la ciudad de Nueva York, era la primera vez que vivía en nuestra casa después de muchos años. No le tomó mucho tiempo darse cuenta de que yo estaba trabajando dieciocho horas al día. "Pensé que te habías jubilado —exclamó una mañana—. ¡Se supone que debemos pasar tiempo juntas o jugando juegos de mesa!", pero también sabía que el deber llama y que nada había cambiado en su madre. Sin embargo, lo interesante es que Preetha misma comenzó a trabajar con 4-CT, una organización estatal de primera respuesta, bancos de alimentos y otros servicios dirigidos a los que están en la primera línea del covid-19.

Un día, después de terminar mis reuniones en Zoom y pasar unas horas leyendo y escribiendo, decidí hacer algunas tareas domésticas. Amma se me acercó.

"¿Sabes? —dijo—, eres una persona que realmente desea ayudar al mundo y no hay mucha gente como tú. Creo que no deberías preocuparte mucho por la casa. Tienes que dar al mundo tanto como puedas. Sigue así."

Me sorprendió.

Sé que me mueve un propósito, y que lo hago desde lo más profundo de mi corazón. Este sentimiento me ha guiado a lo largo de mi vida, desde trabajar en mis insignias como *girl scout* hasta ser visionaria del diseño de las toallas femeninas Stayfree para las mujeres en la India. Perseguí un propósito en cada uno de mis trabajos de consultoría y en Motorola vi mucho valor en ayudar a la gente a comunicarse sin cables. Me sigo sintiendo muy honrada, y un poco perpleja, de que me encomendaran la dirección de PepsiCo en un momento de cambio que denominamos Performance with Purpose. De alguna manera, está en mí.

En esta etapa de mi vida, también me motiva la gratitud, en especial hacia mis escuelas y profesores, mis comunidades, a los dos países donde he vivido. Nunca me siento lejos, en el corazón, de Holy Angels y el MCC. Hace unos años, mandé remodelar los laboratorios de ciencias de ambas escuelas y construir una nueva sala para mujeres en el MCC. Espero que más niñas como yo en estas escuelas, interesadas en la ciencia, tengan la oportunidad de florecer porque ahora tienen el equipo y la motivación para perseguir sus sueños.

Mi conexión con Yale sigue siendo muy profunda. En 2002, me invitaron a unirme a la Yale Corporation, el comité de dieciséis regentes que supervisan la universidad. Las reuniones se celebran alrededor de una mesa de conferencias de madera oscura con una pátina que, para mí, representa siglos de historia estadounidense. Yale se fundó en 1701. La primera vez que entré en esa sala de conferencias, de inmediato noté una placa de latón grabada con mi nombre en el reverso de una de las sillas de piel alrededor de la mesa. Y cuando me senté en esa silla por primera vez, me ganó la emoción. Me vinieron a la mente mis años en Yale, y sentí reverencia por la majestuosidad de la institución. Ahora, mi educación en Yale me ha ayudado a subir a los más altos niveles de la universidad. Es algo surrealista.

A Raj y a mí nos enorgullece enormemente poder donar tiempo y recursos a todas las instituciones y comunidades que nos han brindado educación y apoyo, tanto a nosotros como a nuestras hijas. En junio de 2021, Raj aceptó ocupar el cargo de director interino del Plan International, un grupo global de derechos humanos que apoya a los niños más vulnerables del mundo, en especial a las niñas. Hace algunos años, estuvo en el consejo de Plan India y fue la primera persona a la que le pidieron ocupar ese puesto. Sé que Raj hará su mejor esfuerzo para ayudar a mejorar la difícil situación de las jóvenes; es un tema que le interesa mucho.

El siguiente acto en mi vida —impulsado por mi gran sentido de propósito— es hacer todo lo que pueda por impulsar y apoyar a las personas y organizaciones que han reconocido que el tema de la asistencia es fundamental para el bien común y que han trabajado sin descanso en el desarrollo y la puesta en práctica de grandes ideas. Estoy convencida de que esto liberará la tensión que los jóvenes sienten por formar una familia y ayudará a las mujeres a desarrollarse, incluso si quieren dirigir una de nuestras compañías.

A principios de noviembre de 2020, mi suegra, de noventa años, que vivía con el hermano de Raj, se cayó en la cocina y sufrió dos fracturas en la pierna. En el iPhone de Raj miré la foto de mi querida suegra en el hospital, una mujer diminuta envuelta con austeras sábanas blancas y almohadas, en una enorme cama con barandales de metal dentro de una habitación con máquinas. Estaba bien, pero se veía muy sola, un poco asustada.

De inmediato, Raj se movió para que la trasladaran a Bangalore, más cerca de sus hermanas y otros familiares, donde él podía ir y cuidar de ella mientras se recuperaba. Raj encontró la forma de llegar a la India desde Connecticut con todas las restricciones de viaje relacionadas con la pandemia y, dos semanas después, fue a verla.

Mientras estaba de viaje, durante tres meses, me quedé en casa en Greenwich cuidando a mi madre. Ahora Raj y yo nos habíamos convertido en los principales cuidadores de nuestros padres. Amma, ya entrada en los ochenta, todavía es físicamente independiente y está lúcida. Es muy disciplinada, insiste en que le preparen la comida de cierta manera y se la sirvan cada día exactamente a la misma hora. Y le gusta saber dónde estoy todo el tiempo. Si voy quince minutos tarde, me llama. Sé que la tengo fácil, pero aun así no es fácil.

La mujer que nos cuidó en esa casa grande en Madrás y que me enseñó, con el ejemplo, a cuidar de mis mayores, ahora me necesita. Mis hermanos y yo, independientemente de nuestros logros o compromisos, consideramos que es nuestra principal obligación.

Mientras paso tiempo con mi madre y mis hijas adultas —y me siento entre ellas— reflexiono sobre el ciclo de cuidado del que he sido parte toda mi vida. Les he dicho a Preetha y a Tara que cuando se casen y tengan hijos, estaré ahí para ayudarles, una abuela devota y una profesora para la siguiente generación, y un respaldo y fiel defensora de mis hijas mientras buscan su propio camino en el mundo. Y también haré todo lo que esté en mis manos por ayudarnos a crear un futuro con servicios de asistencia para todas las familias que no cuenten con este tipo de apoyo.

Esa es mi promesa.

Agradecimientos

Escribir este libro ha sido una nueva experiencia para mí, un viaje, un acto de amor, un tipo diferente de trabajo, también arduo. No tenía la intención de escribir mi propia historia con tanto detalle cuando comencé. Pensé que escribiría un par de artículos llenos de datos y números sobre cómo podemos apoyar a las mujeres, a los jóvenes que forman una familia y a nuestro bienestar como colectividad, y estaba segura de que encontraría un público interesado.

Pero Bob Barnett, una mente jurídica muy respetada y un mago de las editoriales, me convenció de lo contrario. Él fue quien me impulsó para crear este libro, y ha participado activamente en su desarrollo durante los últimos dos años. Es una joya de persona que se interesa desde lo más profundo por sus clientes. Lo siento cerca todos los días. Gracias, Bob.

Lisa Kassenaar, una escritora talentosísima, fue moldeando y escribiendo este libro. Tomó todas mis historias, hechos, anécdotas y páginas de ediciones y las fue tejiendo en capítulos hermosos, cada uno con una lección de fondo. Es un verdadero tesoro y estoy asombrada de sus habilidades. Todos los autores necesitan a una Lisa para que ponga sus ideas en papel.

Adrian Zackheim y Niki Papadopoulos, gracias por su sabiduría y por cautivarme con estas ideas desde el inicio y, junto con Tara Gilbride, Kimberly Meilun, Mary Kate Skehan y todo el equipo de Portfolio, por su experiencia para hacer que *Mi vida plena* fuera una realidad. Gracias también a Thomas Abraham y Poulomi Chatterjee de Hachette India, y a Zoe Bohm de Piatkus, y a sus equipos, por el entusiasmo y el cuidado que le pusieron a este libro.

Fue un privilegio ser fotografiada por la increíble Annie Leibovitz. El libro es mejor gracias a su visión. Gracias, Annie, y a tu equipo tan dedicado. Gracias también a Anna Wintour, por tu amistad y por presentarme a Annie; y gracias a Stefano Porcini y a Yesenia Rivera por ayudar con el diseño y la disposición de la portada.

Me siento muy agradecida, también, con mis socios de relaciones públicas y digitales: Juleanna Glover, simplemente la mejor en lo que hace, y Preeti Wali, cuyo estilo callado siempre me ha parecido entrañable. Aprecio tanto cómo hicieron de este libro su proyecto particular y lo aplaudieron. El trabajo que hacen para apoyarme es de clase mundial. Y a aquellos que los asisten: Jane Caldwell, Isabelle King, Ali McQueen, Kaiulani Sakaguchi, muchas gracias. Gracias, también, a Don Walker, Emily Trievel y Elizabeth Platt de Harry Walker Agency, quienes con tanta eficiencia manejaron mis compromisos como oradora.

Varios investigadores también trabajaron en este proyecto y, de verdad, valoro mucho su visión y dedicación: el brillante Phil Collins, mi socio de pensamiento por más de una década; Allison Kimmich, que se dio cuenta desde antes de que necesitaba una socia escritora y trajo a Lisa a mi vida; Martha Lein, Kate O'Brian, Ruth Fattori y Molly O'Rourke. Sé que este libro es algo personal para cada una de ustedes.

También me siento agradecida con los que me donaron gran parte de su tiempo y atención leyendo el manuscrito y dando comentarios detallados, precisos: Prisca Bae, Amanda Bennett, Phil Collins, Adam Frankel, Ted Hampton, Brad Jakeman, A. J. Kassenaar, Allison Kimmich, Linda Lorimer, Antonio Lucio, Rich Martinelli, Erica Matthews, Emma O'Brian, Kate O'Brian, Mauro Porcini, Roopa Purushotaman, Rangan Subramanian y Anna Wintour. Y a Swati Adarkar y a Ann O'Leary, gracias por sus excelentes comentarios sobre el capítulo de políticas públicas.

Gracias a nuestra maravillosa asistente administrativa, Brenda Magnotta, que se nos unió después de una larga carrera en PepsiCo y que mantiene nuestra oficina en Greenwich en una sola pieza y mi vida organizada. Gracias a Srilekha, mi asistente en la India, que me proporcionó la información necesaria para relatar mis primeros años de vida y tan meticulosamente trabajó ciertos temas relacionados con el lanzamiento del libro. A Rahul Bhatia, Sebastian Rozo, Simi Shah y Joe Vericker, gracias por su ayuda tras bambalinas para que este libro viera la luz.

A mis amigos cercanos, sin quienes no podría permanecer centrada: Alan y Jane Batkin, al principio de la lista. Por más de veinte años, han estado ahí para mí, escuchándome, aconsejándome. Atesoro mucho nuestra relación tan cercana.

Nimmi John, Soni Singh, Chitra Talwar, Sujata Kibe, Jenny Storms, Ofra Strauss, Annie Young-Scrivner, Cathy Tai, Neil Freeman, Prakash y Pradeep Stephanos, sepan que valoro mucho nuestra amistad.

Brad Jakeman, me siento tan contenta de haberte encontrado en mi vida. Gracias por cuidarme en cada oportunidad y por manejar tan bien las actividades relacionadas con el libro. Eres ya un miembro de mi familia. De igual forma, a Mauro Porcini, por su sabiduría en tantos aspectos relacionados con el diseño del libro. A Mehmood Khan, sin el que no hubiera podido hacer que *Performance with Purpose* fuera una realidad. A Larry Thompson, por tus consejos sabios y callados durante tantos años.

A John Studzinski, Tom Healy y Fred Hochberg, gracias por su apoyo constante y sus sabios consejos. Bim Kendall y Jan Calloway: gracias por su amistad de tantos años.

También estoy profundamente agradecida con los increíbles mentores que me ayudaron: Norman Wade, S. L. Rao, Larry Isaacson, Carl Stern, Gerhard Schulmeyer, Wayne Calloway, Roger Enrico, Steven Reinemund, Don Kendall y Bob Dettmer.

A Henry Kissinger, que, además de enseñarme sobre geopolítica, me apoyó abiertamente en reuniones públicas, impulsó mi credibilidad y me levantó cuando me caí. Nunca olvidaré su amabilidad.

A Jacques Attali, mi asesor, amigo y consejero, y a Jeff Sonnenfeld, disponible a cualquier hora del día como valiosa caja de resonancia, gracias a ambos por estar en mi vida.

Gracias también a Hillary Rodham Clinton, una mentora, un gran apoyo, una sabia consejera y una pieza de unión. Todo el mundo te conoce como secretaria de Estado, primera dama de los Estados Unidos y senadora de Nueva York. Yo te conozco como una de las personas más brillantes que he conocido.

Al Boston Consulting Group, gracias por haberme enseñado todo sobre consultoría estratégica y, lo que es más importante, por haberme puesto el ejemplo sobre lo que es la consultoría honesta y ética.

A los miembros del consejo de administración de PepsiCo entre el 2006 y el 2019, gracias por el apoyo que brindaron para hacer que la empresa llevara a cabo nuestra transformación e implementara el PwP. A César Conde, Ian Cook, Dina Dublón, Alberto Ibargüen, Bob Pohlad, Sharon Percy Rockefeller, Darren Walker: nuestra relación va más allá de la sala de juntas. Es un placer llamarlos *queridos amigos*.

A todos los hombres y mujeres que fueron mis subordinados directos en PepsiCo y que tanto contribuyeron al éxito de nuestra empresa durante muchos años, gracias. Ustedes hicieron que el trabajo duro fuera divertido; estuvieron a la altura del desafío.

A los jóvenes ejecutivos que me apoyaron en la oficina de la dirección ejecutiva y que siguen en contacto conmigo: John Sigalos, Adam Carr, Adam Frankel, Erica Matthews y Rich Martinelli, gracias por su dedicación y trabajo. Los extraño mucho.

A Rob Baldwin, Pat Cunningham, Richard DeMaria, Jeanie Friscia, Monty Kelly, Neal Robinson, Chuck Smolka, Joe Ursone, Joe Walonoski y a todos los demás miembros de la aviación de PepsiCo, y a Dominick Carelli, Frank Servedio y Robert Sinnott, que hicieron que mi oficina en el aire y en la carretera fuera cómoda y acogedora. Todos los viajes que hicimos juntos fueron menos cansados gracias a ustedes. Mi profunda gratitud.

Al coronel Everett Spain, director del Departamento de Behavioral Sciences and Leadership en la Academia Militar de los Estados Unidos, y a todo el profesorado del departamento, gracias por acogerme y tratarme como una más. Estoy asombrada de lo que hacen por el país.

A Albert Ko, director del departamento, a la Yale School of Public Health y a todos los miembros del Reopen Connecticut Task Force: fue un placer trabajar con ustedes asesorando a Connecticut durante la pandemia. Aprendí mucho de todos ustedes.

Y a los muchos otros que me ayudaron en los primeros días, incluyendo a la familia Shankar por acogerme en su casa y ayudarme a establecerme en New Haven, y a Holly Hayes, mi compañera de Yale, cuya hospitalidad y amistad Raj y yo nunca olvidaremos.

A Mike Tusiani, de los Yankees de Nueva York, que me ayuda a mantenerme conectada con mi equipo deportivo favorito. Gracias.

A las personas que partieron de este mundo antes de tiempo y dejaron un vacío en mi corazón: mi querido amigo Jassi Singh, nunca olvidaré tu amor y tu amistad, tuve suerte de tenerte en mi vida. A Saad Abdul Latif, tu lealtad y tu calidez permanecerán conmigo por siempre.

A mis padres, Shanta y Krishnamurthy, y a mi Thatha, Narayana Sarma, que me dieron las bases, la confianza y las alas para volar. A mi suegra, Leela, y a mi suegro, N. S. Rao, gracias por tratarme como a una hija y por su increíble apoyo. Y a todos los demás miembros de mi familia extendida: mi hermana, Chandrika, y su esposo, Ranjan; mi hermano, Nandu, y su esposa, Ramya; mi cuñado, Shekar, y su esposa, Shalini; y a todas mis sobrinas, sobrinos, tías y tíos: gracias por ayudarme a mantener los pies en la tierra.

Y, por último, y más importante, gracias a mi esposo, Raj, mi roca, mi mayor defensor, mi alma gemela. Te amo profundamente. Y a mis hijas, Preetha y Tara, me enseñaron lo que es el amor más profundo. Los amo más que a nada en el mundo. Ustedes tres me completan.

Notas

83. **De hecho, los hijos de las mujeres que trabajan:** Rachel Dunifon *et al.*, "The Effect of Maternal Employment on Children's Academic Performance" (trabajo en progreso, National Bureau of Economic Research, Cambridge, Massachusetts, agosto del 2013), <https://www.nber.org/system/files/working_papers/w19364/w19364.pdf>.

83. **ven a sus madres como valiosos modelos a seguir:** Kathleen L. McGinn, Mayra Ruiz Castro y Elizabeth Long Lingo, "Learning from Mum: Cross-National Evidence Linking Maternal Employment and Adult Children's Outcomes", *Work, Employment and Society*, 33, núm. 3 (junio del 2019): 374-400, <https://journals.sagepub.com/eprint/DQzHJAJMUYWQevh577wr/full>.

83. **Mientras más mujeres entren en la fuerza laboral:** Jonathan David Ostry *et al.*, "Economic Gains from Gender Inclusion: New Mechanism, New Evidence" (International Monetary Fund, octubre del 2018), <https://www.imf.org/en/Publications/Staff-Discussion-Notes/Issues/2018/10/09/Economic-Gains-From-Gender-Inclusion-New-Mechanisms-New-Evidence-45543>.

130. **culturas donde esta forma de vida multigeneracional es común:** Peter Muennig, Boshen Jiao y Elizabeth Singer, "Living with Parents or Grandparents Increases Social Capital and Survival: 2014 General Social Survey-National Death Index", *SSM Population Health* (abril del 2018), <https://www.ncbi.nlm.nih.gov/pmc/articles/PMC5769098/>.

146. *Pepsi-Cola hits the spot...*: chris1948, "Pepsi Cola 1940's", 10 de marzo del 2012, video de YouTube, <https://www.youtube.com/watch?v=-PU1qeKGVmo>.

147. *A typical investor looks us over*: WorthPoint, "1994 PepsiCo Annual Report Cindy Crawford", <https://www.worthpoint.com/wortho pedia/1994-pepsico-annual-report-cindy-504948360>.

152. **hacer grandes cambios en cosas grandes:** Patricia Sellers, Suzanne Barlyn y Kimberly Seals McDonald, «PepsiCo's New Generation Roger Enrico, PepsiCo's new CEO, has traveled a career path as curious as they come. But then, he says, "I think 'career path' are the two worst words invented"», CNN Money, 1 de abril de 1996, <https://money.cnn.com/magazines/fortune/fortune_archive/1996/04/01/210991/index.htm>.

185. **Sabemos que, en general, el salario promedio de las mujeres:** Thomas B. Foster *et al.*, "An Evaluation of the Gender Wage Gap Using Linked Survey and Administrative Data" (trabajo en progreso, Center for Economic Studies, noviembre del 2020), <https://www.census.gov/library/working-papers/2020/adrm/CES-WP-20-34.html>.

205. **Éramos una "pareja rara":** Nanette Byrnes, "The Power of Two at Pepsi", Bloomberg.com, 29 de enero del 2001, <https://www.bloom berg.com/news/articles/2001-01-28/the-power-of-two-at-pepsi>.

206. **"candor aguerrido":** Melanie Wells, "Pepsi's New Challenge", *Forbes*, 20 de enero del 2003, <https://www.forbes.com/forbes/2003/0120/068.html?sh=2f4c09a72f41>.

221. **Doce años después de que presentara el PwP:** Business Roundtable, Statement on the Purpose of a Corporation, agosto del 2019, <https://system.businessroundtable.org/app/uploads/sites/5/2021/02/BRT-Statement-on-the-Corporation-Feburary-2021-compressed.pdf>.

226. **Nos comprometimos a eliminar al menos 1.5 billones:** Shu Wen Ng, Meghan M. Slining y Barry M. Popkin, "The Healthy Weight Commitment Foundation Pledge, Calories Sold from U. S. Consumer Packaged Goods, 2007-2012", *American Journal of Preventive Medicine* (mayo del 2014), <https://www.ajpmonline.org/article/S0749-3797(14)00248-7/fulltext>.

267. **Los ingresos netos se dispararon 80%:** PepsiCo, 2018 Annual Report, 2018, <https://www.pepsico.com/investors/financial-information/annual-reports-and-proxy-information>.

270. **El número de altas ejecutivas incluidas en la lista Fortune 500:** Catalyst, Historical List of Women CEOs of the Fortune Lists: 1972-2020, mayo del 2020, <https://www.catalyst.org/wp-content/uploads/2019/06/Catalyst_Women_Fortune_CEOs_1972-2020_Historical_List_5.28.2020.pdf>.

271. **más de ciento treinta años:** World Economic Forum, "Global Gender Gap Report 2021: Insight Report", marzo del 2021, <http://www3.weforum.org/docs/WEF_GGGR_2021.pdf>.

292. **En 2019, la tasa de fertilidad en los Estados Unidos:** Brady E. Hamilton, Joyce A. Martin y Michelle J. K. Osterman, "Births: Provisional Data for 2019" (Division of Vital Statistics, National Center for Health Statistics, mayo del 2020), <https://www.cdc.gov/nchs/data/vsrr/vsrr-8-508.pdf>.

292. **El panorama demográfico es claro:** America Counts Staff, "2020 Census Will Help Policymakers Prepare for the Incoming Wave of Aging Boomers", United States Census Bureau, 10 de diciembre del 2019, <https://www.census.gov/library/stories/2019/12/by-2030-all-baby-boomers-will-be-age-65-or-older.html>.

297. **Las mujeres que disponen de la licencia con goce de salario tienen 93%:** Linda Houser y Thomas P. Vartanian, "Pay Matters: The Positive Economic Impacts of Paid Family Leave for Families, Businesses and the Public" (New Brunswick, Nueva Jersey: Rutgers Center for Women and Work, enero del 2012), <https://www.national partnership.org/our-work/resources/economic-justice/other/pay-matters.pdf>.

299. **Mientras tanto, los trabajadores por turnos que tienen:** Joan C. Williams *et al.*, "Stable Scheduling Increases Productivity and Sales" (San Francisco: University of California Hasting College of the Law; Chicago: University of Chicago; Chapel Hill: University of North Carolina Kenan-Flagler Business School, marzo del 2018), <https://worklifelaw.org/publications/Stable-Scheduling-Study-Report.pdf>.

304. **En Quebec, Canadá, un sistema de asistencia altamente subsidiado:** Pierre Fortin, Luc Godbout y Suzie St-Cerny, "Impact of Quebec's Universal Low-Fee Childcare Program on Female Labor Force Participation, Domestic Income, and Government Budgets" (Quebec: Université du Québec, 2008), <https://www.oise.utoronto.ca/atkinson/UserFiles/File/News/Fortin-Godbout-St_Cerny_eng.pdf>.

Mi vida plena de Indra Nooyi
se terminó de imprimir en el mes de mayo de 2022
en los talleres de Diversidad Gráfica S.A. de C.V.
Privada de Av. 11 #1 Col. El Vergel, Iztapalapa,
C.P. 09880, Ciudad de México.